D1675182

▶ Ferit Kuyas, Treppe, 1990
▶ Mehr zu diesem Werk hinten im Buch

GERHARD NAGEL

CHEFSACHE
UNTERNEHMENS-
NACHFOLGE

Ein Vater, ein Sohn und die fast gelungene
Vernichtung eines Unternehmens

20 klassische Führungsfehler
und ihre Lösung in einem spannenden
Business-Tagebuch

HANSER

Bibliografische Information der Deutschen Bibliothek
die Deutsche Bibliothek verzeichnet diese Publikation in der Deutschen
Nationalbibliografie; detaillierte bibliografische Daten sind im Internet über
http://dnb.ddb.de abrufbar.

© 2004 Carl Hanser Verlag München Wien
Internet: http.//www.hanser.de
Lektorat: Martin Janik
Herstellung: Ursula Barche
Umschlaggestaltung: Büro plan.it unter Verwendung eines Bildmotives von
Corbis images
Gesamtherstellung: Kösel, Krugzell
Printed in Germany

ISBN 3-446-22653-2

Gedanken zu diesem Buch

Chefsache Unternehmensnachfolge ist der dritte Roman eines Management-Zyklus, der in einer sehr inspirierenden Partnerschaft mit dem Hanser Verlag zwischen 1999 und 2004 entstanden ist. „Wagnis Führung" war der erste Schritt in dieses Genre, ein Buch über den täglichen Leidensweg einer Führungskraft, das aus dem Stand in die Top 10 der deutschen Wirtschaftsliteratur kam und ein für mich bisher nicht gekanntes Echo von begeisterten und berührten Lesern auslöste. Motiviert und bestätigt durch diesen Erfolg entwickelte ich in „Die Rivalen" das Psychogramm zweier gegensätzlicher Berater, letztlich zweier rivalisierender Management-Philosophien, die synergetisch zusammenkommen sollten und doch scheiterten. Dieses Buch befasste sich stärker mit den Grundfragen von Management, mit dem uralten, immer wieder neu auftauchenden Widerstreit von Ziel- und Prozessorientierung. Und nun „Chefsache Unternehmensnachfolge" – mein drittes Buch in der Reihe. Es widmet sich dem vielleicht emotionalsten Management-Thema: der Nachfolge in Personenunternehmen. Ich habe lange an diesem Stoff gearbeitet und recherchiert, die Skizzen zu dem Buch reichen über drei Jahre zurück. Wieder ist die fachlich-sachliche Seite in einer spannenden Story verpackt. Aus einem Mosaik von Tagebüchern, E-Mail-Botschaften, Telefongesprächen und Meeting-Protokollen entfaltet sich die Tragödie einer Vater-Sohn-Beziehung in ihrer ganzen Pracht. Natürlich habe ich die Charaktere und die Handlung wieder dramaturgisch zugespitzt, doch Fehlentwicklungen, wie hier aufgezeigt, erlebe ich in meiner Beratungspraxis immer wieder. Familien, die ihre Beziehungsstörungen auf dem Rücken von Unternehmen und deren Mitarbeitern austragen… Söhne bzw. Töchter, die dem Ruf der Familie ins heimische Unternehmen wider besseres Wissen und drohende innere Stimmen folgen… Unternehmer, die jahrzehntelang hervorragend führen und managen und in ihrem letzten großen Projekt „Nachfolge" die einfachsten Anfängerfehler machen. Alles Klischees? Täuschen Sie sich nicht. Es ist menschlich, bei der eigenen Ablösung zu versagen, bei den eigenen Kindern blind zu sein, bei der eigenen Familie wegzuschauen. Deshalb tut Reflexion not. Familien und Unternehmen sind komplexe Systeme, die sensibel auf Veränderungen reagieren – manchmal an Stellen, an denen man damit gar nicht gerechnet hat. So möchte dieses Buch als Mahnung verstanden werden:

- für die „Alten", dass sie frühzeitig und mit gesundem Menschenverstand an ihre Nachfolgeplanung gehen und ihre Nachfolger mit mindestens derselben Professionaliät aussuchen und einführen wie mittlere Führungskräfte.
- für die „Jungen", dass sie sich unabhängig von den Begehrlichkeiten der „Alten" darüber klar werden, was sie wirklich können und im Leben wollen.

Auch wenn es die überzeugten Familien-Unternehmer nicht gerne hören wollen: die Führung eines Unternehmens muss nicht unbedingt in Familienhänden liegen. Manchmal sind angestellte Manager die wesentlich bessere, neutralere, kompetentere Alternative. Wenn Sie beim Studium des Buches nur müde über die Anfänger-Fehler der beiden lächeln können... dann genießen Sie die Erkenntnis, dass Sie es besser machen. Vielleicht kommt Ihnen die eine oder andere Situation aber auch bekannt vor; dann können Sie zumindest gewiss sein, dass Sie mit solchen Problemen nicht allein auf diesem Planeten sind. Und wenn Sie selbst als Betroffener kurz vor oder in einer Nachfolge stecken – dann haben Sie mit diesem Buch die ideale Gebrauchsanweisung, wie Sie es *nicht* machen sollten.

Zuletzt möchte ich mich ganz herzlich bedanken bei Volker Hindermann und Dieter Lipp, zwei Freunden und Partnern, die sich die Mühe gemacht haben, den gesamten Text zu lesen und die mir durch ihre Feedbacks wertvolle Anregungen für Verbesserungsmöglichkeiten gegeben haben. Meinem Lektor Martin Janik, der den ganzen Roman-Zyklus beim Hanser Verlag von Anfang an betreut hat, danke ich wieder für die motivierende, fachkundige Wegbegleitung. Möge das Buch einen Beitrag dazu leisten, Coaching in den Unternehmen zur Bewältigung von emotionalen Themen zu etablieren...

Sommer 2004   Gerhard Nagel

PS: Wenn Sie wissen möchten, wie die Geschichte von Arno und Oliver Seibold weitergeht, werden Sie auf meiner website www.ncm-nagel.de fündig.

Inhalt

Einsichten der Akteure

„Die Wahrheit ist: Du kannst niemanden trauen auf dieser Welt, nicht einmal dem eigenen Sohn."

Arno Seibold ... der Vater

„Sag niemals Ja, wenn du Nein sagen willst ... die Nichtbeachtung dieser Lebensweisheit kann dramatische Folgen haben."

Oliver Seibold ... der Sohn

„Es gibt Fälle, da sind die Klienten scheinbar unlösbar in einer schicksalhaften Verbindung verknotet, aus der sie keinerlei Ausweg sehen, obwohl das Offensichtliche direkt vor ihren Augen liegt.

Und so kämpfen und kämpfen sie, um eine von Anfang an falsche Konstruktion doch noch zum Erfolg zu führen und zerstören dabei alles, was in vielen harten Jahren aufgebaut wurde. Diese Menschen sitzen in einer Kiste, wollen heraus, doch die Anweisung zum Öffnen des Deckels steht in großen Lettern *außen* darauf ..."

Carsten Schaffner ... der Coach

„Er hat immer alles dominiert, der verdammte Betonkopf. Dass er nicht erkannt hat, was er Oliver und der ganzen Familie damit antut, kann ich bis heute nicht verstehen. Doch vielleicht musste alles so kommen, auch im Ausstieg muss Arno eben eine dramatische Inszenierung hinlegen. Doch der Preis für alle Beteiligten und vor allem für das Unternehmen und seine 250 Mitarbeiter ist sehr hoch."

Ilse Wagner ... die Schwester

Der Einstieg

Es sollte ein besonderer Tag werden für Arno Seibold, geschäftsführender Gesellschafter der Seibold Plastics, Würzburg. Auch mit seinen 63 Jahren wirkte der immer sonnengebräunte, fränkische Unternehmer vital und dynamisch. Wie lange hatte er auf diesen Tag hingearbeitet, den Tag, an dem sein Sohn Oliver endlich und für immer in sein Unternehmen eintreten sollte. Seit Oliver ein kleiner Junge war, hatte er ihn gefördert, unterstützt und auf die große Aufgabe seiner Nachfolge hingeführt. Während er seinen geliebten Daimler von seinem Wohnort Randersacker in den Würzburger Stadtteil Heuchelhof steuerte, dachte der Unternehmer darüber nach, wie anders sein Leben wohl verlaufen wäre, wenn ihm sein Vater auch nur den Hauch einer solchen Chance gegeben hätte. Nein, von seinem Vater, einem Schreiner aus Würzburg, hatte Arno Seibold gar nichts bekommen außer Härte und Ermahnungen. Die Mutter war früh gestorben und Arno hatte die Wahl, an dem starken Vater und der fehlenden Nestwärme zugrunde zu gehen oder etwas aus sich zu machen. Zu Letzterem hatte er sich nach einer schrecklichen Schulzeit mit 17 entschlossen und seitdem sein ganzes Leben der Arbeit und dem Aufbau eines „Muster-Unternehmens" gewidmet. Er wollte sich und seinem Vater beweisen, dass in ihm mehr steckte, als ein kleiner Arbeiter oder Sachbearbeiter zu werden, wie es sein Vater für ihn vorgedacht hatte. Und als er älter wurde und über seine Zukunft nachzudenken begann, hatte er sich geschworen, seine Kinder sollten es besser haben, sollten eine Perspektive im Leben bekommen. Doch leider, die Tochter Michaela entpuppte sich als Enttäuschung. Sie hatte ihren eigenen Kopf, wollte von Vaters Firma überhaupt nichts wissen, floh aus seiner Umklammerung in eine Ehe mit einem Ulmer Zahnarzt, deren Logik er nie wirklich verstanden hatte. Arno Seibold hatte lange um die Loyalität von Michaela gekämpft, bis er erkennen musste, dass ihr nicht zu helfen war. Für Arno war klar, dass er sie nach dieser unglaublichen Abweisung fallen lassen musste, dass er lieber den Schmerz ertrug, sein Kind zu verstoßen, als die Schmach und den Gesichtsverlust zuzulassen. Arno Seibold stellte den Kontakt zu ihr ein – bis auf wenige Anlässe, bei denen er auf Vermittlung seiner Frau Hanne dann das „Mindestmaß des Anstands" wahrte. Doch es gab ja noch Oliver. Der war aus Sicht des Vaters sowieso der Talentiertere, auch wenn er mit seiner beruflichen Entwicklung deut-

3

lich später dran war als Michaela und den Vater dadurch zwang, länger als eigentlich geplant das Steuer in der Hand zu behalten. Oliver schrieb hervorragende Noten in der Schule, war fast immer Klassenbester und erfreute den Vater durch gute Manieren und Interesse an allem, was mit seiner Firma zusammenhing. Der Sohn hatte zwar eine ausgeprägte Neigung zum Eigenbrötler, hing fast immer in seinem Zimmer herum und bastelte an Rechnern und irgendwelchen Software-Ideen herum, doch die außergewöhnliche Intelligenz machte für Arno diese Introvertiertheit mehr als wett.

Generalstabsmäßig hatte Arno Seibold sodann die Nachfolge geplant, alle Weichen gestellt, viel Geld in die Ausbildung von Oliver gesteckt. Und der Sohn dankte es mit einem Abiturdurchschnitt von 1,4, mit hervorragenden Studienabschlüssen, einschließlich eines mit Prädikat abgeschlossenen MBA-Studiums am Kellogg Institute in den USA. Klar, dass nach einem letzten zwölfmonatigen Praktikum bei einer amerikanischen Firma, das er nun abgeschlossen hatte, alles vorbereitet war für den entscheidenden „Tag null" in seinem Unternehmen.

Arno Seibold hatte in der Nacht schlecht geschlafen, zu viel war ihm im Kopf herumgegangen. Auch seine Rede, die er heute halten wollte und die „etwas Besonderes" sein sollte, mit der er insbesondere vor Oliver glänzen wollte. Dann quälte ihn noch die richtige Form der Einarbeitung für Oliver, es sollte schnell gehen, aber doch fundiert sein. Arno war sich nicht sicher, ob er Oliver klassisch an die Hand nehmen und alle seine täglichen Einzelheiten mit ihm durchgehen sollte – oder ob er ihm gleich am Anfang Projektaufgaben zur eigenständigen Bearbeitung geben sollte. Innerlich spürte der Unternehmer einen starken Widerstand, sein eigenes Arbeiten dem Sohn so offen zu legen.

Die Firma stand unter massivem Druck der Automobilindustrie. Seit den 90er Jahren war in diesem Markt nichts mehr wie vorher. Der Druck auf die Zulieferer steigerte sich ins Alptraumhafte. Am schlimmsten waren die Unternehmen dran, die Unterlieferanten der Systemlieferanten waren, also einzelne Teile und keine kompletten Bauteile lieferten. Und genau in diese Rolle war Seibold Plastics in den letzten Jahren geraten – am Ende der Kette und unter massivstem Kostendruck. In melancholischen Stunden sehnte Arno Seibold die früheren Zeiten herbei, als man noch selbst an der Entwicklung der Teile mitwirken konnte, als die Werkzeuge noch der eigenen Firma und nicht den allmächtigen Systemlieferanten gehörten – als man noch Unternehmer im eigenen Unterneh-

men war. Aber das hatte sich alles verändert und heute mussten Firmen wie seine froh sein, wenige Prozent Umsatzrendite zu erwirtschaften. Dafür wurde ein Jahr lang erbittert gearbeitet, gekämpft, reorganisiert. Und dann eine solch geringe Rendite. Es war eigentlich kein Zustand mehr. Doch wie herauskommen aus dem Dilemma? Arno Seibold hatte sich unzählige Tage und Nächte sein Gehirn zermartert und kein Gegenrezept gefunden in den vielen Jahren. Nie wäre er auf die Idee gekommen, seine Mitarbeiter in solche Überlegungen einzubeziehen, vielmehr hoffte er auf die unverbrauchte Initiative Olivers. Deshalb hatte er ganz gegen seine früheren Gewohnheiten seit mehr als zwei Jahren keine neuen Strategien mehr angepackt, sondern nur noch versucht, einigermaßen die Stellung zu halten, vielleicht wurde er auch langsam etwas müde, hatte jedenfalls keinen Schwung mehr, das Unternehmen so total zu verändern, wie das angesichts der Lage möglicherweise notwendig war. Aber so wurde es betriebswirtschaftlich immer enger, die Konkurrenten nutzten die Zeit des Stillstands bei SP und sein Unternehmen geriet zunehmend ins Hintertreffen, das spürte er.

Arno Seibold nahm seine alte, schon verblichene Ledermappe, in der er nur die wichtigsten Dinge aufbewahrte ... die Aufzeichnungen seiner Rede, die er gleich halten würde ... den Projektstand dieses Monats und den Prospekt einer Piper Seneca V – eines neuen Flugzeugs, mit dem er seit langem liebäugelte. Er überwand die 20 Stufen des Eingangs wie immer im dynamischen Doppelschritt.

Agenda-Eintrag Arno Seibold
5. Januar 2004

Was für ein glücklicher Tag für mich. Endlich ist Oliver da! Wie viele Male habe ich dieses Szenario durchdacht, wie viele Male habe ich mich stehen sehen vor meinen Mitarbeitern und diesen Schritt verkünden und nun war es plötzlich so weit. Wie stolz ich heute war auf ihn, auch wenn er etwas zu elegant im grauen Anzug zur „Einschulung" erschien. Passt nicht so ganz zu unserer hemdsärmligen Kultur und sonst läuft Oliver ja auch immer in Jeans herum – ich muss ihm das noch abgewöhnen.

War ein verdammt langer Weg ... Abitur ... Studium ... MBA ... Praktikum. Und immer von der Sorge geprägt, dass er es sich vielleicht anders überlegt und mich wie Michaela dann letztlich doch mit der Firma hängen lässt. Inzwischen bin ich 64 geworden und unsere Firma braucht dringend neue Ideen und Impulse. Das Geschäft mit den Autoteilen macht uns kaputt, wenn wir so weitermachen. Wir müssen gigantische Risiken eingehen, höchste Leistung fahren, beste Qualität fertigen und werden dann mit einer lächerlichen Rendite belohnt, aus der man die notwendigen Zukunftsinvestitionen nicht mehr bezahlen kann. Ich muss beginnen, meine Kräfte einzuteilen. In letzter Zeit gehe ich oft schon um acht nach Hause, weniger Wein, weniger Frauengeschichten … Und wenn ich ehrlich bin, geht mir das ewige Gestreite und Getue mit den Mitarbeitern schon langsam auf die Nerven. Jeder will gebauchpinselt werden, alles wollen sie erklärt bekommen, überall wollen sie mitwirken. Aber nur, solange es was zu verteilen gibt! Wehe, es geht mal rückwärts und die Mitarbeiter müssen selbst mal Verzicht üben, dann kommt ganz schnell wieder der Ruf nach dem Betriebsrat! Manchmal kommt mir das Unternehmen vor wie ein riesiger Debattierclub. Wenn ich ehrlich bin: Früher war es schöner, als wir nur 20 Leute waren und ich alle Projekte noch überblicken und steuern konnte.

Und ich hab mit meinem Rückzug immerhin einen Plan, der mich aufrechterhält. Pünktlich zu meinem 65er will ich alles übergeben und endlich Abschied nehmen. Anders wie andere Firmenlenker habe ich diesen Plan strategisch nun über 20 Jahre verfolgt. Seit Oliver zwölf war, habe ich ihn auf diese Schiene gesetzt, zu seinem 18. Geburtstag gab er mir seinen „heiligen Eid". Aber es ist ein langer Weg von 18 bis 32! Wie oft hatte ich Sorge, dass er bei irgendeiner Frau hängen bleibt oder im Ausland plötzlich auf dumme Gedanken kommt. Aber der Junge ist ganz der Vater, auf den kann man sich verlassen, er hat sein Versprechen eingelöst. Dafür liefere ich ihm mein ganzes Lebenswerk auf dem Silbertablett, er braucht nur ein paar unternehmerische Entscheidungen zu treffen und dann mit harter Hand zu führen. Schöner kann man es wohl nicht mehr haben … Ich hoffe, nein ich bin sicher, er wird der Aufgabe gerecht werden.

War mit meinem Auftritt auf der heutigen außerordentlichen Betriebsversammlung eigentlich ganz zufrieden.

Ich wollte alle überzeugen, dass meine Entscheidung richtig war und für das ganze Unternehmen Vorteile hatte. Außerdem wollte ich auch bei

Oliver punkten, der hat in den USA sicher viele erfolgreiche Manager erlebt, er sollte sich vor seinem Vater nicht schämen müssen. Und so legte ich in dieser wichtigen Stunde nochmals die ganze strategische Entwicklung des Unternehmens dar, spannte den Faden von den großen Erfolgen der Vergangenheit zu den Herausforderungen der Zukunft – immer bedacht darauf, Olivers zukünftigen Platz deutlich zu machen.

Nach meiner Rede passierte etwas Eigenartiges. Noch während des Beifalls stand Horst Brenner, der Betriebsratsvorsitzende, auf und brachte einen spontanen Beitrag. Dies war in meiner Dramaturgie des Tages nicht vorgesehen gewesen, aber ich konnte dem BR ja wohl nicht verwehren, ans Rednerpult zu gehen. Brenner machte sich wie so oft mit langen, umständlich vorgetragenen Ausführungen zur Unternehmenssituation wichtig und meinte dann ganz am Ende, „Oliver sei selbstverständlich willkommen, habe seine Bewährungszeit als Geschäftsführer aber ja wohl noch vor sich". Ich kochte innerlich, ließ es mir auf der Versammlung aber nicht anmerken. Das war eine absolute Frechheit, eine Provokation, ganz so, als ob sich mein Sohn seine Loyalität erst noch verdienen müsse. Ich habe Brenner anschließend unter vier Augen ordentlich zusammengestaucht. Der ging danach leichenblass aus meinem Zimmer. Wenn ich könnte, wie ich wollte! Da kommt mir gleich wieder die Lieblingsidee von Werner, meinem Steuerberater, in den Sinn, der mir schon vor Jahren eine Betriebsaufspaltung mit Verlagerung der Produktion nach Osten und damit auch der Zerschlagung des Betriebsrats vorgeschlagen hatte – meist dann, wenn ich wieder mal über Ärger mit dem BR oder über die schlechten Margen geklagt hatte. Bis heute weiß ich einfach nicht, woher diese meist zweitklassigen Leute vom Betriebsrat ihre Legitimation nehmen. Als Chef gehe ich ja wohl persönlich zu meinen Mitarbeitern, wenn ich etwas brauche. Und die kommen auch persönlich zu mir, sogar, um private Kredite zu bekommen oder sich mal menschlich auszuweinen. Wozu braucht man dann bitte noch einen Betriebsrat?

Die ganze Sache hat mich doch mehr aufgewühlt, als ich geglaubt hätte, beim anschließenden Sektempfang war ich irgendwie nicht richtig da, weit weg in Gedanken und gar nicht so erleichtert und fröhlich, wie ich eigentlich geglaubt hatte, an diesem Tag zu sein. Ob das nur an der frechen Rede von Brenner lag oder an anderen Dingen, weiß ich nicht, jedenfalls war meine Stimmung ziemlich gereizt. Ich führte Oliver in sein neues Büro, das ich als Überraschung zum Einstand in den letzten Monaten im Zuge der Veränderung der ganzen oberen Büroetage hatte umbauen lassen. (Oliver wusste zwar von Baumaßnahmen, war aber erst vor wenigen Tagen aus den USA zurückgekommen und nun wirklich fassungslos!) Das Chefsekretariat mit Karin Dinslage liegt nun zwischen meinem und Olivers Bereich. Sie soll uns beide koordinieren und dafür sorgen, dass wir reibungslos arbeiten können. Alles ist erst kürzlich fertig geworden und Oliver war erst mal völlig sprachlos in seinem neuen Büro gestanden, hatte als Erstes seinen Superrechner mit gigantisch großem Bildschirm und allen Schikanen bewundert. Ich kenne ja seinen Computerspleen und wollte ihm damit eine Freude machen. Oliver hatte sich auch gleich zurückgezogen, um den Rechner „einzurichten“, wie er sagte. Durch Karin habe ich auch einen großen Blumenstrauß auf seinen Schreibtisch stellen lassen, alles sollte freundlich und positiv aussehen. Wie Oliver alles das aufgenommen hat, bin ich mir nicht ganz sicher, er sagte wenig, grinste nur etwas verlegen, vielleicht war er zu überrascht. Habe mit Karin besprochen, dass sie Oliver in den ersten Wochen zur Seite steht, ich selbst werde leider nicht viel da sein, muss das neue Audi-Projekt ins Laufen bringen und da ist es gut, wenn eine erfahrene Seibold-Mitarbeiterin ihn unterstützt.

Bin mir immer noch nicht sicher, wie ich Oliver im Unternehmen positionieren soll, möchte nicht den ganzen Tag „Babysitter“ für ihn spielen, am liebsten wäre mir, wenn er die strategischen Dinge gleich in die Hand nehmen und einen Vorschlag für die notwendigen Veränderungen entwickeln könnte (den ich dann natürlich noch beeinflussen würde), aber das ist natürlich nicht möglich. Er muss sich erst einmal mit den Gegebenheiten hier zurechtfinden. Formal ist er erst einmal GF-Assistent, damit kann ihn keiner meiner Leute einfach abziehen, jetzt brauche ich noch irgendein Spezialprojekt, wo Oliver Erfahrung sammeln und erste Punkte machen kann.

Meine Bereichsleiter haben mir nach der Rede signalisiert, dass sie alle positiv mitziehen und möglichst schnell das Gespräch mit meinem Sohn suchen wollen, die haben natürlich Muffe um ihre Position und wollen sich bei ihm einschmeicheln. Ich habe Oliver deutlich gesagt, er soll sich von denen nicht vorschnell vereinnahmen lassen. Leider hat sich Oliver auf seine Weise gegen diese Versuchungen gewehrt – er hat sich stundenlang in seinem Büro eingeschlossen. Bei allem Verständnis für die Scheu am ersten

Tag, lieber wäre mir gewesen, er hätte sich bei den Mitarbeitern gezeigt. Chef wird man nicht durch eine Rede des Vaters, Chef wird man durch Vorleben!

Private Folder Oliver Seibold
4. Januar 2004, 22.00 Uhr

Morgen soll es so weit sein, Dad will mich ganz groß vorstellen, der ist so in Vorfreude, dass er seit Wochen auf meine kleinen und großen Fragen bezüglich meines Jobprofils bei SP gar nicht reagiert. Aber wie auch immer, morgen kommt die Lawine in Bewegung und ich kann sie nicht mehr aufhalten. Ehrlich gesagt: Irgendwie habe ich total Schiss vor dem morgigen Tag, weiß eigentlich nicht, warum. Aber je näher dieser Moment kommt, umso mulmiger wird mein Gefühl. Vielleicht werde ich eine Adumbran einwerfen, hat bei kritischen Situationen eigentlich immer ganz gut gewirkt. Vater und die ganzen Mitarbeiter dürfen meine Aufregung nicht spüren. Hab mir sogar einen Anzug (!!) für den großen Auftritt gekauft, komme mir allerdings ziemlich verkleidet drin vor, aber als „Tarnung" ist es eigentlich nicht schlecht, die brauchen ja nicht sofort merken, was für ein Kauz da in der GF Einzug hält. Werde noch etwas an meinem neuen Programm rumbasteln, das beruhigt die Nerven, bin seit Wochen einem neuen Algorithmus auf der Spur, der den gleichzeitigen Dokumentenzugriff im Web endlich sicher und easy macht … Und wie immer an stressigen Tagen: ein später Besuch im Joe Peñas. Wenn ich mir nur sicher wäre, dass ich durch Studium, Praktikum, MBA wirklich gewappnet bin für Seibold Plastics. Aber dies ist keine Case Study, dies ist Real Life. Und der Chef ist nicht irgendein Manager, dem ich neutral gegenübertreten kann, sondern mein Dad, der immer schon am besten wusste, was für mich gut ist.

Brief Ilse Wagner an Hanne Seibold

Liebe Hanne, schon länger habe ich dir nicht mehr geschrieben, wir sehen uns so wenig und ich bin in Sorge. Arno hat mich als Gesellschafterin darüber informiert, dass er Oliver nun offiziell als Nachfolger im Unternehmen eingeführt hat. Du weißt, dass ich das ziemlich skeptisch sehe und ich bleibe bei dem, was ich beim letzten Geburtstag von Michaela gesagt habe: Ich halte es für einen großen Fehler von Arno, Oliver jetzt direkt nach der Ausbildung in seinem Unternehmen schon als Nachfolger anzukündigen. Der Junge hat doch keine Chance, auch nur annähernd in die Fußstapfen seines Vaters treten zu können.

Möchte dich einfach bitten, liebe Hanne, achte auf die beiden, damit sie's richtig anpacken. Arno soll dem Jungen wenigstens eine echte Chance geben! Lass uns die nächsten Tage mal telefonieren, ich mach mir einfach Sorgen.

Liebe Grüße

Ilse

Private Folder Oliver Seibold
5. Januar 2004, 18.12 Uhr

Oh Boy, war das ein Tag. Von 250 Leuten angestarrt zu werden als zukünftiger Chef, andere würde das vielleicht begeistern, ich finde es nur bedrohlich. Diese Erwartungen! Jedes Wort von mir wird auf die Goldwaage gelegt, jede Regung geprüft. Diese künstliche Freude, diese aufgesetzten Kommentare. Die einfachen Mitarbeiter waren ja noch O.K., aber die Bereichsleiter. Kurt Strickert, der kaufmännische Leiter: „Ich freue mich schon auf Ihre Expertise in Bilanzfragen, Ihr Vater hat mir von Ihren Studienarbeiten in den USA berichtet, bin sehr gespannt." Haha, ein typischer Schleimer, der hat von modernem Controlling und werteorientiertem Management sicher noch nie etwas gehört! Peter Danzig, der technische Leiter: „Willkommen im Boot. Wünsche einen guten Start, hab Ihr Büro gesehen, alle Achtung, das muss doch Freude machen zum Einstieg." Der pure Neid! Der einzige freundliche und ehrliche Typ schien mir Jürgen Müller zu sein, der noch ziemlich frische Leiter des Entwicklungsbereichs flüsterte mir lässig grinsend zu: „Endlich frischer Wind im Unternehmen. Ich setze auf Sie ..." Das klang wenigstens ehrlich. Ich habe mich in meine coole Rolle gerettet, möglichst wenig von mir zu zeigen, war die Devise, keine Angriffsfläche bieten. Ich möchte erst alles in Ruhe beobachten, dann ein strategisch fundiertes Konzept entwickeln und danach konsequent umsetzen – so habe ich immer schon meine Erfolge erzielt. Hoffe, der Weg wirkt auch bei SP.

Dad bekommt von meinem inneren Ringen gar nichts mit, oder es interessiert ihn nicht. Er nahm mich zwar mehrmals vor anderen in den Arm und lobte mich in den Himmel, für wirkliche Gespräche war er aber nicht zu haben, wehrte solche Wünsche von mir mit seiner typischen Standardaussage: „Alles nur Details, es ist doch alles klar zwischen uns", ab. Nein, seinen Tag ließ der sich nicht durch nervige Details vermiesen. Dad lief nur freudestrahlend rum und erzählte jedem, was für ein großer Moment das für ihn und das Unternehmen ist. Mir war den ganzen Tag schlecht, habe nur die ganzen Erwartungen der unterschiedlichen Seiten auf mir lasten sehen, es ist viel schlimmer als bei den Examinations in den USA. Dort war ich irgendwie befreit, kein Mensch kannte mich, jeder nahm mich erst mal neutral zur Kenntnis. Aber hier in dieser Würzburger „Vorzeigefirma", wie Dad immer stolz sagt, hier werde ich bei jedem Schritt beobachtet. Fehlt nur noch die Webcam über meinem Schreibtisch mit direktem Draht zum Boss.

Es scheint bei SP Usus zu sein, alle Routinevorgänge offen ins Netzwerk zu stellen, Frau Dinslage sagte, das sei so im gesamten Unternehmen, es dürfe keine Inseln geben. Wobei sich Dad schon mal überhaupt nicht daran hält, der ist die „Insel par excellence" mit seiner Hängeregistratur. Und die sensibleren Vorgänge liegen sowieso nach wie vor schön in der Schublade, Nutzerprofile sollen mal kommen, etc., etc. Die werden ja wohl nicht glauben, dass ich in einem solchen Daten-Saustall alle meine Dateien einfach so ins Netz stelle. Irgendeinen Statusvorteil muss der „Sohn" ja wohl haben, das werden wir dann schon sehen. Dad macht sich's da auch leicht, der hat noch nie einen Rechner berührt, lässt das alles die Chefsekretärin Karin Dinslage machen, die sich mir auch schrecklich aufgedrängt hat, obwohl sie mir mit ihrem altertümlichen Sekretärinnen-Getue (kommt immer mit Spiralblock und Stift, als ob ich ihr was diktieren würde ... zum Totlachen) total missfällt. Frage mich, wie es Dad mit einer solchen Lachnummer so lange ausgehalten hat. Ich könne mit jeder Frage zu ihr kommen, meinte sie mit übertriebener Freundlichkeit. Wenn sie das technisch meint, wird sie wenig von mir zu sehen bekommen. Aber sie will mich ja auch einführen in die „Eigenarten des Unternehmens". Dad setzt ganz auf sie, mal sehen ...

Ich hoffe jetzt nur, es kehrt schnell Routine ein und ich kann mich in irgendein Projekt eingraben und dort mal ungestört arbeiten. Konzeptionell untermauert ist bei SP ja so gut wie nichts. Kein Wunder, dass der Laden immer weniger Geld verdient, wie Dad mir gestern zum ersten Mal so zwischen Tür und Angel eingestanden hat. Warum hat er mir davon nicht vor meinem Einstieg berichtet? Hat er vielleicht gemeint, ich würde dann nicht kommen? Oder hat er sich einfach geniert? Wie auch immer – vielleicht kann ich auf diesem Gebiet meine Duftmarken setzen, aber Dad möchte sicher nicht, dass ich während der Übergangszeit zu viel Wirbel veranstalte. Das muss ich wohl auf die Zeit nach ihm verschieben.

Der Sohn

Oliver Seibold war verwirrt. Als Oliver in der Pubertät begann, sich mit dem „Berufsbild" des Unternehmers auseinander zu setzen, getrieben von Vaters Verzweiflung über die Absage der Schwester auf den Job der Nachfolgerin, fand er erschreckend wenig, was ihn begeisterte. Macht, Pflicht, Verantwortung, Selbstverwirklichung … diese Vokabeln, die Vater gerne bei langen Monologen über das Unternehmertum bemühte, waren für ihn völlig abstrakt und strahlten keinerlei Reiz aus. Auch „Geld" war für den jungen Mann kein Thema, seine Wünsche drehten sich nur um sein großes Hobby, das Computern, die vielleicht einzige Sache, von der sein Vater wirklich nichts verstand, doch auch Anschaffungen von Hard- und Software waren mit einiger Anstrengung mit einfacheren Jobs zu erreichen. Warum also Unternehmer werden? Zumal man sich in diesem Metier durchsetzen und in der Öffentlichkeit bewegen musste, was Oliver immer schon gehasst hatte. Doch da war auf der anderen Seite die Suggestivkraft der Argumente, da war ein Mensch, der unerschütterlich an ihn glaubte, einer, der wusste, wo der Weg langgehen musste, während er nur Fragezeichen in sich hatte und in den Tag lebte. Da war die Freude in den Augen des Vaters, wenn eine Prüfung wieder einmal top absolviert war, da war die Anerkennung, die er spürte, wenn er eine besondere Leistung zeigte und – er würde dies nie wirklich zugeben – da war die Rivalität mit der Schwester, die sich immer aufspielte mit ihrer Durchsetzungsfähigkeit und Unabhängigkeit gegenüber dem Vater. So pendelte Oliver in seinen Lebensplanungen schon in Studienzeiten hilflos zwischen der braven Erfüllung von Vaters Lebensentwurf und großen mutigen Visionen von neuen Software-Erfindungen, für die er ein kleines Entwicklungsstudio gründen wollte, hin und her – unfähig, eine Richtungsentscheidung zu fällen. Stattdessen verkroch sich Oliver in seine Fluchtwelten, programmierte schon mit 16 anspruchsvolle Software-Aufgaben, vermarktete heimlich erste Anwendungen im

Internet und verdiente durch seine Nachtarbeit ein stolzes Zusatzein-kommen, von dem der Vater keinerlei Ahnung hatte. Alles, was an Prü-fungen auf seinem Weg lag, meisterte Oliver mit Bravour, was den Vater wiederum in seiner Meinung bestätigte, Oliver würde sich so in die Ar-beit hängen, weil er längst entschlossen sei, es dem Vater zu beweisen. Und so hangelte sich der schlaksige Bursche vom Abitur zum Studium, vom Studium zum MBA, vom MBA zum USA-Praktikum – immer be-gleitet und behütet vom stolzen Vater. Doch während dieser glaubte, der Sohn hänge sich mit all seiner Kraft in die Ausbildung und arbeite mit größter Konsequenz an den Prüfungen, um ihm letztlich zu beweisen, dass er der Nachfolge würdig sei, waren dies alles für den hochbegabten Oliver nur lästige „Pflichtübungen", die ihn nie sonderlich interessierten und die er quasi nebenbei erledigte. Durch seine außergewöhnliche Intel-ligenz, die ihm selbst gar nicht bewusst war, konnte er selbst anspruchs-vollste Prüfungen mit Lockerheit und Leichtigkeit absolvieren – ein Um-stand, der ihm bei seinen Kommilitonen absoluten Guru-Status einbrachte (unterstützt durch eine verrückte Schoko-Manie, die er auch während der Vorlesungen und vor allem während der Prüfungen hem-mungslos auslebte, und durch sein eigenartiges „edel-schlampiges" Out-fit mit scheinbar endlos vielen verschiedenen Lederwesten und Jeans-hemden).

Doch viel wichtiger als die ganzen betriebswirtschaftlichen Themen, die für ihn banal und ohne wirkliche intellektuelle Relevanz waren, nahm Oliver seine Software-Arbeiten, die er meist in langen Nächten vorantrieb. Er hatte sich im Laufe des Studiums hier autodidaktisch be-trächtlich weiterentwickelt und die Welt der Anwendungsprogrammie-rung Stück für Stück verlassen, und in der Entwicklung neuer Software-Strukturen für virtuelle Netze seine Herausforderung gesehen. In langen Nächten tauschte er seine Ideen mit Spezialisten aus aller Welt aus – die Internet-Foren als Kommunikationsplattform waren für einen kommu-nikationsscheuen Menschen wie Oliver einfach ideal. Hier brannte das Feuer, hier war er mit jeder Faser seines Geistes dabei, während sein Kör-per schlaff im Stuhl hing, mühsam mit Pizzas und Cokes am Leben er-halten. Wie er es schaffte, nach wenigen Stunden Schlaf dann wieder auf den Campus zu gehen und geistig scheinbar unbeeindruckt mit den Be-sten mitzuhalten, wäre Außenstehenden ein völliges Rätsel geblieben …

Die ganze „Nebenbeschäftigung" machte Oliver ohne Wissen seines Vaters, ohne jeden Auftrag aus der Wirtschaft und ohne den Gedanken *an finanzielle Verwertung. Erst während seiner Zeit am Kellogg Institute und der dort geknüpften Kontakte zu wirklich hochkarätigen Wissenschaftlern war ihm klar geworden, dass es erhebliches Interesse an kommerziellen Anwendungen seiner Ideen gab, ja dass er mit seinen Arbeiten unter starker Promotion eines Profs, der an ihn und seine Ideen glaubte, vielleicht sogar promovieren konnte. Doch dies erschien angesichts der väterlichen Pläne undenkbar, auch reizte Oliver wissenschaftlicher Ruhm nicht besonders, er liebte vor allem das stille Tüfteln an spannenden, seinen Geist fordernden Themen.*

Um Dad während des langen USA-Aufenthalts nach dem MBA-Abschluss am Kellogg bei Laune zu halten und die unternehmerische Zielorientierung seiner Arbeiten zu unterstreichen, hatte Oliver einen Deal mit einer Software-Firma aus Chicago gemacht: Er entwickelte für sie in nächtelanger Arbeit einen neuen Algorithmus für ein Fertigungssteuerungsprogramm und erhielt als „Lohn" dafür ein hervorragendes Zeugnis als Management-Trainee. Dad sollte bei der Unterschrift der monatlichen Schecks ja ein gutes Gefühl haben, und mit realen Management-Aufgaben, die ja auf ihn zukamen, wollte sich Oliver beschäftigen, wenn es so weit war.

Um das kleine Psychogramm dieses ungewöhnlichen Menschen zu vervollständigen, muss an dieser Stelle noch eine Obsession erwähnt werden: Oliver war ein besessener Science-Fiction-Fan, allerdings nicht Fan des Genres als solchem, sondern ausschließlich der oft abwertend als „Groschenhefte" bezeichneten Perry-Rhodan-Romane. Oliver hatte seit seiner Kindheit alles gesammelt, was mit dieser Serie auch nur annähernd in Verbindung zu bringen war, hatte alle Auflagen mehrmals gelesen, was bei diesem Mammutstoff von mehreren Tausend Ausgaben etwas heißen will, er kannte alle Autoren von K. H. Scheer bis Clark Darlton von vielen Treffen persönlich, er hatte eine rechnergestützte Bibliothek aller vorkommenden Fachbegriffe angelegt und die gesamte Handlung auf einer eigens entwickelten Timeline in seinem Rechner visualisiert, schlicht: Er war vielleicht der bestinformierte/-organisierte Perry-Rhodan-Leser dieser Welt. Früher war das Eintauchen in die unglaublichen Weltraumgeschichten seine tägliche Flucht vor dem strengen, allgegenwärtigen Vater gewesen, später verselbstständigte sich die Sache zu einer Lesesucht, Oliver leistete sich lustvoll diesen Bereich seines Lebens, der nicht der strengen Struktur und Logik unterworfen war, die sonst alle seine Aktivitäten prägte. Kein Wunder, dass dieser ungewöhnliche Mensch keine Frauen brauchte, dass er am liebsten vor seinem Rechner saß, in dem alle seine Denkwelten und Herausforderungen fein säuberlich geordnet auf ihn warteten, und dass er über die vielen Freunde und Kollegen beim Studium nur lachen konnte, die nur eines im Kopf hatten, nämlich beruflich erfolgreich zu sein und möglichst viele hübsche Frauen flachzulegen.

In dieses verrückte, aus Sicht von Oliver aber wohl geordnete Leben kam irgendwann während seiner Praktikumszeit in USA der viel zu frühe Ruf des Vaters, die Zeit sei reif für den Einstieg. Olivers erste Reaktion war die reine Panik, er hatte zwar gewusst, dass es früher oder später so kommen würde, aber gerade jetzt ...? Zugegeben, es gab in der Wissenschaft der Unternehmensführung durchaus reizvolle Themen, und der Gedanke, ein ganzes Unternehmen quasi als Spielfeld für neue Ideen und innovative Interventionen zu bekommen, hatte einen großen Reiz. Aber Seibold Plastics war keine Simulationssoftware und der Plan des Vaters ließ keine innovativen Experimente zu. Dessen Plan sah schlicht und ergreifend vor, dass sich Oliver möglichst geräuschlos in seine Fußstapfen stellte und die Unternehmung marktmäßig in neue Bereiche führte, die ertragsstärker und attraktiver sein sollten als das jetzige Geschäft. Natürlich spürte Oliver, dass diese Aufgabe eigentlich gar nicht richtig zu ihm passte. Und alle, die ihn kannten, fragten sich, warum er sich nicht stärker gegen diesen Plan des Vaters zur Wehr setzte. Doch alle, die sich solche Fragen stellten, kannten Arno Seibold nicht. Kannten nicht seinen suggestiven, jede Widerrede im Keim unterdrückenden Gestus. Und noch gewichtiger: Sie kannten nicht den Zustand, in dem Oliver sich befand, wenn er mit seinem Vater zusammen war. Plötzlich waren die eigenen Gedanken und Bestrebungen weit weg, plötzlich war alles, was Dad sagte, so logisch, so nachvollziehbar, plötzlich erschienen die eigenen Ambitionen so wertlos, so lächerlich und jedes Aufbegehren fühlte sich undankbar und kleinlich an. Nein, wenn Oliver mit seinem Vater zusammen war, fühlte er sich völlig ausgeliefert, fühlte sich wie schwimmend in einem reißenden Strom.

Private Folder Oliver Seibold
9. Januar 2004, 20.45 Uhr

Bin nun seit einer Woche bei Seibold Plastics und fühle mich nach wie vor total fremd. Mehr noch, ich bin geschockt, wie handwerklich und unstrukturiert hier alles geht. Dad ist noch mehr ins Tagesgeschäft dieser Company involviert, als ich das in meinen schlimmsten Vorstellungen gedacht hätte. Der hat seine Firma so konstruiert, dass ohne ihn einfach gar nichts geht. Hänge eigentlich hier ziemlich durch, die Sekretärin ist sichtlich bemüht, mich einzuführen, lieber wäre mir aber gewesen, mit Dad seine Projekte durchzugehen. Der lässt sich aber nicht bei mir blicken, rast von einem Auswärtstermin zum nächsten. Und sein Büro soll ich ohne ihn eigentlich auch nicht betreten – gibt mir Karin Dinslage verblümt zu verstehen. Ist das alles so normal oder geht Dad mir aus dem Weg? Auch die Kunden scheinen zu spüren, dass führungsmäßig hier was falsch läuft. Einige Großabnehmer machen gewaltig Druck, bei SP Strukturen einzuführen, die das Unternehmen unabhängiger von der einen Person machen, auf die alles fixiert ist. Nachdem die es sich natürlich nicht trauen, dieses sensible Thema offen anzusprechen, versuchen sie es auf dem indirekten Weg und wollen bei SP Systeme einführen, die die autokratische Führung von Dad unterlaufen, was ihm natürlich gar nicht schmeckt. Gerade mittwochs gab's ein Meeting in dieser Sache, bei dem ich „zufällig" als Beobachter dabei sein konnte und auch gemerkt habe, wie stark das Unternehmen von diesen Großabnehmern aus dem Automobilsektor abhängig ist. Wenn die husten, ist bei uns sofort Krisenstimmung!

Hatte heute ein längeres Gespräch mit „unserer" Sekretärin Karin Dinslage. Ausgelöst wurde es durch ein paar technische Fragen, die sich mir beim Einrichten meiner kleinen DV-Welt stellten. Hier ist SP ja wirklich ein Entwicklungsland. Die Dinslage musste schon nach der ersten Frage passen, die hat mich dann ängstlich (Warum sind mir gegenüber alle so ängstlich?) weitergereicht an den „DV-Spezialisten" Bernhard Sand. Der zeigte sich fachlich total schwach: keinerlei Checkung in Netzwerkfragen, kaum Kenntnisse in den Standard-Modulen – es war erschreckend. Der Typ konnte mir nicht aus dem Stand erklären, wie das Netzwerk exakt strukturiert ist, warum es noch keine Organisation mit Zugriffsrechten gibt und wie die automatisierte Datensicherung organisiert ist. Die wollen zwar, dass ich mich diszipliniert in das lächerliche Netzwerk einklinke, können die simpelsten Fragen aber nicht beantworten. Sand sagte dann, es sei völlig „unüblich", dass ein neuer Mitarbeiter sich um so etwas kümmere, dafür gäbe es die Netzwerkadministratoren. Als ob ich so jemand an meine heiligsten Teile ranließe!

Die haben nicht mal eine funktionierende Kunden-Datenbank, nur 15 der 250 Mitarbeiter haben einen eigenen E-Mail-Account, viele Prozesse laufen noch „händisch", von Workflow-Management keine Ahnung etc. Mister Sand hat mich wohl gleich als „Feind" eingestuft, nachdem ich ihn leicht zynisch gefragt hatte, ob ich mir die notwendigen Infos selbst beschaffen soll. Er hat dies mit Entrüstung abgelehnt und gesagt, er werde mir heute noch Bescheid geben. Es kam aber nichts. Die Wahrheit ist, der hat keinerlei Ahnung und ist ganz von seinem externen Netzwerkbetreuer abhängig. Den hat er wohl am Nachmittag nicht erreicht und konnte mir deshalb nicht Bescheid geben.

Interessante kleine Szene heute Nachmittag: Die Dinslage kam nach meinem Disput mit Sand, in dem er teilweise etwas laut geworden war, in mein Büro und druckste erst ein wenig rum. Als sie merkte, dass ich mich kaum von meinem Bildschirm lösen konnte, fasste sie wohl doch Mut und sagte: „Also, Herr Seibold, ich habe das Gespräch gerade mitgehört, Sie hatten ja die Türe offen gelassen ... und ... bei allem Respekt, aber so eine Behandlung hat Herr Sand nicht verdient. Ich bin von ihm immer sehr gut bedient worden und er hat im ganzen Unternehmen ein hervorragendes Renommee."

„Vielleicht, weil ihn bisher keiner je mit solchen Fachfragen belästigt hat", sagte ich etwas unwirsch, denn ich hatte eigentlich keine Lust, mit ihr über meine Auseinandersetzung mit Sand zu diskutieren. Doch sie ließ nicht locker.

„Aber Herr Seibold, wir haben diese DV-Dinge bis heute nicht gebraucht, die sie da anmahnen. Sie müssen sehen, wir sind ein Produktionsbetrieb ..."

Ich unterbrach sie: „Was soll das ...", doch sie ließ sich nicht beirren. „... ich wollte eigentlich nur sagen, Herr Seibold, finden Sie sich doch erst einmal langsam in diesen Betrieb hinein, es bringt doch nichts, wenn Sie sich gleich mit erfahrenen Leuten anlegen." Dann drehte sie sich abrupt um und ging wieder in ihr Sekretariat.

Ich saß eine Weile erstaunt da und dachte über das Gespräch nach. Warum musste sie Sand verteidigen? Warum meinte sie, mir gute Ratschläge geben zu müssen wie einem kleinen Jungen? War sie von Dad beauftragt worden, mir auf die Finger zu schauen? Ich hatte jedenfalls keine Lust, mit ihr weiter zu reden und vertiefte mich dann wieder in meine Arbeit am Rechner. Es blieb bei mir aber das Gefühl, in dieser Sache irgendwas falsch gemacht zu haben, dabei hatte ich doch nur einige ganz klare Fragen gestellt. Eigenartige Firma ...

Private Folder Oliver Seibold
13. Januar 2004, 17.53 Uhr

Dad ist heute Morgen das erste Mal seit letztem Donnerstag wieder in seinem Büro. Er war mit Jürgen Müller bei Audi in Ingolstadt gewesen, wo sie gemeinsam mit dem Systemlieferanten für das komplette Armaturenbrett an einer völlig neuen Technologie arbeiten. Seibold Plastics hat nach hartem Kampf mit weiteren zehn Konkurrenten die Ausschreibung des Systempartners gewonnen und ist nun in der Entwicklungsphase, die circa eineinhalb Jahre dauern wird und in der es sehr enge Kontakte zwischen den Entwicklern bei SP und dem Kunden gibt. Klingt interessant, leider konnte (oder wollte) mir in Abwesenheit von Dad und dem F&E-Müller (so heißt er im internen Jargon) keiner etwas sagen. Muss ständig hinter den Informationen herlaufen, um überhaupt was mitzubekommen, das fällt mir eigentlich schwer, denn lieber verkrieche ich mich hinter meinem Rechner, das interessiert hier keinen. Aber nun bin ich mal groß angekündigt, dann muss ich ja auch in Erscheinung treten. Vielleicht will Dad mich damit testen, vielleicht will er sehen, was ich von mir aus einbringe. Oder er vertraut einfach, dass es schon irgendwie klappen wird?! Die Dinslage tut zwar sehr bemüht, gibt mir aber auch nur Infos, wenn ich eine direkte Frage stelle. Beispiel: Die Infos über das Audi-Projekt habe ich von Rolf Kämmer, einem der Projektleute von Peter Müller bekommen, beim Cappuccino am Kaffeeautomaten. So tickt der Laden hier!!

Seibold Plastics ist extrem hierarchisch, es scheint, als ob jeder zuerst nach „oben" schaut, ob er etwas sagen darf, wie etwas interpretiert werden könnte etc., etc. Ständig wird getuschelt, es gibt viele Gerüchte, die ganzen Informationen halten maximal fünf Leute in den Händen, alle anderen tappen im Dunkeln. Völlig anderer Stil, als ich ihn aus meinen Studienpraktika und aus den USA kenne.

Zum heutigen Tag: Schon gegen neun Uhr, also mitten in seiner „heiligen" Poststunde (Warum ist der Stapel der Vorgänge so hoch, muss

18

herausfinden, ob er möglicherweise sogar die gesamte Eingangspost des Unternehmens sichtet ...??), rief mich Dad zu sich und wollte mich wegen der Sache mit Sand zusammenstauchen. Es war eine eigenartige Situation, Dad saß hinter seinem großen Eichenschreibtisch, eingerahmt von Dutzenden halb verblichenen Farbbildern, die ihn als Bergsteiger und als Pilot kleiner Sportflugzeuge zeigten. Er nippte abwesend an seinem Kaffee, der von Karin Dinslage nach einem besonderen Zeremoniell jeden Morgen um diese Zeit zubereitet werden muss (hab das alles so mitbekommen in den letzten Tagen). Dad führt sich auf wie ein Pascha, zu Hause ist er nicht ganz so schlimm ... hab gehört, dass es als schlechtes Zeichen gewertet wird, wenn Dad persönlich an den Espressoautomaten im unteren Stock geht, dann weiß jeder, dass er mal wieder nicht zufrieden war und möglicherweise schlechte Laune hat. Alle diese Kleinigkeiten scheinen ihm extrem wichtig zu sein, Dad scheint sogar Meetings und Telefonate nach dem Kaffee-Rhythmus zu richten. Jedenfalls war Dad wohl mein kleiner Disput mit Sand gesteckt worden (von wem wohl ... Dinslage!), er schien darüber ziemlich aufgebracht.

„Was sollte denn das mit dem DV-Mann, Oliver? Der Sand ist ein guter Mann, also, was hast du dir dabei gedacht, dich vor dem so deutlich als Besserwisser aufzuspielen?", herrschte er mich an. Wenn er ärgerlich ist, hat er so eine Art, einen mit den Augen zu fixieren, das hat mir schon als Kind Angst gemacht, und heute ... verdammt ... mir fällt dann absolut nichts ein, ich gebe dann viel zu schnell klein bei. Zum Kotzen. So war's dann auch in dieser Situation, ich brachte nur ein „ich weiß nicht, ich wollte ..." heraus. Er setzte nach: „Was wolltest du? Glänzen mit deinen Computerkenntnissen? Die werden dir hier wenig nützen, hier musst du dir schon an der Front die Hände schmutzig machen. Der Sand ist ein guter Mann, der hat hier eine Menge aufgebaut, ich will nicht, dass er schlecht über meinen Sohn redet. Der kennt hier im Haus Tod und Teufel und es wäre nicht gut für dich, wenn gleich zu Anfang ein schlechtes Bild von dir gezeichnet wird. Also, tu mir einen Gefallen, geh zu ihm und sag ihm, es tue dir Leid. Ich will an dieser Front Ruhe haben. Wenn du dich mit einem anlegen willst, dann such dir einen Starken aus und hack nicht auf den Kleinen herum. Verstanden?"

Dann, wie um meine Schmach auszugleichen, gab er mir einen begütigenden Klaps auf die Schulter und schob mich aus der Tür. Eigentlich hatte ich vorgehabt, mit Dad über meine zukünftigen Aufgaben zu sprechen. Ich fühle mich in diesem Unternehmen noch total unnütz, ich brauche konkrete Aufgaben, sonst werde ich mich wieder meinen eignen Projekten zuwenden, aber von diesem Dilemma konnte ich Dad natürlich nichts sagen, denn der glaubt ja immer noch, ich hätte nur sein Unternehmen im Kopf. Shit! Ich wollte einfach mal Klarheit haben, wie es weitergeht. Wie hasse ich meine Schwäche!!

Agenda-Eintrag Arno Seibold
13. Januar 2004

Heute, an meinem 64. Geburtstag, habe ich bezüglich meiner Zukunft durchaus gemischte Gefühle. Oliver ist nun eine Woche in meinem Unternehmen und ich bin nicht mehr ganz so euphorisch wie am Anfang. Die Dinslage hat mich etwas aus meiner Hochstimmung geholt, indem sie mir viele kleine Details der ersten Tage berichtet hat. Vielleicht hätte ich selbst mehr bei Oliver sein müssen, ihm in tausend Kleinigkeiten die Hand halten. Aber auf der anderen Seite muss er nach einer so hervorragenden Ausbildung doch in der Lage sein, selbst zu fordern und seinen Platz im Unternehmen zu finden. Vielleicht erwarte ich zu viel in zu kurzer Zeit. Eine Woche ist nur eine Woche. Aber es beschäftigt mich schon, wie kritisch Oliver nach dieser kurzen Zeit schon von Karin gesehen wird. Die kennt ihn noch als kleinen Jungen, immerhin ist sie schon seit mehr als 20 Jahren meine Sekretärin und eine verdammt gute noch dazu. Sie gehört neben Strickert zu den wenigen Leuten in meinem Umfeld, denen ich echt vertraue. Und Karin bereitet es Sorge, dass sich Oliver in den Tagen meiner Abwesenheit quasi nur in seinem Büro eingeschlossen hat. „Der ging nicht mal in die Kantine, hat sich Pizzen vom Lieferservice bestellt und meinen Kühlschrank voller Cokes gestapelt", sagte sie mir heute Abend – hörte ich nicht so etwas wie Verachtung in ihrer Stimme? ...

Ich hatte dagegen gemeint, es sei eigentlich ganz günstig für ihn, wenn ich gerade am Anfang mich etwas zurückziehe, damit er ungestört und ohne meinen Schatten im Rücken auf die Leute zugehen und selbst Punkte sammeln kann. Macht er aber offensichtlich nicht. Wartet er, bis ich ihm Händchen halte und Aufgaben gebe? Und er gräbt sich in die falschen Baustellen ein, will mit seinen unbestrittenen Computerfähigkeiten glänzen. Das ist doch nicht die Aufgabe, die vor ihm liegt. Ich werde ihm das nochmals ganz klar sagen: Er hat ein gutes Jahr Zeit, *Unternehmer* zu werden. Bei uns brennt's strategisch an allen Ecken und Enden. Einen DV-Spezialisten kann ich mir auch einkaufen, wenn ich einen brauche. Die stehen zu Hunderten auf der Straße. Meint Oliver, sich so bei Seibold positionieren zu können? Hätte eigentlich gedacht, die Jungs kommen vom MBA-Studium und wissen spätestens danach, wo's langgeht.

Sorge: Oliver meint vielleicht, mein Unternehmen so strukturieren zu können wie einen der vielen Großbetriebe, die er gesehen hat. Doch solange ich noch am Ruder bin, muss er damit warten, ich dulde keine solchen Experimente! Was die Dinslage auch noch verletzt hat: Er scheint sie gar nicht als Sekretärin anzunehmen und wertzuschätzen, sie hat sich mehrmals wohl angedient, wollte ihn in Abläufe etc. einführen, er hat sie aber zumindest aus ihrer Sicht ganz kalt abblitzen lassen. Dabei habe ich ihm diesen Status geschenkt, er ist sich der Bedeutung dieser Sache – auch in der Signalwirkung im Unternehmen – offenbar gar nicht bewusst. Ungeschickt, sehr ungeschickt. Und die vom Empfang tuschelt scheinbar auch schon, wie arrogant der Junior sei, der würde ja nicht mal grüßen, wenn er reinkommt. Bei dieser alten Tratschtante muss man gut 50 Prozent abziehen, aber die übrig bleibende kleine Wahrheit stört mich trotzdem.

Fazit: Ich werde Oliver doch in eine Einarbeitungsrunde stecken und ihm danach ein konkretes Projekt übergeben, an dem er sich bewähren kann.

Die Einarbeitung durch mich persönlich scheint jedenfalls unabdingbar. Das ist zwar genau das, was ich nicht wollte, denn es stört mich gewaltig, ständig jemand neben mir sitzen zu haben, dem ich alles erklären muss, was ich mache!! Aber der Junge findet sonst nicht in die Aufgabe hinein, das meint auch die Dinslage. Hanne hat mir in einem Gespräch heute Abend empfohlen, den privaten Kontakt zu Oliver zu intensivieren. Hanne meint, der sitzt die ganze Zeit nach Dienst in seinem Apartment in Würzburg rum, hängt an seinen Computern, redet mit kaum einem Menschen. Sie sorgt sich auch darum, dass mit Frauen wenig zu laufen scheint. Mir soll das recht sein, dann wird er schon nicht abgelenkt. Der soll sich das nächste Jahr nur auf *eine* Sache konzentrieren – mein Unternehmen erfolgreich zu übernehmen.

Wenn ich doch nur ein Jahr in die Zukunft sehen könnte!

Führungswelten

Wenn sich Arno Seibold zu etwas entschloss, dann machte er es richtig, so zumindest war sein Bild von sich. Alles musste immer „Hand und Fuß" haben, wie er gerne betonte. Da der Unternehmer sein Leben lang die Firma nach der Devise „am Besten selbst machen" geführt hatte, war für ihn selbstverständlich, dass er das Einarbeitungsprogramm für seinen Sohn selbst entwickelte. In der holzgetäfelten Bibliothek seines Hauses, ein schönes Glas „Randersackerer Ewig Leben" vor sich, entstand die handgeschriebene A4-Seite, die er am anderen Tag seiner Sekretärin zur weiteren Bearbeitung vorlegen würde. So verfuhren die beiden schon seit 15 Jahren, Arno Seibold machte alles handschriftlich, zu Computern und der ganzen digitalen Welt pflegte er eine innige Abneigung, auch Verträge hasste er, der Handschlag galt noch etwas in der Wertewelt dieses Mannes. Auch wenn das gesamte Unternehmen IT-mäßig gut ausgestattet war (was die Großkunden als selbstverständlich voraussetzten), hatte er selbst sich immer seinen eigenen Stil vorbehalten. Undenkbar, dass er seinen Montblanc-Füller gegen Tastatur und Maus eintauschen würde, undenkbar, dass er sich der Disziplin und Diktatur des internen Netzwerks unterwerfen würde. Das war etwas für die Angestellten! Er pflegte sein eigenes System – eine penibel aufgebaute Hängeregistratur mit Hängemappen für jeden Vorgang, für jedes Thema, an dem er arbeitete. Alle seine Bereichsleiter, die natürlich mit ihren Computern arbeiteten, rauften sich die Haare und beknieten Karin Dinslage seit Jahren, dem „Alten" diese Marotte abzugewöhnen – vergeblich. Doch allmählich spürte auch der Chef, dass sein spezifischer Stil nicht mehr lange haltbar war. Ein früherer Assistent, der im gesamten Unternehmen und auch beim Chef hoch angesehen war, hatte wegen des unmöglichen Spagats zwischen der Welt von Arno Seibold und dem übrigen Unternehmen gekündigt, die Klagen der Bereichsleiter wurden immer lauter, neu eingeführte Organisationssysteme, die Seibold Plastics brauchte, um wettbewerbsfähig zu sein, kollidierten immer stärker mit dem antiquierten Führungsstil an der Spitze. Schon vor zehn Jahren hatten die großen Automobilhersteller die Systemlieferanten in neue Qualitätssysteme und in gemeinsame Management-Informationssysteme gezwungen. Mit leichter Zeitverzögerung gaben diese Hauptlieferanten dann den Druck auf ihre Teilelieferanten weiter und forderten dann auch von Seibold Plastics ulti-

mativ die Einführung von Gruppenarbeit, von Prozessorganisation und KVP-Strukturen, was zu einer deutlichen Veränderung der Führungskultur im Unternehmen geführt hatte. Arno Seibold hatte lange, zu lange versucht, diese Entwicklungen zu verhindern, später zu verzögern und erst, als es wirklich nicht mehr ging, musste er den neuen Arbeitsstil zähneknirschend zur Chefsache erheben, was natürlich noch lange nicht hieß, dass er selbst sich an die neuen Führungs- und Verhaltensregeln hielt. So kam, was kommen musste – Arno Seibold rückte „automatisch" ein Stück vom Tagesgeschäft ab, das zunehmend von den beiden immer mächtiger werdenden Bereichsleitern Strickert und Danzig geführt wurde. Diese wiederum rieben sich auf in einer ständigen energiezehrenden Gratwanderung zwischen dem hemdsärmligen, spontanen Stil des Chefs und dem neuen, partizipativeren Stil, den sie auf Druck der Kunden promoten mussten. Es bildete sich eine neue Rollenverteilung heraus: Das operative Routinegeschäft wurde von den beiden Bereichsleitern quasi im Alleingang organisiert, Arno Seibold kümmerte sich als Chef dagegen vor allem um Großkundenkontakt, Produktentwicklung, Produktionstechnologie und den Kontakt zu den Banken. Diese eigentlich „unmögliche" Organisation beruhte ausschließlich auf den fachlichen Stärken der vorhandenen Akteure und machte dem Unternehmen viele Probleme im Workflow, denn die für das Überleben in engen Märkten zentralen Felder Vertrieb und Marketing führten dadurch ein tristes Dasein, wovon später noch zu berichten sein wird. Und: Ein Arno Seibold hält sich nicht an definierte Prozesse, sondern steuert dort durch, wo er es für richtig hält.

In diesem Dilemma der verschiedenen Führungswelten, der unterschiedlichen Organisationssysteme zwischen Unternehmen und Geschäftsführung kam Karin Dinslage eine immer wichtigere Brückenfunktion zu. Sie war quasi in persona nun die Schnittstelle zwischen der „analogen" Welt des Chefs und der digitalen Welt des restlichen Unternehmens. Karin Dinslage kannte das System von Arno Seibold in- und auswendig, sie zauberte einen Vorgang, den Arno Seibold vor Monaten geschrieben hatte, mit einem Handgriff auf den Tisch, sie wusste, wie sie an handgeschriebene Notizen von vor zehn Jahren herankam. Und sie war sich der Wichtigkeit und Würde ihrer Funktion wohl bewusst, kein anderer Mitarbeiter genoss so viel Vertrauen wie sie, aber sie hatte sich diesen Status auch in harter, manchmal unmenschlicher Arbeit verdient. Und so sorgte Karin Dinslage mit Geduld, Sensibilität und Diplomatie

Einarbeitungsplan Oliver

Woche	Bereich	Abteilung	Verantwortlich
KW 4	Technik	Technische Leitung Fertigungssteuerung Betriebsmittel	Danzig Wellenbrog Plaske
KW 5	Kfm. Leitung	Kfm. Leitung FiBu Einkauf Personal DV	Strickert Fr. Meisner Hollenweber Fr. Dörrwächter Sand
KW 6	Technik	Fertigungslinie I/II Fertigungslinie III/IV	Keilhorst Kretschmar
KW 7	Entwicklung	Leitung Projekt T200 Projekt P14 Labor	Müller Konrad Mehdorn Servatius
KW 8	Marketing/ Vertriebsleitung Acc. Vertrieb Neukunden Marketing/Werbung Auftragsbearbeitung	Ruhleder Vertrieb Key Acc.	Blanke Heinzinger Fr. Drakowicz Königslechner

dafür, dass das Unternehmen trotz der völlig unterschiedlichen Führungs- und Organisationsauffassungen einigermaßen funktionsfähig blieb.

Und so machte sich die Sekretärin daran, den Einarbeitungsplan mit allen Beteiligten abzusprechen, der Olivers Arbeit der nächsten Wochen bestimmen sollte – während sie wissend lächelnd beobachtete, wie toll-

patschig der Sohn darum kämpfte, überhaupt ein „aktuelles" Organi-
gramm von SP zu bekommen. Sie sah den langen, langen Weg voraus,
den Oliver zu gehen hatte, um sich in diese Welt einzufühlen. Ein Orga-
nigramm! Als ob dieses Unternehmen je nach Organigrammen funktio-
niert hätte ...

Private Folder Oliver Seibold
15. Januar 2004

Dad kam überraschend heute Morgen mit einem gigantischen Einarbeitungsplan, der an mir vorbei von der Dinslage bereits komplett durch-
organisiert worden war. War für mich leicht shocking. Warum die Ge-
heimhaltung, ist doch eine ganz normale Sache?

Ach ja, heute Abend hatte ich noch eine erhellende Szene: Gerade, als ich
am Firmenparkplatz auf mein Mountainbike steigen will, sehe ich, wie
Karin Dinslage zu Bernhard Sand mit Küsschen ins Auto steigt. So läuft
der Hase also. Warum hat Dad mir kein Wort davon gesagt? Fühle mich
total verarscht!

Private Folder Oliver Seibold
16. Januar 2004, 18.36 Uhr

Habe heute ein beschissenes Bild abgegeben im Unternehmen. War heute
Morgen total tot nach einer durchgezechten Nacht in einer Würzburger
Lounge. Speed und Caipirinha!! Hatte gestern Abend einen Anruf von
Mike, einem alten Kumpel aus Studienzeiten bekommen. Er war zufällig
in Würzburg und verführte mich zu einem Club-Ausflug. Wir blieben
dann im X 1 hängen, wo er mir seine Erfolgsgeschichte als Marketing-
Manager und ich ihm meine Misserfolgsgeschichte als „Sohn" erzählte.
An den Rest kann ich mich nicht mehr richtig erinnern. Als Mike dann
irgendwann Mädels anbaggern wollte, fuhr ich mit dem Taxi nach
Hause. Die Synergie von Speed und den Caipis und das drängende Gefühl, dass mit meinem Leben was falsch läuft, haben mich irgendwie
weggebeamt, kam erst nach vier Uhr in meine Wohnung, verschlief bis
nach zehn Uhr und lief dann wohl nicht sehr konzentriert bei Seibold
Plastics ein. Nachdem Dad in Friedrichshafen auf Geschäftsreise war
und sonst auch keine Arbeiten für mich vorlagen (woher auch, eigentlich

existiere ich im Unternehmen überhaupt noch nicht), versuchte ich, mich in meinem Büro zu verschanzen, aber die Dinslage hat meinen Zustand natürlich gecheckt und spielte die Krankenschwester. Ich beginne diesen Drachen echt zu hassen, mir wird immer klarer, die ist die Aufpasserin von Dad. Muss nur noch herausfinden, ob sie diesen Auftrag wirklich bekommen hat oder über ihre Befugnisse geht. Aber diese mütterlich-vorwurfsvolle Tour an ihr reizt mich total. Als sie dann noch konspirativ-listig meinte, „es ist wohl besser, wenn ich Ihrem Vater nicht erzähle, wie Sie heute beieinander sind", lief sie bei mir voll gegen die Wand, ich knallte wütend die Tür zu und versuchte vergebens, mich mit Computerspielen zu beruhigen, hatte aber ein total beschissenes Schuldgefühl. Die ständige Beobachtung in diesem Laden macht mich echt tot. Hänge immer noch nutzlos in meinem Büro rum und bereite mich innerlich auf die „großen Herausforderungen" vor, von denen Dad immer erzählt. Im Augenblick ist für mich die größte Herausforderung, Dads Sekretärin täglich zu ertragen. Hätte ich ein normales Angestelltenverhältnis, würde ich jetzt vielleicht kündigen. Aber als Sohn kann man nicht kündigen …

Private Folder Oliver Seibold
19. Januar 2004, 08.45 Uhr

Habe mich entschlossen, die Einarbeitung wirklich ernst zu nehmen, und zu versuchen, im Unternehmen Fuß zu fassen. Grund: Hatte nochmals ein Treffen mit Mike, er rief mich Samstag zu Hause an, war wohl besorgt, wie es mir mit meiner „Ladung" am nächsten Tag gegangen war. Der ist echt O.K.! Ich besuchte ihn gestern in seiner Frankfurter Wohnung, wir sprachen Stunden über meine Situation. Weiß eigentlich gar nicht, warum der Kontakt zwischen uns so abgerissen war, hat mir echt gut getan. Mike, nur zwei Jahre älter als ich, gab mir seinen Leitsatz: „Love it, leave it or change it." Hat mir in der Einfachheit gut gefallen. Er meint, ich gehe alles viel zu theoretisch, viel zu komplex an. Und er meint, ich soll aus der Looser-Rolle raus, in der er mich sieht.

Wollte Dad heute Morgen überraschen: Habe gestern Abend noch eine Fragen-Checkliste für die Einarbeitung vorbereitet. Ich möchte so viele Fakten wie möglich sammeln und die mich betreuenden Mitarbeiter sollen merken, dass ich vorbereitet bin. Doch Dad hatte die ganze Zeit

Meetings, war keine Minute frei. Scheiß Gefühl: Weiß er von Freitag? Die Dinslage hat ihm doch sicher alle ihre „Beobachtungen" berichtet. Lässt er mich bewusst hängen?

Die Fürsten

Was weder Oliver Seibold noch sein Vater wusste: Der Einarbeitungsplan des Chefs, von Karin Dinslage mustergültig avisiert und mit allen Beteiligten organisiert, hatte zu einem „konspirativen" Treffen zwischen den „grauen Eminenzen" Kurt Strickert und Peter Danzig geführt. Das Treffen lag schon länger in der Luft, aber keiner der beiden hatte den Mut gehabt, beim jeweils anderen in die Initiative zu gehen, zu gut wussten die Bereichsleiter, wie Arno Seibold ein solches Treffen bewerten würde, wenn er Wind davon bekam – völlig unabhängig von den konkreten Inhalten eines derartigen Gesprächs. Doch als sich beide BLs am Tag des Anrufs von Karin Dinslage zufällig bei der Espressomaschine im Vertriebsflur trafen, fiel von Danzig der bedeutsame Satz: „Ich denke, Kurt, wir sollten mal ein Bier trinken gehen." Dieser war erleichtert, dass er nicht den Anfang machen musste und stimmte sofort noch für denselben Abend zu. Es wurden viele Biere, die im Wohnhaus von Danzig in Veitshöchheim getrunken wurden. Irgendwie war der Damm gebrochen und beide diskutierten bis in die frühen Morgen die aus ihrer Sicht missliche Lage im Unternehmen. Beide Bereichsleiter waren sich ihrer Schlüsselrolle durchaus bewusst, in die sie in den letzten Jahren hineingewachsen waren. Danzig genoss diese Macht allerdings deutlich mehr als Strickert, der sich als Vertrauter von Arno Seibold immer in einem Loyalitätskonflikt zwischen Eigenständigkeit und Anpassung befand. Trotzdem: Beide fühlten sich als die „eigentlichen Geschäftsführer", sie sahen zwar die Verdienste des Chefs als Gründer und Entwickler der Firma, seine Qualitäten als Unternehmer schätzten sie aber ganz schwach ein. „Der interessiert sich leider nur für seine Maschinen und seine Kunststoffteile. Die Zahlen des Unternehmens sind ihm so lange egal, solange es irgendwie läuft", meinte Strickert, wozu Danzig nur augenrollend kräftig nicken konnte, denn in dessen Bereich hielt sich Arno Seibold am liebsten auf. Die „Führung" durch Arno Seibold sah in der Praxis so aus, dass er sich vor allem um die Technologie kümmerte. Dort leuchteten seine Augen, ein neues Werkzeug konnte er minutenlang anfassen, drehen, bewundern. Eine neue Spritzgussmaschine hatte für ihn mindestens so viel Sexappeal wie sein Daimler. Doch auch hier war die Technik weitergegangen, automatisierte Anlagen fertigten heute die Teile, Arno Seibold musste auch hier akzeptieren, dass ohne Software- und Hardware-Kenntnisse nichts mehr zu machen war. Trotzdem: Die Produktionshallen waren einfach sein Zuhause. Arno Seibold war eben Techniker mit Fleisch und Blut und schaute misstrauisch auf die „Kaufleute" herab, die, wie er oft verächtlich sagte, doch nur das Geld verwalteten. Zu den „Kaufleuten" zählte Arno Seibold alles, was nicht Technik war. Sicher – Arno Seibold ließ sich regelmäßig wöchentlich den Liquiditätsreport von Strickert zeigen, er zwang sich auch dazu, die Jahresbilanz mit ihm zu besprechen, aber eine strategische Unternehmensplanung, eine wirkliche Budgetierung für alle Bereiche, eine Personalplanung und -entwicklung gab es trotz starker Mahnung der Bereichsleiter bis heute im Unternehmen nicht – alles aufgeschoben bis zu Olivers Übernahme.

So rettete Arno Seibold seine einfach strukturierte Welt bis in die heutigen Tage, nach Meinung seiner beiden Bereichsleiter wollte er einfach „schöne Projekte" durchziehen und ein großes Unternehmen zum Vorzeigen in der Öffentlichkeit haben. Danzig gab zu bedenken, dass das ganze Unternehmenswachstum der letzten zehn Jahre nur Stuttgart, Ingolstadt und München zu verdanken sei (im internen Sprachgebrauch wurden die OEMs immer verklausuliert mit den Städtenamen benannt). Und nach ein paar Bier kam auch Danzigs großer Frust über die Ausgliederung des F&E-Bereichs hoch, den sich Strickert schon Hunderte Male anhören musste und dort auch selbst keine Ratschläge geben konnte. Danzig bemängelte, dass aus einem sicheren Prozess nun eine nicht funktionierende Schnittstelle geworden wäre. Worauf der Bereichsleiter hier anspielte, war ein Coup, den Arno Seibold im Sommer letzten Jahres landete, als er die in vielen Jahren eingespielte Balance des Führungstrios mit einem Federstrich total durcheinander wirbelte. Weil es zwischen ihm und Danzig zunehmend zu Spannungen in Entwicklungsfragen gekommen war und dieser immer deutlicher mehr Entscheidungsspielraum bei den Neuteilen und dem Design von Fertigungslinien verlangt hatte, krempelte Arno Seibold den Technikbereich vor wenigen Monaten in einer Nacht-und-Nebel-Aktion um. Mit Jürgen Müller präsentierte der

Chef plötzlich eine neue Figur – per Headhunter von BMW abgeworben und teuer eingekauft – und machte diesen ohne jede Absprache zum Entwicklungsleiter, wodurch Danzig einen wichtigen Bereich verlor. Seit diesem Tag führte Danzig einen Kleinkrieg um die Vorherrschaft in der Technik, den Arno Seibold schmunzelnd beobachtete. Leider war seine Freude über den genialen Schachzug durch die zunehmenden Machtansprüche von Müller etwas gedämpft. Viele Mitarbeiter in der Technik beklagten sich über die immer schlechteren Abläufe, über Abstimmungsprobleme und Informationsdefizite. Doch Arno Seibold war das immer noch lieber als ein erstarkter Danzig, der ihn aus seinem ureigensten Bereich, der Technik, herausdrängen wollte. Fazit dieser Aktion von Arno Seibold war allerdings, dass Danzig nun stärker mit Strickert zusammenrückte, beide hatten einen gemeinsamen Feind – den Querdenker Jürgen Müller, der ihren Machtanspruch als graue Eminenzen völlig ignorierte und mit hoher Fachkompetenz und dem Einsatz von Ellbogen sich in kurzer Zeit Respekt verschafft hatte. Müller krempelte die gesamte Entwicklungsstrategie des Unternehmens um, führte ein neues, wesentlich effizienteres CAD-System ein und setzte in einem Gewaltakt Simultaneous Engineering im Unternehmen durch. Müller schaffte es, durch die Summe seiner Bemühungen den Entwicklungsprozess in wenigen Monaten wettbewerbsfähig zu machen und untermauerte dies durch ebenfalls neu eingeführte Benchmarks. Danzig hatte das Nachsehen und durfte sich nur noch auf den reinen Fertigungsprozess konzentrieren. Wenn was nicht funktionierte, war meistens er schuld und Müller durfte die „Starrolle" spielen. Und als sei diese ganze Gemengelage nicht schon kompliziert genug, präsentierte nun Arno Seibold – trotz oder gerade wegen aller Vorankündigungen überraschend – seinen Sohn als Nachfolger und gab sich und ihm gerade mal ein gutes Jahr Zeit für die endgültige Übergabe. Beide „Fürsten" waren entsetzt von diesem Schritt, sie hatten zwar damit rechnen müssen, dass der Sohn irgendwann ins Unternehmen kommen würde, aber mit so einem radikalen Schnitt durch Arno Seibold hatten sie nicht gerechnet. Schnell stimmten die beiden Bereichsleiter in dieser Nacht überein, dass dieser mit ihnen nicht abgestimmte Schritt des Chefs nur als Schwächung ihrer Machtbasis, wenn nicht sogar als existenzbedrohend bewertet werden konnte. Auf der anderen Seite zeigten sie sich durch viele lustige kleine Anekdoten, die jeder schon zu berichten hatte, beruhigt von der offensichtlichen Schwäche des „Jungen", der ihnen in den nächsten Tagen zur Einarbeitung übergeben werden sollte.

So schnell würde ihnen Oliver nicht das Wasser reichen, da waren sich die beiden sicher. Danzig und Strickert diskutierten lange, wie sie sich in den nächsten Wochen dem Neuen gegenüber verhalten sollten und kamen dann beim letzten Bier zu einer von beiden als ideal empfundenen Strategie ...

Private Folder Oliver Seibold
23. Januar 2004, 23.52 Uhr

Komme erst heute dazu, einen Eintrag zu machen. Die Woche in der Technik war so beeindruckend und schwierig, dass ich abends zu nicht mehr viel fähig war. Danzig hatte mich am ersten Tag gleich in Empfang genommen und mir einen mehrstündigen Vortrag über die Fertigungsstruktur gehalten. Meine vorbereitete Fragen-Checkliste nahm er anerkennend grinsend zur Kenntnis und meinte, wir könnten am Ende der Woche ja die Fragen abarbeiten, die dann noch offen wären. Er hatte mich an dem Morgen so überfahren, dass ich mich mal wieder nicht durchsetzte, sondern – ich erkenne meine alte Schwäche – mich von seiner Logik einfangen ließ. Danzig ist so ein Skilehrer-Typ, trotz seiner knapp 50 Jahre drahtig, sonnengebräunt mit Schnauzbärtchen, ein Dynamiker wie Dad, ständig am Wirbeln, ständig mit irgendwelchen Leuten per Handy telefonierend.

Danzig gab mir gleich eine konkrete Aufgabe – ein Problem in der Fertigungssteuerungssoftware, das mein Freund Sand (!!) seit Monaten offenbar nicht lösen konnte und das dazu führte, dass die täglich ausgedruckten Listen mit der Maschinenbelegung immer wieder Fehler enthielten und von einer Arbeitskraft händisch kontrolliert und nachgearbeitet werden mussten. Mit diesem Thema kam Danzig in Bittsteller-Miene am zweiten Tag an und fragte mich, ob ich nicht helfen könne, er wisse ja von meiner besonderen Fähigkeit im Software-Bereich und so könne ich seinen Bereich gleich in eigener Mitarbeit kennen lernen etc. Hat mich natürlich gereizt, das war endlich mal eine Aufgabe, wo ich mich „zu Hause" fühlte und außerdem war es mir ein Vergnügen, meinem Freund Bernhard Sand eins auszuwischen. Also hängte ich mich hinter das Problem, lernte bei dieser Gelegenheit auch die völlig veraltete Fertigungssteuerungssoftware PLANDATA kennen, dahinter steckt ein kleines Unternehmen von zehn Programmierern, die einen völlig beschissenen

30

Anwenderservice bieten, sich aber natürlich nicht in den Quellcodes auf die Finger schauen lassen wollen. Immerhin haben sie die Software auf Linux-Basis programmiert, so dass man gut dran rumschrauben kann. Sand hatte bei PLANDATA wohl inzwischen zehnmal das Problem angemahnt und letztlich ein Update bekommen, das wieder nicht optimal funktionierte, und nun war Sand am Ende seines Lateins. Ich löste die Aufgabe in zwei Nächten, so was mache ich immer zu Hause, da schaut mir keiner über die Schulter, ich habe meine bekannte Infrastruktur etc. Jedenfalls fand ich den Fehler relativ schnell, ein eigenartiger Bug, einfacher Additionsfehler bei der Übergabe zwischen zwei Rechenvorgängen, so etwas kommt in kommerziellen Programmen so gut wie nie vor. Jedenfalls kam ich Donnerstag mit einer funktionsfähigen Lösung rüber, was Danzig überhaupt nicht zu wundern schien, der hatte mir das wohl zugetraut, freute sich aber sehr über die Entlastung seiner Leute und lobte mein schnelles Arbeiten. Selbst Bernhard Sand fand eine leicht positive, wenn auch zynische Bemerkung: „Na, immerhin scheinen Sie nicht nur drüber zu reden ...“ Das war alles, was er zu sagen hatte. Seit der einfachen „Reparatur" geht mir im Kopf herum, ob der Fehler vielleicht fingiert war, um mich zu prüfen. Wie auch immer, ich habe es ihnen gezeigt!

Agenda-Eintrag Arno Seibold
23. Januar 2004

Heute bin ich total am Boden, das war nicht meine Woche. Wo ich hinschaute, gab's Fehler, Ärger, Probleme. Da war der Teileanlauf der neuen Fühlergehäuse auf der Linie 1, der völlig missglückte und die Jungs von Audi und Bosch ganz unruhig machte. Da war ein absolut inakzeptables Gespräch mit der Baubehörde von Würzburg (Thema: Anbau am Fertigungsbereich), da waren Personalquerelen bei einer Verbandstagung etc., etc. Und ganz am Ende der Woche gab es Freitagnachmittag bei einer Tasse Kaffee die neuesten Infos von Karin über Olivers Fortschritte. Ich kann es einfach nicht fassen, der Junge macht Anfängerfehler, die ich ihm nicht zugetraut hätte. Bin maßlos enttäuscht von seinem Start in meinem Unternehmen. Habe bis eben lange mit Hanne darüber gesprochen, sie verteidigt ihn natürlich und erinnert mich daran, wie lange *ich* gebraucht habe, so dazustehen, wie ich heute dastehe. Das mag stimmen, aber ich hatte auch keinerlei Ausbildung, musste mir alles von der Pike erkämpfen – gegen den Widerstand meines Vaters! Oliver dagegen hat Jahre studiert, war im Ausland, hat verschiedenste Unternehmen gesehen und bekommt von mir die Firma auf dem Silbertablett serviert. Doch was macht er? Überwirft sich schon in den ersten Tagen mit meiner wichtigsten Vertrauensperson, kommt völlig abgestürzt und unausgeschlafen in die Firma und lässt sich dann noch von Danzig, dem alten Gauner, auf eine völlig falsche Fährte setzen. Oliver hat doch glatt von Danzig einen Software-Auftrag angenommen und ist vermutlich sogar noch stolz, wie schnell er das Problem gelöst hat, der Idiot. Wenn er hier Chef werden will, hätte er *Danzig* einen Auftrag erteilen sollen und nicht den Mitarbeiter aus der DV-Abteilung spielen. Karin meint, es sei ja klar, dass meine Leute ihn prüfen, jetzt, nachdem ich ihn so groß als Nachfolger vorgestellt habe. Stimmt wohl, vielleicht war das alles ein Fehler, vielleicht hätte ich ihn einfach ein oder zwei Jahre in eine Linienfunktion stecken sollen. Jedenfalls werde ich mir Oliver zur Brust nehmen, ich lass ihn noch ein wenig auflaufen und beobachte seine weitere Einarbeitung. Aber der bekommt von mir die gelbe Karte, wenn er so weitermacht. Verdammt, dass ich auch noch meinen eigenen Sohn schleifen muss, das habe ich mir weiß Gott nicht gewünscht. Ach, ich weiß heute Abend nicht, was richtig ist, ich habe auch zu viel Wein getrunken. Es wird wirklich Zeit, von Bord zu gehen. Irgendwie spüre ich … ich hab nicht mehr den Biss wie früher …

Die Querdenkerin

An diesem Punkt der Geschichte angekommen, wird es notwendig, eine bisher nur kurz aufgetauchte, für den weiteren Gang der Geschehnisse aber sehr wichtige Frau vorzustellen – Ilse Wagner, die jüngere Schwester von Arno Seibold. Sprach man den Firmenlenker auf sie an, verzog er meist das Gesicht zu einer schmerzhaften Grimasse, er meinte, mit ihr als Schwester und noch schlimmer als Gesellschafterin schwer vom Schicksal geprüft zu sein. Doch tief in seinem Herzen liebte er „seine Ilse" inbrünstig und hielt viel von ihrer Meinung, auch wenn er ihre oft provokanten, aber immer stichhaltigen „Wahrheiten" offiziell meist in der Luft zerriss. Ilse Wagner, 58, hat – viel mehr als ihr Bruder Arno – schwere

Lebensprüfungen bereits bestanden, ihren geliebten Mann nach langem Kampf gegen den Krebs verloren. Die Ehe mit Peter Wagner war leider kinderlos geblieben – ein Schicksal, das Ilse lange nicht annehmen wollte. So war sie nach dem Tod des Mannes zuerst schrecklich allein, hat sich aber wieder gefangen und seither alle ihre Kraft darangesetzt, Gutes auf der Welt zu tun. Bei Amnesty International hatte sie ihre Bestimmung gefunden und rückte schnell durch ihre zupackende, klug analysierende Art in den inneren Führungszirkel vor. Geldverdienen spielte für sie in diesem Beruf keine Rolle, wurde sie doch als Gesellschafterin von Seibold Plastics jährlich mit dem Nötigsten versorgt und hatte von ihrem Mann auch noch ein kleines, für ihre Unabhängigkeit aber wichtiges Vermögen geerbt. Im Unternehmen von Arno war sie physisch nicht präsent, nur langjährige Mitarbeiter kannten sie von gelegentlichen, völlig unspektakulären Auftritten bei wichtigen Firmenfeiern. Hinter den Kulissen agierte sie dafür umso intensiver. Im Kreis der Gesellschafter der GmbH, zu denen neben ihr und Arno noch ein Rechtsanwalt (eine andere Familienlinie repräsentierend) und ein externer Investor gehören, nahm Ilse oft den Gegenpart zu Arno ein, zwang diesen und die anderen, die Themen wirklich tief zu diskutieren und hatte so schon wichtige Beschlüsse revidiert oder durch ihre Intervention entscheidend mitgeprägt. Im Kreis der Großfamilie war ihr Einfluss vielleicht noch größer, dort nahm sie die Rolle der „Moderatorin" ein, die geschickt die Omnipräsenz von Arno abpufferte und für die Gemeinschaft erträglich hielt. Wenn Ilse bei einem Festtag oder Familientreffen einmal nicht anwesend war (was selten passierte), wurden alle unruhig, weil sie wussten, dass Arno dann wohl wieder nicht zu zügeln sein würde. Wenn sie dagegen anwesend war, lief alles viel lockerer, nahm sie Arno Seibold mit einer Mischung aus Frechheit und Humor die Schärfe und er ließ es (nur von ihr) auch so geschehen, war sogar froh, dass sie etwas vermittelnd eingriff. Kurz – Ilse Wagner war der gute Geist und das gute Gewissen der Familie.

Ilse hatte Oliver immer schon in ihr Herz geschlossen. Sie hatte seine Entwicklung seit dem Säuglingsalter miterlebt – vielleicht auch deshalb so intensiv, weil sie selbst keine Kinder haben durfte. Und ganz sicher war sie deshalb so auf Oliver konzentriert und nicht auf seine Schwester Michaela, von der auch noch zu reden sein wird, weil Ilse immer auf der Seite der Schwächeren stand. Und Oliver war immer der Schwächere gewesen. Ilse erinnerte sich an so viele Szenen, wo sie Vater und Sohn be-

obachtete und mit größter Sorge sah, wie Arno seinen Sohn dominierte,
ja geradezu auf seine „Bestimmung" abrichtete.

Private Folder Oliver Seibold
26. Januar 2003, 22.18 Uhr

Hatte tolles Wochenende, war endlich mal wieder allein mit meinem
Rechner und meinen Büchern. Habe das richtig genossen, denn unter
der Woche bin ich im Augenblick ständig mit Menschen zusammen,
spüre, dass mich das total anstrengt und belastet. Deshalb war ab Freitagabend „Solo Show" angesagt – mit einer langen Chat-Nacht mit
chinesischen und amerikanischen Freunden. Innerhalb meines Projekts
„virtuelle Netze" ging es um tausend Fachthemen und -probleme. Es ist
immer wieder verblüffend zu spüren, dass in den unterschiedlichsten
Ecken der Welt an den gleichen Themen gearbeitet wird. Samstagnacht
dann wie immer Besuch im Joe Peñas. Da kann man bei guter Musik
(R&B, Lounge Jazz) und ein paar Cocktails Menschen beobachten.
Ging dann sonntagmorgens ins Bett und schlief bis Nachmittag. Hatte
dann wieder einen totalen Durchhänger, denn mir scheint es immer
schwieriger, meine privaten Ambitionen und die Jobsache unter einen
Hut zu bekommen. Sehe da im Augenblick ein echtes Dilemma. Habe
versucht, die Sache mal aus streng formaler Sicht der Logik zu betrachten und meine denkbaren Handlungsalternativen in einem größeren
System zu betrachten, das von Logikern das „Tetralemma" genannt
wird:

→ Entweder – oder
→ Sowohl als auch
→ Keines von beiden
→ Kompletter Kontextwechsel

Es kam aber leider nur noch größere Verwirrung heraus, finde im Augenblick die Quadratur des Kreises nicht!

Ach ja, dann hat sich heute Abend noch seltener Besuch angekündigt,
Ilse will mich zum Essen einladen, um mit mir zu „plaudern". Wenn die
so daherkommt, hat sie was Konkretes, so gut kenne ich sie. Wir treffen
uns Freitagabend in der Steinburg. Immerhin ist sie nicht kleinkariert bei
der Wahl des Restaurants, war schon jahrelang nicht mehr da oben. Ich

käme von mir aus nie auf die Idee, in so einen Laden zu gehen, aber mit Ilse wird's sicher spannend.

E-Mail-Protokoll

26.01.2004, 23.45 Uhr
Absender: Oliver.Seibold@t-online.de
Empfänger: Mike.Köhler@rsm-media.de
Anlagen:

Hi Mike, wollte dir nochmals danken für das intensive Gespräch beim letzten Meeting, hat mir meine Optionen in der derzeitigen Situation gut transparent gemacht. Ich probier's im Augenblick mit „love it", die anderen Varianten scheinen mir zu radikal :-)
   Habe heute versucht, ein paar Takte mit Karin Dinslage zu reden, um sie ein wenig für mich zu gewinnen, ging aber völlig daneben. Wir gerieten schon nach wenigen Sätzen so aneinander, dass wir das Gespräch — beide total gefrustet — abbrachen und jeder schmollend in sein Büro ging. Shit ist, dass ich genau weiß, dass das wenig später wieder bei meinem Vater landet. Der aber geht mir seit Tagen aus dem Weg. Das heißt nichts Gutes. Was meinst du, was soll ich denn tun? Wäre ich hier schon der Chef, würde ich die Dinslage als Erstes rauswerfen, die hat eine Machtfülle, die ist im ganzen Unternehmen gefürchtet ... Ich frage mich auch, wozu bräuchte ich überhaupt eine Sekretärin, was sollte die denn für mich tun? Das bisschen Termin- und Projektplanung mache ich mit meinem PDA und Outlook, und die Hängeregistratur von Dad, die im ganzen Unternehmen die Lachnummer ist, wird an dem Tag abgebaut, an dem Dad verschwindet (da kann dann ein Azubi monatelang alle Akten aus dem Chefzimmer digitalisieren, super Job ...!). Also, was rätst du mir, soll ich mich bei der Dinslage einschleimen oder zu meiner Haltung stehen?
   Gruß Oliver
   PS: Was hältst du von wechselseitigen regelmäßigen Besuchen, so einer Art Frankfurt-Würzburg-Connection?

Komme heute (völlig ungewöhnlich) erst gegen 21 Uhr zurück in mein Apartment, Strickert hat mich zum Abendessen eingeladen und da kann man ja nichts machen. Bin jetzt seit vier Tagen im kaufmännischen Bereich, was soll ich sagen? Erst mal bin ich geschockt! Mir war klar, dass dieses Unternehmen nicht mit den Maßstäben zu messen ist, die wir Studenten in Großunternehmen erlebt haben. Aber dass es heute noch mittelständische Unternehmen gibt, die so wenig planen, so wenig strategisch arbeiten, so wenig Controlling-Werkzeuge haben – das ist wirklich unglaublich. Werde Dad hierzu eine Menge unangenehmer Fragen stellen müssen. Aber nochmals die Fakten sortiert:

Dieses Unternehmen

- hat kein strategisches Konzept,
- plant weder Kosten noch Erträge,
- kennt keine Jahresbudgets,
- arbeitet nicht mit Kennzahlen,
- hat kein systematisches Controlling,
- misst sich nicht an Benchmarks,

aber Strickert ist stolz, mir zu verkünden: Dieses Unternehmen hat seine Finanzen perfekt im Griff!! Er meint damit: Man kennt die Umsätze, man kennt die Kosten, man hat eine bescheidene Liquiditätsplanung und was dann übrig bleibt, ist der Gewinn. Wie soll dieser Laden überleben!!!!????

Aber natürlich: Strickert hat mir gegenüber deutlich betont, dass er meine „theoretischen Kenntnisse" (er sagte das immer mit angehobener Stimme und gezückten Augenbrauen – schaut süß aus) sehr hoch einschätze. Er habe von meinem Vater meine Abschlussarbeit über die „Prozessperspektive innerhalb des Balanced Scorecard-Systems" gelesen, verstanden und als hochintelligentes Papier eingeordnet, aber die Anwendung solcher Werkzeuge in einem Unternehmen wie diesem sei doch schwer vorstellbar. Der Blödmann! Nichts hat er verstanden! Und Dad natürlich dito. Also: Strickert scheidet als Partner oder Helfer definitiv aus, der ist froh, wenn er seine Monatszahlen zusammenbekommt, und ist mit den Vorbereitungsarbeiten für die Jahresbilanz schon am Rand seiner Möglichkeiten, wobei die wesentliche Arbeit auch noch der Steuerberater Werner Hausmann macht. Die Leiterin der FiBu, Frau Meisner, ist reine Sachbearbeiterin, die wühlt nur den ganzen Tag in ihren Konten rum. Und das war's dann, mehr Leute sind nicht da, die hier eingesetzt werden könnten.

Man hat mich mit Tausenden Statistiken eingedeckt, um mir zu beweisen, dass in diesem Bereich durchaus gearbeitet wird. Stimmt auch. Was die alles von Hand machen müssen, weil ihr System die Anforderungen der Fachbereiche nicht unterstützt (auch so ein Wahnsinn). Und so werden tausend Auswertungen manuell erstellt.

Strickert bat mich, zu untersuchen, ob und wie es möglich wäre, aus dem vorhandenen Datensalat die wichtigsten Unternehmenskennzahlen automatisiert zu generieren. Auf mein Nachbohren musste er allerdings zugeben, dass die Einzigen, die sich dafür im Augenblick interessieren, die Hausbanken sind. Der Chef würde wohl bis zu seinem Austritt bei seinem PUKIL-System bleiben. Gemeint ist damit ein handgestricktes „Rumpf-Controlling-System" für die Parameter

Projektstatus (hier ist der Status der Kundenprojekte gemeint),
Umsatz,
Kosten,
Investitionen (hier wird der Status aller Technologieprojekte erfasst),
Liquidität,

mit dem Dad das Unternehmen führt (er meinte auf Nachfragen stolz zu mir, PUKIL sei sein „Cockpit", wie im Flugzeug müsse sich auch der Firmenlenker auf wenige zentrale Instrumente konzentrieren). Ich verstehe dieses System nicht so ganz, die fünf Parameter sind zwar irgendwo wichtig, aber hier gehen für mich operative Steuerung und strategisches Controlling völlig durcheinander.

Es ist nicht zu glauben, wie rückständig die alle sind. Mal sehen, was ich aus dem ganzen Schrott machen kann. Ich habe jetzt erst mal zig Statistiken in völlig unterschiedlichen Formaten, die ich irgendwie zusammenführen muss. Habe Strickert gesagt, damit muss er ein paar Wochen warten, aber er war nur erst mal froh, dass es überhaupt jemand macht, und flüsterte mir heute Abend beim Abschied noch verschwörerisch zu, ich solle es vielleicht besser nicht meinem Vater erzählen, dass ich an diesem Thema arbeite. So ein Quatsch, als ob ich mich damit verstecken muss …

Klatsch aktuell
(Espressomaschine Vertriebsflur, verschiedene Grüppchen)

… Haben Sie schon gehört, Oliver soll schon in wenigen Wochen den Strickert ersetzen, der hat den in seiner Einarbeitung scheinbar mit seinen Fragen fertig gemacht …

… Aber er kommt immer noch mit seinem biederen VW Passat, da könnte der Alte ruhig mal etwas spendabler sein …

… Ist der eigentlich Single, von dem hat man noch nie eine Frauengeschichte gehört. Oder ist der etwa …?

… Aber ehrlich, der ist zwar vielleicht ein Intelligenzbolzen, aber dem Alten kann der doch nicht das Wasser reichen, *der* soll unser Unternehmen führen? …

… Der Alte lässt sowieso nicht los, glaubt ihr im Ernst, der überlässt Oliver einfach so das Ruder? Der müsste erst schwer krank umkippen, vorher geht der nicht …

… Dem F&E-Müller werden ernsthafte Ambitionen nachgesagt, es heißt, der wolle ganz nach oben und sei jetzt sauer, dass der Alte so plötzlich Oliver aus dem Hut gezaubert hat …

… Vielleicht versucht er's trotzdem, der Müller gibt so schnell nicht auf, und ich sage euch, *der* steckt Oliver in die Tasche …

… aber vergesst Danzig und Strickert nicht, die haben mehr Macht, als ihr glaubt …

… Wie soll das überhaupt mit unseren Kunden weitergehen, habt ihr schon gemerkt, wie stark Audi und Daimler ihre Teileabrufe reduzieren? Ob da überhaupt einer bei uns reagiert? …

… Die im Vertrieb warten doch nur, bis das Telefon klingelt, gezielte Neukunden-Akquise ist bei uns ein Fremdwort. Das bricht uns irgendwann das Genick …

… Wir bräuchten dringend ein zweites Bein neben dem Automobilgeschäft. Da ist doch nichts mehr verdient. Aber der Alte kneift die Augen zu und hofft auf seinen Sohn …

… Hab doch etwas mehr Vertrauen, der Alte holt schon wieder was, der hat es am Schluss doch immer wieder herumgerissen, der ist unser bester Verkäufer …

… Aber er sollte sich nicht so in die Technik einmischen. Letzte Woche, beim Teileanlauf auf der Eins, hat er mal wieder rumgebrüllt wie verrückt, nur weil das Werkzeug nach dem ersten Einrichten noch nicht gepasst hat …

… Na und, wenn er's nicht macht, wer macht den Jungs da unten dann Dampf? Der Danzig? Der ist viel zu brav, sage ich euch …

… Habt ihr schon gehört, dass die Dinslage einen Neuen hat? Ich sag aber nicht, wer's ist …

Zwei Frauen, besorgt

An diesem Wochenende war Hanne Seibold wirklich in größter Sorge. Ihr Mann war gestern, Freitagabend, in völlig aufgelöster, extrem aggressiver Stimmung nach Hause gekommen. Er sagte ganz gegen seine normale Gewohnheit keinen Ton, aber Hanne spürte, es ging um Oliver. Arno wollte sofort ins Engadin nach Pontresina fahren, er nötigte sie mitzukommen und auf der Stelle die Koffer zu packen. Doch sie hatte in dieser Stimmung keinerlei Lust, ja vielleicht sogar etwas Angst vor ihm und so ohne Vorbereitung konnte sie sowieso nicht einfach von zu Hause los. Arno machte sich murrend und missgelaunt ans Packen und war eine Stunde später mit nur kurzer, beiläufiger Umarmung ins Auto gestiegen und losgefahren. Hanne hatte ihren Mann lange schon nicht mehr so geladen erlebt, sie versuchte stundenlang, sich einen Reim auf die Vorgänge zu machen. Natürlich versuchte sie auch Oliver zu erreichen, aber der ging den ganzen Abend nicht ans Telefon. So ging Hanne mit einem unbestimmten, aber sehr schmerzhaften Bedrohungsgefühl zu Bett. Am anderen Morgen wollte sie Arno erreichen, um doch etwas von ihm herauszubekommen, aber der ging nicht ans Telefon oder er war morgens schon früh auf die Piste gegangen, um sich auszutoben. Also beschloss Hanne, Ilse anzurufen, die kannte ihren Bruder besser als alle anderen, die hatte einen klugen Kopf und einen kritischen, unbeugsamen Geist. Oft hatte

Hanne ihre Schwägerin beneidet, wie klar und selbstbewusst sie mit Arno umging. Auf der anderen Seite war immer ein Stück Rivalität zwischen den beiden so ungleichen Frauen. Hanne störte total, dass Ilse in Gesellschaft immer wieder aufs Neue beweisen musste, wie viel sie sich bei ihrem Bruder herausnehmen konnte (und diese Seitenblicke, die immer signalisieren sollten: „Machs doch auch so wie ich" …). Wahr ist, dass Hanne ihr ganzes Leben um eine sinnvolle Einstellung zu Arno rang, vieles missfiel ihr, was ihr Mann machte, vor allem, wie er mit Menschen umging. Auf der anderen Seite konnte er total liebevoll, zuvorkommend und lebensfroh sein. Und er ließ ihr auch jeden Raum für ihr eigenes Leben, er bot Sicherheit und manchmal sogar Trost und Anlehnung. Trotzdem, in Situationen, wenn Arno so cholerisch war wie dieses Wochenende, dachte Hanne an Trennung, aber letztlich spürte sie in sich nicht die Kraft dazu. Das Beispiel Michaela hatte ihr vor Jahren schon unmissverständlich gezeigt, wie ihr Mann mit Widerspruch und Zurückweisung umging.

Der ganze Samstagvormittag verging, ehe Hanne bei Ilse Erfolg hatte. Diese war zwar überrascht von dem Anruf, nicht aber von der zugrunde liegenden Sachlage, denn sie wusste ja durch ihr Treffen auf der Steinburg bereits vom Zerwürfnis mit dem Vater und dem schwierigen Seelenzustand Olivers. Schon wieder war Ilse ihrer Schwägerin einen Schritt voraus, Hanne zeigte sich ziemlich pikiert, dass sich Ilse ohne jede Vorankündigung einfach mit Oliver getroffen und damit in Familienangelegenheiten eingemischt hatte. Sie unterdrückte aber ihren Ärger und erzählte offen von Arnos überstürzter Abreise nach Pontresina. Ilse wiederum berichtete ihrer Schwägerin diplomatisch verklausuliert über Olivers Lage. Ilse wusste zu genau, wie schwierig es für Hanne sowieso schon war, mit Arno klarzukommen, sie hatte ihre Tochter fast verloren und nun bahnte sich möglicherweise Ähnliches mit Oliver an … Außerdem hatte Oliver bei Ilse um strengste Vertraulichkeit gebeten, die auch in guter Absicht nicht gebrochen werden durfte. Folglich beschränkte sich Ilse in ihrem Bericht auf Olivers fachliche Probleme bei Seibold Plastics und streifte den großen Streit zwischen Vater und Sohn nur am Rande. Es war eine absurde Situation – beide waren unfähig, offen miteinander zu reden. Trotzdem reichte der Bericht aus, Hanne in höchstem Maße zu alarmieren. Spätestens jetzt wurde ihr klar, wie ernst die Schwierigkeiten waren, in denen Oliver mit seinem Vater steckte. Hanne wurde sehr still und kleinlaut, machte sich riesige Sorgen um den Fami-

lienfrieden, um den Sohn und um die Gesundheit des Mannes. Nicht, dass sie hätte vermitteln wollen zwischen Oliver und seinem Vater. Lange hatte Hanne dies schon aufgegeben. Sie war daran schon vor 15 bis 20 Jahren gescheitert, als ihr Mann versuchte, die „schwierig" gewordenen Kinder mit brachialer Gewalt auf seinen Weg zu zwingen. Endlose Auseinandersetzungen zwischen ihr und ihm waren die Folge, ohne dass Hanne ihren Mann letztlich auch nur einen Millimeter zu einer anderen Haltung bewegen konnte, was Hanne in eine schwere Depression stürzte. Um sich selbst zu schützen, hatte sie in dieser Zeit mit der Hilfe eines Therapeuten gelernt, Arno seine Probleme mit den Kindern selbst lösen zu lassen – um den Preis, dass diese sich von der Mutter ein Stück „verraten" fühlten. Es war ein Teufelskreis, aus dem Hanne nie wirklich herauskam. Vermittlung kam für sie also nicht in Frage, was ihr blieb, war eine Besänftigungsstrategie durch gezielte Ablenkung, die sie mit Arno in Jahrzehnten Ehearbeit schon zur Perfektion getrieben hatte. Kein Wort über das Problem reden, ein schönes Essen und vor allem viel Wein, dann bestand die Chance, dass Arno irgendwann plötzlich aufstöhnte und das Streitthema selbstkritisch relativierte. Dann war der Bann gebrochen und Arno legte das Problem blitzartig zur Seite, wobei es allerdings in den Nächten dann wiederkam. Hanne wusste schon im Vorhinein, dass ihr Mann den verdrängten Ärger dann nachts abarbeiten würde. Durch Gestöhne, durch endloses Wälzen, manchmal auch durch Aufstehen und im Haus Umhergehen. So gesehen, war Hanne fast erleichtert, als Arno losfuhr, denn sie wusste, dass sie in den nächsten Nächten zu ihrem Schlaf kam und ihr Mann einigermaßen stabilisiert nach Hause kommen würde. Auf der anderen Seite sah Hanne ähnlich wie Ilse eine ganz schwierige Zeit auf Oliver und Arno und damit auch auf sich selbst zukommen. In Pontresina wurde ja nichts gelöst, die Probleme zwischen Vater und Sohn blieben dieselben, nur der Abstand war größer geworden. Wenn sich die Ärgernisse verstärkten, war Arno alles zuzutrauen. Hanne hatte nur noch ein „Kind", zu dem ein normales Verhältnis bestand. Michaela war den Konfrontationsweg mit ihrem Vater bis zum bitteren Ende gegangen – mit dem Erfolg, dass sie heute quasi eine „unerwünschte Person" im Hause war, und jedes Familientreffen ein Ritt auf dem Vulkan wurde – ein Unding, unter dem Hanne unsäglich litt. Kein Wunder, dass das ganze Denken und Handeln dieser unglücklichen Frau darauf ausgerichtet war, den Sohn nicht auch noch auf eine solche Weise zu verlieren.

Agenda-Eintrag Arno Seibold
1. Februar 2004, 23.00 Uhr

Habe mich erst nach zwei Tagen voller Skitouren bei herrlichstem Sonnenschein in Pontresina von meinem Streit mit Oliver beruhigt. Oliver wollte mir kündigen. *Seinem Vater nach Jahren teuerster Ausbildung kündigen!!!!!*

Heute Abend, nach der langen Rückfahrt aus den Bergen und nach einigen Glas Wein neben einer im Wohnzimmer eingeschlafenen Frau, kann ich wieder einigermaßen denken. Warum geht mir das mit Oliver so an die Nieren? Meine Freunde meinen, weil meine Erwartungen so hoch sind, dass sie zwangsläufig enttäuscht werden müssten. Mag sein, vielleicht ist da auch was dran, aber aus meiner Sicht ist es vor allem meine übergroße Liebe, die so leicht zu verletzen ist. Ich war wohl ziemlich aufbrausend, aber Oliver kennt mich ja so. Er weiß auch, dass ich danach alles verzeihen kann. Ich bin eben ein emotionaler Mensch, Oliver dagegen ist ein Intellektueller, ein Denker, der kaum Gefühle äußert. Doch auch er war für seine Verhältnisse am Freitag ziemlich geladen. Zeigte mir plötzlich völlig unüberlegt die rote Karte. Aber der Reihe nach: Warum sind wir so aneinander geraten? Für mich setzt Oliver in den entscheidenden ersten Wochen die völlig falschen Signale und Prioritäten, das habe ich versucht, ihm klar zu machen. Ich wollte ihn nicht als „Lernenden" hier einführen, sondern als zukünftigen Chef, der kommt, aufnimmt und dann möglichst schnell das Gesetz des Handelns bestimmt. Vielleicht habe ich die Besonderheit meines Unternehmens *unter*schätzt, vielleicht habe ich die Management-Fähigkeit von Oliver *über*schätzt, jedenfalls hat mein Vorwurf, er zeige zu wenig den Chef, Oliver tief getroffen, er konnte überhaupt nicht verstehen, warum ich es für völlig inakzeptabel fand, dass er „Aufträge" von Danzig und Strickert angenommen hat. Dass Strickert ihn zum Beispiel mit seiner Schnapsidee, Kennzahlen automatisch für die Bank aufzubereiten (was ich sowieso nicht zulasse), erfolgreich zum Sachbearbeiter degradiert hat, begreift er einfach nicht. Da fehlt dem Jungen total der Machtinstinkt. Jetzt noch werde ich rot im Gesicht, wie raffiniert die beiden Bereichsleiter Oliver eingefangen haben – und was macht der Blödmann? Anstatt den Ball souverän zurückzuspielen, bedankt er sich artig für die schönen Aufgaben und macht sich wie ein Praktikant an die Arbeit. Ich hoffe, er hat jetzt verstanden, dass ein Seibold keine Aufträge von Bereichsleitern annimmt!

Noch mehr ärgert mich, wie inzwischen im Unternehmen über Oliver gesprochen wird. Karin erzählte mir, dass bereits darüber gewitzelt wird, wie wenig Oliver von unserem Geschäft versteht, dass er ein lieber „Bubi" ist, der dem „Alten" nicht das Wasser reichen kann etc., etc. So reden Mitarbeiter über meinen Sohn! Und bei allem Ärger über die Frechheit der Leute – Oliver ist selbst daran schuld. Jetzt muss ich schon anfangen, ihn zu verteidigen, das hätte er mir durch geschickteres Agieren ersparen können. Während der Auseinandersetzung habe ich ihm auch ganz deutlich gesagt, an welcher Stelle er seinen Charakter verändern muss, um ein Unternehmer zu werden. Danach war er ganz still. Kann er diese Wahrheiten nicht ertragen? Muss er aber, wenn er Chef von einem Unternehmen wie Seibold Plastics werden will. Hier kann er sich nicht hinter strategischen Spielchen verstecken, hier muss er täglich Entscheidungen fällen, Leute ins Boot holen, Intrigen erkennen und parieren. Ich hoffe, er kann diese Kritik annehmen und auch umsetzen, sonst geht's schief. Aber erst mal zeigten mir die erregte Aussprache und seine trotzige Gegenwehr: Er merkt es nicht, er hat einfach nicht die natürliche Souveränität eines Vorgesetzten, er sieht die Mitarbeiter und Führungskräfte irgendwie als gleichwertige Partner, so eine Verirrung! Die haben ihren Arbeitsplatz nur, weil *wir* unser Kapital zur Verfügung stellen und gewaltige Risiken eingehen – das muss er endlich in sich aufnehmen und als Haltung ausstrahlen. Und was mich auch noch maßlos stört: Er hat sich meine Sekretärin schon ein Stück zur Feindin gemacht, obwohl diese wirklich positiv auf ihn eingestimmt war. Inzwischen spürt man richtig, wie sie Oliver beobachtet, musste sie heute da auch schon bremsen.

Wir sind dann beide in unserer Erregung Türen knallend in unsere Büros gestürmt. Ich wartete circa eine halbe Stunde, wusste genau, dass er wiederkommen würde. Dann kam der entsetzlichste Moment: Oliver dachte gar nicht daran, auf mich zuzugehen, sich zu entschuldigen oder zu erklären. Ich wäre sofort bereit gewesen, ihn wieder in den Arm zu nehmen und alles zu vergessen. Doch was macht der Bengel: Er hält mir trotzig mit zitternden Händen und knallrotem Kopf eine handschriftliche Kündigung vor die Nase!! Eine Kündigung!! Als ob Oliver Seibold seinem Vater einfach kündigen kann. Ich habe sie zerrissen, in tausend Stücke, habe ihn beschimpft, weiß nicht mehr, mit welchen Worten, bis er völlig in Rage rausgerannt, auf sein Mountainbike gesprungen und losgefahren ist.

Eigenartig: Auch jetzt, wenn ich meinen Ärger und meine Sorge zu Papier bringe, spüre ich, wie sehr ich Oliver liebe. Aber er muss noch viel an sich arbeiten, damit er als Unternehmer brauchbar wird, das ist die Wahrheit. Werde am Montag nochmals mit ihm reden. Und im Übrigen meine ich: Ein Starker hält es aus ...

Private Folder Oliver Seibold
30. Januar 2004, 18.00 Uhr

Was ist das für eine Achterbahn? Muss ich das haben? Habe ich dafür an einer der besten Universitäten Deutschlands studiert? War es dafür nötig, sich am Kellogg Institute in den USA in einer fremden Sprache, einer fremden Kultur zwei Jahre zu quälen, um dem Herrn Vater noch den MBA präsentieren zu können? Internationale Kapazitäten haben meine Arbeiten beurteilt, meine analytischen und konzeptionellen Fähigkeiten bewundert. Und in dieser verdammten, provinziellen Klitsche will man mit mir diskutieren, ob ein kennzahlengesteuertes Management wirklich Sinn macht. In dieser Klitsche macht man mir Vorwürfe, es sei ein Akt der Schwäche, in nächtelanger Arbeit eine Billigsoftware nachzubessern? Ich hasse Dad und sein ganzes autoritäres Gehabe. Ich hätte es wissen müssen. Bin ich bescheuert?!

E-Mail-Protokoll

```
01.02.2003, 23.45 Uhr
Absender: Mike.Köhler@rsm-media.de
Empfänger: Oliver.Seibold@t-online.de
Anlagen:

Hi Oli, was erzählst du mir da am Telefon für wirres Zeug! Du
hast gekündigt? Deinem Dad? Was soll das? War da nicht deine
Absicht mit „love it"? Schalt endlich deinen Kopf ein und
werde dir klar, ob du diese Company willst, wirklich willst,
oder ob du eine Marionette deines Dads bist ...
```

Private Folder Oliver Seibold
1. Februar 2004, 22.54 Uhr

Komme gerade zurück von einem spontanen Besuch bei Michaela in Ulm. Hatte nach dem wahnsinnigen Streit am Freitag und dem aufwühlenden Gespräch mit Ilse auf der Steinburg massiven Kommunikationsbedarf. Mike war nicht greifbar, aber Schwesterchen nahm sich Zeit für den Bruder. Kommt alle Jahre nur einmal vor. Aber die beiden Tage haben gut getan, auch wenn Michaelas Einstellung zu Dad die ganze Sache für mich nicht gerade leichter macht. Sie tut sich leicht damit, sie hat schon in ihrer Pubertät den harten Schnitt zu Dad gemacht, erlaubte sich die Provokation, an ihrem 18. Geburtstag von zu Hause auszuziehen. Ich erinnere mich noch, Dad schäumte, brüllte ihr nach, sie brauche nicht mehr wiederzukommen. Mom weinte, es war ein herrlicher, befreiender Geburtstag. Und ich als kleinerer Bruder bekam von diesem Tag an die ganze Aufmerksamkeit meines Vaters zu spüren …

Michaela nahm mich toll auf, ich war total fertig und gefühlsmäßig verwirrt, ich war sogar gegen meine normalen Gewohnheiten mit der Bahn nach Ulm gefahren, weil ich wirklich Sorge hatte, in einem so eigenartigen geistigen Zustand Auto zu fahren. Michaela hatte Peter, ihren Mann, extra gebeten, uns ein paar Stunden lang allein zu lassen, sie hatte auf der herrlichen Dachterrasse direkt über der Stadtmauer an der Donau ein zweites Frühstück gedeckt, mit Blümchen, frischen Semmeln und allen Schikanen. Ich war allerdings zu fertig, um das ganze Setting genießen zu können. Michaela spürte natürlich meinen Zustand und ließ mich einfach reden. Weiß nicht mehr genau, was ich im Detail alles gesagt habe, aber es kam für meine Verhältnisse ein ganzer Schwall an Emotionen aus mir heraus. (Fühle mich etwas bescheuert, dass ich das einfach so bei ihr rausgelassen habe. Wie denkt sie jetzt über mich?) Michaela ließ mich einfach quatschen, stellte nur kleine Zwischenfragen, trank mehrere Tassen Kaffee, stütze manchmal betroffen ihren Kopf in die Hände, ging in ganz dramatischen Momenten auch mal auf der Terrasse auf und ab. Es war ein schönes Gefühl für mich, dass sie so intensiv bei mir war. Vielleicht ist doch mehr Bindung (Liebe??) zwischen uns, als ich bisher gedacht habe.

Als ich nach circa einer Stunde fertig war, schwieg sie lange, so, als müsse sie sich durchringen, das, was sie dachte, auch zu sagen. Und dann kam der Satz, der mich die ganze Heimfahrt verfolgte: „Oliver, sag mir, warum tust du dir das an? Du bist hochintelligent, hast eine verdammt gute Ausbildung, hast beruflich tausend Chancen … und opferst dich auf für Vater." Ich wollte Einwände bringen, relativieren, erklären, aber nun kam in Michaela ihre eigene Vergangenheit hoch: „Komm, Oliver, sag nicht, dass du nicht gewusst hast, wie Vater ist. Alles, was du mir über ihn erzählt hast, passt genau in mein Bild von ihm. Du weißt genau, welchen Weg ich gewählt habe. Wie kannst du überrascht sein von der Situation bei Seibold Plastics?"

Natürlich hatte sie aus ihrer Sicht irgendwie Recht, zu *ihrem* Bild von Dad passte das alles, was ich zu berichten hatte. Aber ihr Bild war aus meiner Sicht immer viel zu negativ gefärbt gewesen. Michaela hatte sich mit Dad immer gerieben (man sieht es ja auch schon daran, dass ich „Dad" sage und Sie ganz distanziert „Vater"), die beiden waren einfach nicht kompatibel, sie war ähnlich extrovertiert und emotional aufbrausend wie er, und in der Zeit zwischen 13 und 18 haben sich die beiden einen richtigen Kleinkrieg geliefert, der die ganze Familienatmosphäre vergiftete.

Dad machte dann seine im Streit ausgesprochene Drohung wahr und hat Michaela so gut wie aus der Familie verstoßen, als ihm klar wurde, dass sie weder in der Familie bleiben noch in seine Firma kommen will. Dad ist niemand, der vergibt, niemand, der eine Brücke baut. Nicht einmal seinem eigenen Kind. Der kann so brutal hart sein, vielleicht flennt er manchmal für sich im Zimmer, aber nach außen zeigt er nichts davon. Als Michaela weg war, wurde dieses ganze Thema zumindest vor mir so gut wie nicht mehr angesprochen – ich war damals nach dem ersten Schock fast erleichtert, denn endlich war wieder eine gute Atmosphäre zu Hause und Dad kümmerte sich rührend um mich. Solange ich ihm das Gefühl gab, dass ich zielgerichtet an meiner Ausbildung arbeite und mich für die Firma interessiere, hatte ich alle Freiheiten. Ich bin eben auch aus ganz anderem Holz geschnitzt als Michaela. Michaelas Rat am Ende des Gesprächs war, so gesehen, nicht überraschend: „Bring dich in Sicherheit, solange es noch geht, und lass den Alten seine Suppe selbst auslöffeln." Typisch Michaela, sie rät mir natürlich, was für *sie* gut wäre, nicht, was zu *mir* passt. Und zu mir passt eher der Rat von Ilse, den sie mir nach einem völlig anders verlaufenen Gespräch am Freitagabend gegeben hat. Wir hatten auf der Steinburg toll gegessen und (vielleicht bewusst) auch viel Belangloses gesprochen. Erst danach, bei einem eiskalten Abendspaziergang hoch über dem Main, hat mir Ilse ihren Rat gegeben. Sie sagte: „Finde deinen eigenen Platz in diesem Unternehmen und *nimm* dir dann die Kraft und das Recht, deinem Vater zu sagen, wie *du* es halten willst und was du von ihm dabei erwartest." Doch mein Dilemma ist: Ich kann mit beiden Ratschlägen noch nichts Richtiges anfangen. Ich weiß einfach noch nicht, was ich tun soll. Aber eins steht fest, morgen früh sehe ich Dad nach dem Streit wieder und irgendwas wird passieren.

Versöhnung mit Knalleffekt

Natürlich hatte sich Arno Seibold abgeregt, als er am Sonntag, 2. Februar, spätabends mit guter Gesichtsbräune zurück ins Würzburger Heim kam. Umso größer seine Enttäuschung, ja sogar Wut, dass seine Frau um 23 Uhr nicht zu Hause war. Das kleine Zettelchen, dass sie sich mit ihren Frauen zu einem Abend verabredet hatte, konnte ihn in keiner Weise besänftigen, und so nahm er sich vor, bei einem Glas Wein zu warten, bis sie wiederkam. Es wurden drei Glas Wein und zwei nutzlose Stunden, denn Arno Seibold wollte endlich wieder alles O. K. machen mit seiner Frau, wollte ihr sagen, dass er sich mit Oliver schon wieder aussöhnen würde, dass dieser aber auch seinen Teil dazu beitragen müsse etc. Eben alle die guten Vorsätze, die er in der ersten Frühlingssonne und der Abgeschiedenheit des Engadins gemacht hatte. Doch als Hanne endlich spät nach Mitternacht heimkam, wollte sie nur ins Bett und verhinderte die Aussprache, indem sie dort auf der Stelle einschlief und Arno missvergnügt und unzufrieden zurückließ. Der hatte deshalb und wegen der vielen Gedanken und Sorgen über Oliver eine ganz schlechte Nacht, was er seiner Frau am anderen Morgen gleich zum Vorwurf machte, womit das Missvergnügen trotz aller guter Vorsätze gleich beim Frühstück zu einer unguten Stimmung zwischen den beiden führte.

Auf diese Weise eingestimmt, fuhr Arno Seibold ins Unternehmen, ging am Büro seines Sohnes forsch vorbei, ohne Hallo zu sagen, und widmete sich erst einmal seinem Poststudium und einer guten Tasse Kaffee von seiner Sekretärin. Die hatte gar nichts von der ganzen Tragödie mitbekommen und musste sich das Ausmaß der Auseinandersetzung im Laufe des Tages mühsam aus vielen Puzzleteilen zusammensetzen. Normalerweise hätte Arno Seibold ja in so einer geschäftlichen Sache Rat bei Karin geholt, aber nachdem sie schon so deutlich auf der Gegnerseite von Oliver war, unterdrückte er den Wunsch, mit ihr zu reden. Stattdessen bat er sie erst einmal um „keine Störung, von niemand", woran diese zumindest schon einmal erkannte, dass der Morgen irgendwie besonders laufen würde. Arno wollte seine Versöhnung nicht irgendwie zwischen Tür und Angel inszenieren, sondern etwas spannend machen. Er hatte dazu auch eine Idee bekommen, natürlich wieder beim Autofahren. Oliver sollte nur ruhig ein wenig leiden und dann würde er ihm ein Zeichen seiner Großzügigkeit setzen, das ihn beschämen sollte. Erst kurz vor Mittag, als Arnos Steuerberater, der gleichzeitig auch Familienanwalt war, endlich eintraf, bat Arno, man möge Oliver zu ihm bitten. Dieser war inzwischen in schlechtester Verfassung beim nächsten Einarbeitungsdate in der Fertigungslinie 1 gelandet und sinnierte ebenfalls darüber, wie es mit ihm und Dad weitergehen sollte. Zwei schlaflose Nächte hatte der Sohn hinter sich, in denen er sich mit seiner eigenen Einstellung zu seinem „Job" und zu seinem Vater quälte. Fazit: Oliver stand der Sinn eigentlich überhaupt nicht nach Versöhnung, sondern danach, Stärke zu zeigen und dieses Mal nicht so einfach zu kuschen. Nach den Gesprächen am Wochenende war sich Oliver sicherer denn je, dass er sich keiner Verfehlung schuldig gemacht hatte, dass seine Hilfsbereitschaft den beiden Bereichsleitern gegenüber durchaus angemessen war und sein Missbehagen gegenüber Karin Dinslage auch gute Gründe hatte. Nein, er meinte, sein Vater hatte überreagiert und sich ihm gegenüber völlig inakzeptabel verhalten. Oliver suchte also nur nach einer geeigneten Form, dies seinem Vater klar zu machen, ohne dass schon wieder neuer Streit ausbrach. Der einzige Fehler, den Oliver bei sich selbst fand, und der ihn schrecklich ärgerte, war die Kurzschlussreaktion mit der Kündigung, das war völliger Schwachsinn gewesen und hatte seine Position unnötig verschlechtert. In diesen Gedanken und die ersten Erläuterungen über die verschiedenen Fertigungslinien bei Seibold platzte der Anruf von Karin Dinslage, er möge bitte dringend zu seinem Vater kommen …

Private Folder Oliver Seibold
2. Februar 2004

Dad meint, wir wären wieder versöhnt. Dad meint wohl sogar, er sei über sich hinausgewachsen. Ich sitze beim dritten Caipirinha im Joe Peñas und denke darüber nach, ob ich das auch so sehen kann. Es war natürlich heute wieder völlig anders gelaufen, als ich es vermutet hatte. Eines muss man dem Alten lassen: Er versteht es meisterhaft, das Gesetz des Handelns an sich zu ziehen. Dieser Schwenk war schon brutal, am Freitag hat er mich zusammengestaucht wie den letzten Lehrjungen und heute hat er mir in (völlig überraschender) Anwesenheit von Finanz- und Steuerberater Hausmann 15 Prozent Anteile an der Firma als Schenkung beziehungsweise Erbe versprochen. 15 Prozent Anteil an der Firma als Geschenk! Und doch hat das alles seinen Preis für mich, einen hohen Preis, aber das sieht Dad natürlich nicht. Hausmann hat mir langatmig die ganze erbschafts- und steuerrechtliche Seite erklärt, von Schenkungs-obergrenzen, Erbschaftsverträgen und Unternehmensbewertung gespro-chen, von Vorkaufsrechten für mich als Gesellschafter beim Erwerb wei-terer Anteile etc.

An mir rauschte das alles vorbei wie ein Film, ich war in einem völlig an-deren mentalen Zustand, wollte zum ersten Mal Dad wirklich konfron-tieren, meinte nach dem Rat durch Ilse, Mike und Michaela, auch wirk-lich gute Argumente auf meiner Seite zu haben … und wurde doch wieder einmal überrollt. Als ich irgendwann so weit war, das im Augen-blick zu akzeptieren, war Hausmann gerade dabei, mir die ganze Gesell-schafterstruktur zu erklären, die ich von früher ja bereits kannte. Dad bleibt auf Jahre noch bestimmender Gesellschafter mit 51 Prozent, Ilse ist mit 20 Prozent beteiligt und wird davon die 15 Prozent an mich abgeben, das ist zwischen denen so besprochen und mit Ilse scheinbar O.K. Hof-fentlich! Dann gibt es noch eine kleine Beteiligung einer anderen Fami-lienlinie, die durch einen Rechtsanwalt vertreten wird, und einen stillen Gesellschafter. Hausmann ist mir vom ersten Augenblick an unsympa-thisch, ein Fettwanst in einem schlecht passenden blauen Anzug und braunen (!!) Schuhen, fachlich scheint er versiert und mit allen Wassern gewaschen, hat sicher schon das eine oder andere Ding für Dad gedreht, da läuft nicht alles koscher, das spüre ich, wenn die beiden miteinander reden und manchmal so verräterisch grinsen. Aber das ist wohl normal, in den USA sind sie in dieser Beziehung auch nicht gerade kleinlich.

Die Transaktion mit den Anteilen soll im Herbst über die Bühne gehen, dann bin ich Gesellschafter des Unternehmens – und habe heute doch noch keinerlei Ahnung von deren Business!! Dad zeigte sich heute Mor-gen in schönster Gönnerlaune, nichts mehr von seiner Aggression mir gegenüber war spürbar. Dad ging mit keinem Wort auf unseren Streit ein, sagte nur, wir müssten nach vorne schauen, die Lage sei nicht rosig und ich müsse gleich nach meiner Einarbeitung „ran", was immer er auch da-mit meint. Immerhin habe ich heute mal so schnell einen Millionenwert geschenkt, nein, vererbt bekommen. Logisch, Dad will mich dadurch noch stärker binden, vielleicht will er auch nochmals mein Commitment zu ihm und der Firma prüfen. Jedenfalls war meine eigene Strategie, ihm heute mit einem neuen Selbstbewusstsein gegenüberzutreten, komplett überfahren worden. Wie ein dummer Junge stand ich da, überhaupt nicht auf das Thema „Firmenanteile" vorbereitet, keine kluge Frage im

Gepäck. Ich brachte wohl nur ein dümmlich-cooles Lächeln zustande, nippte gedankenverloren an dem Glas Schampus und war dann in Gnade entlassen, als Dad mit Hausmann zu anderen Themen überging. – Was für ein Geschenk, aber gestärkt, gestärkt hat es mich nicht.

Agenda-Eintrag Arno Seibold
7. Februar 2004

Habe am Freitagabend mit mehreren Lions-Club-Freunden über das Thema „Nachfolge" gesprochen. Viele positive Beispiele habe ich nicht gehört. Es ist erschütternd, wie oft es bei familieninternen Lösungen schief geht. Habe stolz von Oliver berichtet. Bin überzeugt, ich mache es besser wie die anderen ...

Kurt Strickert und Peter Danzig beim Mittagessen
im „Stadt Mainz", Würzburg
5. Februar 2004

Danzig: „Kurt, sag mal, ist Oliver bei dir auch so einfach zu ködern gewesen wie bei mir?"

Strickert: „Klar, dem brauchst du nur ein kompliziertes Problem hinzulegen, dann arbeitet der nächtelang, bis er es gelöst hat. Das ist ein hochintelligenter Tüftler ohne jede Führungsfähigkeit."

Danzig: „Bei mir hat er die Jungs von PLANDATA, unserer Fertigungssteuerungssoftware mit der Lösung eines Bugs völlig platt gemacht, da haben die vorher Wochen dran rumgesucht und sind nicht draufgekommen. Oliver hat das Problem scheinbar in einer Nacht geknackt ..."

Strickert: „Wenn der nachts nichts anderes zu tun hat ..."

Danzig: „Möchte nicht wissen, wie's bei dem in seinem Apartment aussieht, der lebt vermutlich nur mit seinen Rechnern und Software-Handbüchern."

Strickert: „Aber gefährlich wird der unserer Position jedenfalls nicht, mit dem wird Arno noch seine liebe Mühe haben, den bekommt der in zehn Jahren nicht zum Unternehmer entwickelt."

Danzig: „Aber ehrlich: Der Alte ist doch auch kein Unternehmer, der ist ein einfacher Techniker, der das Glück hatte, zum richtigen Zeitpunkt mit der richtigen Idee beim richtigen Kunden zu sein. Mehr ist das nicht. Und dann ist Seibold Plastics mit seinen Kunden gewachsen."

Strickert: „Aber immerhin hat der Arno Biss, habe schon tolle Verhandlungssituationen mit dem erlebt, der hat die Leute stundenlang an der Nase herumgeführt und dann plötzlich mit irgendeiner Idee überrollt, da ist der super."

Danzig: „Ja, ein Fuchs ist er schon, der Alte. Sogar bei Audi und BMW haben sie Achtung vor ihm. Wenn der persönlich bei den Meetings dabei ist, läuft es definitiv anders ab, als wenn wir von der mittleren Ebene mit denen zusammen sind. Das ärgert mich manchmal, aber du hast Recht, in dieser Rolle ist er dem Unternehmen auch nützlich."

Strickert: „Und er hat immer den Gewinn reinvestiert, das muss man ihm lassen. Der hat nie viel Geld rausgenommen."

Danzig: „Und jetzt meint er, mit Oliver den richtigen Zug zu machen. So ein Wahnsinn. Den nehmen doch die Leute nicht ernst. Schau mal, der ist zum Beispiel jetzt gerade in der Fertigungslinie 1, bei Kretschmar. Weißt du, wie der da morgens einläuft? Mit dunkler Hose, Lackschuhen, Krawatte und Weste, das Sakko lässt er dann gerade noch als Zugeständnis an die Produktion weg. Die Leute lachen sich tot über den. Der kommt so geschniegelt in die Arbeit wie ein Unternehmensberater, aber seine ganze Art passt da nicht dazu, wirkt irgendwie aufgesetzt, wie wenn er verkleidet wäre. Den stelle ich mir eher in alten Jeans als Programmierer in einer Software-Abteilung vor."

Strickert: „Tippt er bei dir auch dauernd irgendwas in seinen Mini-Computer?"

Danzig: „Du Banause, das ist ein PDA, ein Personal Digital Assistant. Mir hat Oliver das genau erklärt, da hat er feuchte Augen bekommen. Das Ding ist eine Mischung aus Organizer, Computer, Diktiergerät, Musikanlage und was weiß ich. Er scheint stolz drauf zu sein, denkt aber nicht an den Effekt, den das bei einfachen Arbeitern hat. Das wirkt auf die wie die Leute, die früher für REFA gearbeitet haben, um Zeitaufnahmen von den Arbeiten zu machen."

Strickert: „Der hat kein Gefühl für so was, der kommt gar nicht drauf, sich zu überlegen, wie irgendetwas auf andere wirkt. Ich denke, der ist vor allem mit sich selbst beschäftigt. Hast du mal seine Fingernägel angeschaut?"

Danzig: „Wie?"

Strickert: „Nichts gemerkt? Auf so was schau ich immer zuerst bei Bewerbern. Die sind total abgekaut!"

Danzig: „Vermutlich aus Angst vor dem großen Papa."

Strickert: „Na klar, möchte nicht wissen, was zwischen denen so abgeht. Aber wir sollten nicht so über ihn herziehen, das ist ein armes Schwein. Möchtest du Sohn von Arno Seibold sein?"

Danzig: „Um Gottes Willen! Und dann noch die Dinslage als Sekretärin, das wäre mein Ende. Aber der Alte lobt sie über den Schellenkönig. Mit der möchte ich keinen Tag arbeiten. Ich habe auch das Gefühl, die will ihn wieder los haben. Aber hör mal: Nimmst du dem Alten überhaupt ab, dass der wirklich seinen Abschied nehmen will?"

Strickert: „Doch, glaub ich schon, der ist manchmal schon ganz schön müde geworden. Wenn ich denke, wie der früher mit Kunden gefightet hat, heute sitzt der bei den finalen Verhandlungen ziemlich ruhig und gelassen da. Ich denke, der hat sich in den Gedanken verbohrt, über seinen Sohn das Unternehmen fernzusteuern."

Danzig: „Das wird aber sicher in die Hose gehen. Den Oliver nimmt hier doch keiner als Chef ernst."

Strickert: „Und wenn wir wissen, dass Arno dahinter steckt? Wenn Oliver nur der Briefträger für Arnos Ideen ist, meinst du nicht, dass dann doch alle kuschen?"

Danzig: „Wie soll das denn funktionieren? Oliver kann es niemals so umsetzen, wie sein Alter sich das vorstellt. Wenn wir wollen, können wir den am Tag mehrmals gegen die Wand laufen lassen, der checkt keine Intrige und keine Winkelzüge. Und: Vergiss nicht, der hat keinerlei technisches Wissen. Was nützt ihm da seine ganze Intelligenz! An dem Tag, an dem Arno hier verschwindet, werden viele aus ihren Löchern kommen und Oliver so richtig auflaufen lassen, darauf kannst du Gift nehmen. Und darauf ist der nicht vorbereitet, das lernt man beim Studium nicht und da hat der auch kein Händchen dafür."

Strickert: „Ich mach mir echt Sorgen, wie das gehen soll. Arno ist auf das Thema Oliver überhaupt nicht ansprechbar, der will das im Gewaltgang durchziehen."

Danzig: „Lass ihn doch, der wird seinen Sohn so schnell hier demontieren, so schnell können wir gar nicht zuschauen."

Strickert: „Und dann, hast du mal zu Ende gedacht, was passiert, wenn Arno mit seinem Konzept scheitert?"

Danzig: „So, wie ich den Alten kenne, macht er's dann mit doppelter Kraft wieder selbst …"

Strickert: „… oder er zerbricht daran."

Danzig: „Sein Problem, ich kann da wirklich kein Mitleid aufbringen. So bescheuert muss man erst mal sein, nicht zu erkennen, wie unfähig der eigene Sohn ist. Leid kann einem nur der Junge tun."

Strickert: „Das stimmt, für den wird das ganz schwer. Aber ich kann nicht erkennen, wie wir ihm helfen können."

Danzig: „Will ich auch gar nicht. Der Alte hat mich genügend gedemütigt über viele Jahre. Ich find's ganz gerecht, dass der auch mal seine Grenzen kennen lernt."

Strickert: „Du bist unfair, nur weil Arno dir den Müller vor die Nase gesetzt hat, willst du dich jetzt rächen."

Danzig: „Das ist Quatsch, das weißt du selbst. Der Alte hat sich an mir gerächt, so sieht's aus. Als es mir vor ein, zwei Jahren zu bunt wurde, wie er sich bei jeder Teileentwicklung persönlich eingemischt hat, als es langsam peinlich wurde, wie wenig er von modernen Entwicklungsmethoden versteht, hab ich ihm die rote Karte gezeigt und unmissverständlich gefordert, er soll mich in meinem Arbeitsfeld endlich ohne Einmischungen arbeiten lassen und sich auf seine unternehmerische Aufgaben konzentrieren."

Strickert: „Das hat er doch noch nie gekonnt …"

Danzig: „Eben, und deshalb muss er ständig in der Technik rumlaufen. Jedenfalls hat er mir das nie verziehen. Ein paar Monate später zauberte er Müller aus dem Hut."

Strickert: „Und, was hat er davon? Jetzt lässt ihn Müller noch stärker auflaufen wie davor du."

Danzig: „Genau, Müller ist voll auf Konfrontationskurs mit ihm, ich schau mir das schön an, der Müller macht noch seine Fehler, da kannst du dich drauf verlassen, und ich steh dann Gewehr bei Fuß. Hast du gemerkt, wie sauer der Alte bei der letzten Sitzung auf Müller war. Da braut sich was zusammen, das sag ich dir."

Strickert: „Ich würde an deiner Stelle den Müller aber nicht unterschätzen, der hat genau das, was Oliver fehlt."

Danzig: „Na ja, komm, der macht nur tolle PR für sich in der Bereichsleiterrunde. Du musst mal hinter die Kulissen schauen. Frag mal Konrad und Mehdorn, wie die ihn sehen. Früher … das waren meine besten Leute. Müller kommandiert die nur herum, die sind schon seit Monaten total gefrustet. Würde mich nicht wundern, wenn einer von denen bald das Handtuch werfen würde."

Strickert: „Wir werden sehen. Aber nochmals zurück zu Oliver: Ich denke, es ist sinnvoll, ihn vordergründig zu unterstützen. Für uns ist er von allen denkbaren Varianten die am wenigsten gefährliche. Wenn das mit Oliver schief geht und Arno aus Trotz bleibt, wird es ganz ungemütlich. Wenn er den Laden verkauft, sind wir existenziell gefährdet, dann können wir unseren Hut nehmen. Und wenn er von außen einen Manager holt, kann's auch ganz schwer für uns werden. Also bleibt die Variante mit Oliver doch eigentlich übrig. Wir werden dann wesentlich stärker agieren können, der wird sich auf ein paar Themen, die ihm liegen, einschießen und uns machen lassen. Wenn er wirklich den Laden übernimmt, wird der total auf uns angewiesen sein."

Danzig: „Schaun mer mal, ich hab die nächsten Wochen genug am Hut, das neue Audi-Teil serienreif zu bekommen. Der Müller hat uns das in einem Zustand übergeben, es ist der Wahnsinn …"

Strickert: „Und ich mach mir Sorgen über die Zahlen. Wir haben das neue Jahr ganz schlecht begonnen, zu viele Produktionsstillstände, zu …"

Danzig: „Nun hör mal auf Kurt, du weißt doch ganz genau, dass …"

Strickert: „Ist doch kein Vorwurf, natürlich weiß ich, was mit den Lüfterrädern und dem Faltenbalg los war, aber das nützt doch nichts. Hast du dir mal die neuesten G & V-Zahlen angeschaut? Wenn wir so weitermachen, werden wir dieses Jahr rote Zahlen schreiben, ich sag's dir. Die Materialkosten explodieren, Transport und Logistik sind über Plan und in der Fertigung haben wir deutlich höhere Ausfallzeiten. Immerhin: Noch stimmt die Liquidität. Aber ich hab ein schlechtes Gefühl …"

Danzig: „Das bekommen wir schon wieder in den Griff, es gab doch immer wieder mal solche Phasen. Wenn wir das neue Audi-Teil bekommen, mache ich mir überhaupt keine Sorgen um die Zahlen, nur um meine Nerven. Aber sag mal, mir kommt noch eine Idee: Laut Einarbeitungsplan ist Oliver doch nächste Woche in der Entwicklung. Der könnte doch für mich etwas rumspionieren …?"

Strickert: „Also so blöd ist er ja dann doch nicht, lass nur die Finger davon."

Private Folder Oliver Seibold
5. Februar 2004

Mein Zustand ist eigenartig. Eigentlich müsste ich mich freuen, nächste Woche bekomme ich beim Notar einen wertvollen Anteil der väterlichen Firma, aber ich spüre nur Leere in mir. Ich hab die Anteile nicht verdient, das spüre ich, denn ich habe keinerlei Idee, was ich in und mit dieser Firma machen soll. Warum also Anteile, lieber Vater?

Private Folder Oliver Seibold
8. Februar 2004

War die ganze Woche in der Fertigung. Da kommt für mich nichts rüber. Schön, da stehen viele putzige robotergesteuerte Spritzmaschinen, da läuft eine scheinbar gut getaktete Fertigung. Aber was soll *ich* damit? Das ist nicht meine Welt, das spüre ich jeden Tag. Die Arbeiter starren mich an und ziehen den Kopf ein, wenn ich nur in ihre Nähe komme, die Teamleiter können mit meinen Fragen offensichtlich überhaupt nichts anfangen und die beiden Teamleiter Kretschmar und Keilhorst rennen nur die ganze Zeit wie verrückt zwischen den Maschinen herum. Am meisten interessiert mich noch die Steuerung der gesamten Fertigungsstraßen, aber darüber weiß nur ein Spezialist bei Seibold Bescheid, der im Maintenance angesiedelt ist und für mich nicht greifbar ist. Habe mir die Zeit vertrödelt mit irgendwelchen blödsinnigen Statistiken. Der einzige interessante Tag war Mittwoch, da fuhr ich gemeinsam mit Danzig, Müller und Kretschmar zu unserem Kunden Mertens AG, dem Systemlieferanten, der für Audi komplette Armaturenbretter für den TT fertigt. Dieser hoch technisierte Laden sitzt in Hanau bei Frankfurt, dort sind allerdings nur Verwaltung und Entwicklung, die gesamte Fertigung ist in Ungarn, von wo aus die komplett vorgefertigten Armaturenbretter direkt nach Györ ans Band geliefert werden. Unser Teil, die innere Instrumenteneinfassung im Cockpit, ist für die von großer Wichtigkeit, da sie durch die besondere Optik stark zur Gesamtwertigkeit des Armaturenbretts beiträgt. Bei dem Gespräch auf Direktionsebene ging es um Qualitätsprobleme, die wir glaubten, im Griff zu haben, die aus Sicht des Kunden aber immer noch leicht vorhanden sind. Es war niederschmetternd zu erleben, wie wir dort als Lieferant abgekanzelt werden, immer mit der Drohung der Entziehung des Werkzeugs (und damit des Auftrags). Danzig machte das routiniert, mit einer vermutlich jahrelang trainierten Unterwürfigkeit, alles akzeptierend, was so an Forderungen kam, nur, um das Schlimmste zu verhindern. Im Auto dann auf der Rückfahrt war er ganz anders und fluchte aus vollen Rohren über die „arroganten Arschlöcher". Diese Ambivalenz gehört scheinbar zum normalen Business eines Teilelieferanten. Danzig meinte dann noch fatalistisch: „Als Teilelieferant bist du der letzte Idiot. Den Zug zum Systemhersteller haben wir leider vor fünf Jahren verpasst, jetzt pisst uns jeder an."

Private Folder Oliver Seibold
9. Februar 2004

Wow, heute bin ich vielleicht in ein Wespennest getreten! Habe morgens so gegen zehn Uhr meinen „Dienst" bei Jürgen Müller angetreten, vorher kurz die eisige Atmosphäre mit der Dinslage geschnuppert, Dad war wie immer morgens beim Poststudium und wünschte mir schulterklopfend viel Spaß in „meiner Vorzeige-Abteilung". Müller war mir als Typ gleich vom ersten Augenblick an sympathisch gewesen und hatte auch bei meiner Einführungsversammlung so witzig mit mir gesprochen. Der Ex-BMW-Mann ist 35 Jahre alt, sportlicher Typ, hat mir beim Mittagessen in der Kantine erzählt, dass er zweimal im Jahr Marathon läuft, trägt kurze Stoppelhaare, Designerbrille, meist Edeljeans und Polohemden. Müller begrüßte mich cool lächelnd, teilte ein paar Komplimente über meine Vita aus, natürlich vor allem zum Kellogg Institute. Die Dinslage hatte offensichtlich meine gesamte Personalmappe an die BLs zur Info weitergegeben. Hab ich heute von Müller erst erfahren. So waren die natürlich auf den „Streber" eingestellt, Einser-Abi, Prädikatsstudium, USA MBA etc.

Die Freundlichkeit, mit der er mich begrüßte, schlug allerdings ganz schnell ins totale Gegenteil um, als ich ihm einen Vorschlag für ein Arbeitsprojekt während meiner Einarbeitung in seinem Bereich machte. Hintergrund: Als ich letzte Woche in der Spritzgussfertigung war, erkannte ich in einem Gespräch mit Kretschmar, dass es an der Schnittstelle zwischen Entwicklung und Produktion eine Fülle von Problemen gibt. Kretschmar war mit dem ganzen Prozess aus Sicht der Fertigung sehr unzufrieden, auch Danzig unterstützte dies deutlich. Und nachdem ich letzte Woche nur Däumchen drehend herumsaß, identifizierte ich diesen Missstand als ideales Arbeitsfutter für mich, Prozessoptimierung hat mich immer schon interessiert, über KVP habe ich im Kellogg eine große Arbeit geschrieben, schien also ideal. Doch die Praxis sieht anders aus. Müller ist heute Morgen total ausgeflippt, als ich nur den Begriff „Schnittstelle Fertigung" und den Namen „Kretschmar" erwähnte. „Haben Sie es nötig, Briefträger von Herrn Danzig zu spielen?", fragte er und überging damit meine auf Kretschmar bezogene Begründung für die Aktion völlig. Für ihn konnte offensichtlich nur Danzig hinter der Idee stecken, das wurde in der unangenehmen Szene sehr deutlich. Müller wurde immer aufgebrachter, je mehr er wohl drüber nachdachte, er schob unwillig seine Kaffeetasse weg, stand auf und knallte einen Stapel Akten, die vorher auf dem Sideboard am Eingang des Büros gelegen hatten, ärgerlich auf seinen Schreibtisch. „Vielleicht hat er sie so nebenbei ja auch noch gebeten, sich hier in meinem Bereich etwas genauer umzuschauen", sagte er giftig, eine Bemerkung, für die er sich nachmittags dann wieder entschuldigte. Mir wurde erst da klar, wie vergiftet das Verhältnis zwischen Danzig und Müller sein muss. Verbergen die das so gut oder habe ich da total geschlafen? Eigenartig, dass mir so was nicht auffällt.

Jedenfalls bin ich mit meiner tollen Projektidee perfekt zwischen die Fronten geraten! Klar, dass Müller nicht widerstehen konnte, Danzig erzürnt anzurufen, der sich die Unterstellung, ich hätte in seinem Auftrag gehandelt, sofort verbat. Das Telefongespräch war nach wenigen Sekunden vorbei, Müller war total sauer. Im Laufe des Vormittags konnte ich Müller dann etwas beruhigen, ich übergab ihm das File mit meiner Arbeit bei Kellogg über „autarke KVP-Teams in Fertigungsunternehmen" und bewies zumindest damit, dass ich ein eigenes Interesse an diesem Thema habe und nicht alles von Danzig ferngesteuert war. Ob er mir aber wirklich abnimmt, dass sein Freund aus der Produktion nicht doch die Finger im Spiel hat, bin ich noch nicht sicher. Müller jedenfalls blieb ab diesem Moment mir gegenüber total reserviert. Verdammt, so ein Scheiß, ausgerechnet mit dem Besten der Führungsriege muss mir das passieren. Glaube nicht, dass Danzig das gewollt hat, aber so passiert es eben, wenn man die Verhältnisse noch nicht so genau kennt. Befürchte, das landet alles wieder bei Dad, dann wäre sicher dort wieder der nächste Konflikt fällig. So ein Mist, überall liegen Minen, überall lauert

Gefahr. Muss Müller gleich morgen früh bitten, die Sache für sich zu behalten, der ist mit Dad auch schon mehrmals zusammengerasselt, hat sicher kein großes Interesse, die Sache dort hochzukochen. Und die Dinslage hat wohl dieses Mal wirklich nichts mitbekommen.

Agenda-Eintrag Arno Seibold
11. Februar 2004

Seit unserem Streit bemüht sich Oliver sichtlich um Besserung, habe auch aus dem Betrieb nichts Negatives gehört. Sogar Karin weiß nichts Unangenehmes über ihn zu berichten, aber die beiden – das gibt noch ein Problem. Vielleicht war die Idee mit den beiden Büros und Karin als gemeinsamer Sekretärin doch nicht so gut …

Morgen hat sich ein Investor angesagt, ich suche zusammen mit der Bank schon seit zwei Jahren nach einem passenden Unternehmen, das frisches Geld bei uns reinpumpt. Wir müssen dringend neu investieren, Müller will eine komplett neue CAD-3D-Technik und Hochleistungsplotter für alle Entwicklungsarbeitsplätze. Halle 3 müsste endlich neu gebaut werden und dann ist da noch die Forderung von Audi, unsere Preise weiter zu drücken und in Ungarn eine Fertigung nahe deren Produktionswerk für den TT aufzubauen. Sie geben mir noch ein halbes Jahr für die Entscheidung, dann wollen sie ein Preisniveau von minus 20 Prozent durchsetzen, wie auch immer. Ich kann mich bis heute nicht dafür entscheiden. Würzburg-Ungarn wäre zwar eine schöne Flugstrecke für mich, aber ich trau diesen Leuten da drüben einfach nicht über den Weg. Es ist ein gigantisches Investment, das so schnell nicht durch die Teilelieferungen amortisiert wird, aber das ist den Ingolstädtern ja egal, die haben zehn andere Lieferanten in der Warteliste, die nur darauf schielen, dass uns die Luft ausgeht. Was Audi da macht, ist der neue Stil, mit Partnern umzugehen, für mich ist es pure Erpressung! Müller meint, BMW und Daimler werden genau mit denselben Methoden nachziehen, Müller macht auf mich massiv Druck, endlich pro Ungarn zu entscheiden. Das macht's mir noch schwerer. Denn Arno Seibold lässt sich nicht von einem seiner Angestellten unter Druck setzen.

Das Business ist verdammt hart geworden, eine wirtschaftliche Fehlentscheidung, und wir sind weg. Deshalb – ein Investor wäre die Ideallösung, denn von den Familien-Gesellschaftern ist nichts zu erwarten, die freuen sich nur auf ihre kleinen Gewinnauszahlungen am Jahresende. Die Investoren-Sache scheiterte bisher immer an den Rendite-Vorstellungen dieser Zocker, mit denen man es da zu tun hat. Die Venture-Capital-Firmen erwarten 20 bis 30 Prozent Rendite, davon kann ein Industrieunternehmen nur träumen, das ging nur über ein neues, hoch innovatives Produkt oder eine neue Fertigungstechnologie, beides hat Seibold Plastics nicht zu bieten. Dann gibt es noch die Unternehmen, die als quasi stille Gesellschafter eine Kapitalspritze hereingeben, die verlangen so circa zehn bis 15 Prozent Verzinsung ihres Kapitals, meist mit der Option, bei Nichterfüllung der Verzinsung Anteile des Unternehmens zu erhalten. Das scheint noch am ehesten machbar, wobei auch die zehn bis 15 Prozent Verzinsung um Lichtjahre über unseren Renditen liegen, die derzeit quasi von den Automobilfirmen definiert werden, so schaut es um meine unternehmerische Freiheit aus! Also, alles ein sehr schwieriges Unterfangen, deshalb auch so viele Gespräche. Und dann wollen die Kapitalgeber noch nachgewiesen haben, dass ihre Geldspritze nicht irgendwie in den Normalbetrieb fließt, sondern für ein ganz konkretes Neuprojekt eingesetzt wird. Aber da können wir nachhelfen, das wäre ja noch schöner. Mal sehen, was das Gespräch morgen bringt. Dieses Mal ist es ein englisches Bankhaus mit Niederlassung in Frankfurt, das nach Aussage meiner Hausbank in Deutschland auf der Suche nach sicheren Kapitalanlagen im Mittelstand ist. Habe Strickert gebeten, er möge bis morgen eine gute Präsentation vorbereiten, die die Jungs aus England begeistert. Möchte Oliver spontan hinzuziehen, auch wenn er damit Zeit beim F&E-Müller verliert. Das hier ist wichtiger als CAD-Technik! Vielleicht kann Oliver mit seinem Management-Know-how bei den Burschen aus Frankfurt nützlich sein.

Der Entschluss

Es gibt Phasen im Leben eines Menschen, die fließen gemächlich dahin, alles geht seinen Gang, alles ist Routine. Und dann gibt es Tage, ja Stunden, wo sich die Dinge in einer unheimlichen Dynamik zuspitzen. So ein Tag im Leben des Oliver Seibold war Donnerstag, der 13. Februar. Gleich morgens erreichte ihn ein Anruf seines Vaters, was an sich schon

sehr ungewöhnlich war, weil dieser Oliver am liebsten über Frau Dins-
lage herzitierte. Dieses Mal aber erschien es Arno Seibold wichtig, seinen
Sohn kurz einzustimmen auf den in zwei Stunden stattfindenden Besuch
der beiden Investoren. Oliver fühlte sich gleichzeitig geschmeichelt und
verärgert, denn ihm war sofort klar, dass sein Vater diesen Termin schon
Tage vorher gewusst haben musste. Warum also dieser Überfall? Eine
Vorbereitung auf dieses sicher wichtige Gespräch war so nicht mehr
möglich, er musste improvisieren und ahnte schon, dass er wieder die
Rolle des „Dummies" abgeben sollte. Besonders ärgerte sich Oliver da-
rüber, dass er gerade heute in besonders lockerem Outfit gekommen war,
während sein Vater (extra für das Gespräch) einen besonders eleganten
blauen Anzug und eine topmodische Krawatte trug. So waren auch op-
tisch die Fronten klar, wer der Chef und wer der Youngster war. Auf diese
Weise schon am Anfang verstimmt, kam Oliver zu keiner Zeit in das Ge-
spräch hinein, fühlte sich überrollt, übergangen und überhaupt deplat-
ziert – und das, obwohl es sich beim Gesprächsgegenstand endlich ein-
mal um Materie handelte, von der er wirklich etwas zu verstehen
glaubte. Was hatte er nicht Case Studies im Studium und bei Kelloggs ge-
wälzt mit Konzepten und Business-Plänen für Investoren. Entsetzt muss-
te der Nachfolger beobachten, auf welch dilettantische Weise sein Vater
dieses Gespräch führte, und als dann noch als Sahnehäubchen Kurt Stri-
ckert völlig unbeholfen am Beamer schrecklich schwach aufbaute und
gestaltete Charts präsentierte, wäre er am liebsten im Boden versunken.
Arno Seibold war von solchen selbstquälerischen Gedanken Lichtjahre
entfernt und mit dem Gesprächsverlauf mehr als zufrieden. Er meinte,
Seibold Plastics hätte sich selbstbewusst und fortschrittlich präsentiert,
wie die beiden Besucher darüber dachten, hatte er am Ende natürlich
nicht erfragt. Nach zwei quälenden Stunden für den Sohn war das Mee-
ting zu Ende und beide Seiten verabschiedeten sich mit den üblichen
Höflichkeitsgesten. Oliver Seibold bemerkte, wie sich die beiden Gäste
beim Hinausgehen mit hochgezogenen Augenbrauen verständigten. Für
ihn war klar – Seibold Plastics war bei den Investoren in den zwei Stun-
den komplett durchgefallen und der Sohn schämte sich kräftig für den
Vater. Doch Oliver ärgerte sich auch stark über sich selbst. Auch wenn er
sich zugestehen musste, dass eine Vorbereitung auf das Gespräch nicht
möglich war, hätte er vielleicht doch den Gang der Dinge beeinflussen
können. Dazu hätte er aber den unermüdlichen Sprachfluss seines Vaters
stoppen müssen und das war ihm noch nie gelungen. Oliver konnte ein-

fach nicht fassen, warum ihn sein Vater extra aus seiner Arbeit bei Müller herausriss, um ihm dann während des gesamten Gesprächs trotz einiger zarter Versuche keine einzige Gelegenheit zu geben, sein Know-how einzubringen. Und Oliver raufte sich die Haare, wie sein Vater und der Bereichsleiter für den Finanzbereich potentiellen Investoren gegenüber so dilettantisch auftreten konnten. Keine der typischen Fragen, die Investoren bei der Präsentation eines Kandidaten im Gepäck hatten, war beantwortet worden. Die für Investoren so wichtige Story, die visionäre und mit einem Business-Plan hinterlegte Konzeption, die Investoren reizen könnte, in dieses Unternehmen Geld zu pumpen, fehlte völlig. Arno Seibold und Kurt Strickert beschränkten sich darauf, die Fertigungsverfahren vorzustellen, die Kompetenz und Qualität des Hauses zu verkaufen und die aktuellen Unternehmenszahlen darzulegen – garniert mit dem Wunsch, mit frischem Investorengeld könne alles noch viel besser laufen. Lächerlich, dachte Oliver Seibold. Er empfand die ganze peinliche Vorstellung als bieder, plump und provinziell. An diesem Punkt der Analyse angekommen, die Oliver am selben Tag abends in der Badewanne anstellte, war der Sohn so sauer, dass er ernsthaft erwog, ein zweites Mal und dieses Mal „wirklich" zu kündigen. Dies war nicht sein Unternehmen, dies war nicht seine Veranstaltung, das spürte er genau. Doch dann kam ein neues Gefühl in ihm hoch: trotzige Entschlossenheit. Denn – wenn er jetzt ginge, wenn er die Kraft hätte, wirklich alles hinzuschmeißen, was hätte er auf der Hand nach diesem Schritt? Seine Perry-Rhodan-Sammlung und eine unfertige selbst entwickelte Software. Er verlöre nicht nur den Vater, sondern auch ein großes Stück Selbstachtung. Er wäre letztlich gescheitert und – auch wenn der Sohn nicht das Kämpferblut seines Vaters hatte, auch wenn er vielleicht kein Unternehmer war (er wusste seit spätestens heute ja beruhigenderweise, dass sein Vater auch keiner war), scheitern wollte er nicht. Sein ganzes Leben hatte Oliver Seibold auf diese Nachfolge hingearbeitet, die ganze Ausbildung war darauf maßgeschneidert, seine Abschlüsse, sein USA-Aufenthalt, alles. Nein, ein Zurück gab es nicht, es gab nur ein „Nach-vorn", wenn er in diesem Unternehmen nicht der ewige Azubi bleiben wollte – so sein folgenschwerer Gedankengang an diesem Abend. In einer plötzlichen Aufwallung von vermeintlicher Stärke beschloss Oliver Seibold definitiv, mit den Sandkastenspielchen der Einarbeitung aufzuhören und dieses Unternehmen fit für Investoren zu machen. Ob mit oder ohne Einverständnis des Vaters!

Private Folder Oliver Seibold
13. Februar 2004

Nach meinem so hart erkämpften Beschluss von gestern Nacht war ich heute trotz wenig Schlaf endlich einmal wieder klar und powervoll unterwegs – es war ein Gefühl wie vor zwei Jahren auf dem Campus, ein Gefühl der eigenen Kraft und Bestimmung. Das spürten wohl auch einige Leute bei SP, mehrmals wurde ich angesprochen. Doch das Lob kommt zu früh, Entschlossenheit habe ich wohl, Plan habe ich noch keinen. Und das alles entscheidende Gespräch mit Dad habe ich auch noch vor mir. Aber dieses Mal, dieses eine Mal kommt er mir nicht zuvor, dieses Mal gehe *ich* in die Initiative. Leider ist in den letzten zwei Tagen bei meiner ganzen inneren Erregung die kleine Analyse für den F&E-Müller zu kurz gekommen. Der hat sicher gespürt, dass in mir irgendwas abgeht, aber er sagte kein Wort, als ich ihm die eher lieblos zusammengestocherte Schnittstellenanalyse übergab. Er wolle sich das in den nächsten Wochen mal in Ruhe anschauen, sagte er, selbst ganz offensichtlich in anderen, wichtigeren Themen gefordert.

Noch ein Beschluss: Wenn ich mit Dad klar bin und mit seinem Einverständnis am neuen Unternehmenskonzept arbeiten kann, werde ich – schweren Herzens – meine Software-Entwicklung zurückstellen. Ich denke, ich sollte mich dann auf eine Sache konzentrieren!

E-Mail-Protokoll

```
14.02.2004, 19.20 Uhr
Absender: Oliver.Seibold@t-online.de
Empfänger: Mike.Köhler@rsm-media.de
Anlagen:
```

```
Hi Mike, hab dir heute was Wichtiges zu berichten: Habe mich
entschlossen, bei Seibold Plastics endlich in die Initiative
zu gehen. Bin zu der Erkenntnis gekommen, dass ich hier nur
eine Chance habe, wenn ich diesem Unternehmen zu einer neuen
Strategie verhelfe, in der ich mich mit meinen eigenen Kompe-
tenzen dann auch selbst wiederfinde. Im jetzigen, total hand-
werklich orientierten Unternehmen ist für einen wie mich kein
Platz, das ist mir klar geworden. Werde das Unternehmen mit
einem neuen innovativen Produkt, das ich mit einer Task-Force
entwickeln will, aus der Umklammerung der Automobilfirmen füh-
```

ren und auf Wachstum einstellen. Dafür werde ich ein Konzept entwickeln, das so attraktiv ist, dass wir frisches Geld von einem externen Investor bekommen. Die nächsten Tage spreche ich mit meinem Alten, drück mir die Daumen, dass ich ihn überzeugen kann. Der wird eine solche einschneidende Änderung in seinem Unternehmen vermutlich nicht wollen. Steckt ja auch ein Stück Risiko drin. Was hältst du von meiner Entscheidung? War die letzten Tage schon wieder drauf und dran, zu gehen, weil hier alles so provinziell ist. Aber dann dachte ich, doch nicht kampflos zu verschwinden ...

Noch eine Frage: Ich stehe mit meiner Software für die virtuelle Datennutzung im Web circa drei Monate vor Fertigstellung. Am MIT warten schon zwei Profs und einige mögliche Anwender auf meine Ideen. Es geht – ich erzählte es dir ja schon – um eine bestimmte neue Anwendung im Web, bei der beliebig viele Anwender auf neue, schnellere und sichere Art Daten in Echtzeit austauschen können. Klingt einfach, ist auch von der Anwendungsseite ein alter Hut, ich habe aber eine wichtige Innovation im Handling eingebracht, die bedeutend mehr Convenience bringt.

Bis jetzt habe ich mich ehrlicherweise mehr auf diese Arbeit, von der mein Alter nichts weiß, als auf meinen Job bei SP konzentriert. Jetzt, wo ich weiß, dass ich bald Gesellschafter werde und seit meiner Decision von gestern meine ich, mich ganz auf die neue strategische Ausrichtung von SP konzentrieren zu müssen. Fällt mir total schwer, weil ein Parken meiner Arbeit beim Tempo der Entwicklungen im Web vermutlich bedeutet, dass alles umsonst war. Verdammt, was soll ich tun?

Gruß Oliver

Agenda-Eintrag Arno Seibold
15. Februar 2004

Unglaubliches ist passiert mit Oliver. Komme gerade von einem Ausflug nach Rheineck bei Bregenz zurück (schönstes Wetter, aber extremer Ostwind, eisig kalt bei minus zehn). Bin in ganz eigenartiger Verfassung, weiß nicht, was ich von dem Jungen und seinen Ideen zu halten habe, fühle mich auch ein Stück von ihm in die Enge getrieben. Aber langsam, erst einmal die Geschehnisse sortieren. Das erste Mal seit sicher zehn Jahren ist Oliver wieder mit mir geflogen! Er hat mich am Samstagvormittag in ziemlich aufgekratzter Stimmung angerufen (seine Stimme zitterte eigenartig am Telefon, wie ich es bei ihm sonst nicht kenne) und ganz spannend verkündet, er sei zu einer Entscheidung über seinen Weg in meinem Unternehmen gekommen, die er mir mitteilen wolle. Daraufhin lud ich ihn zu dem kleinen Ausflug ein, fragte ihn, ob 2000 Meter Flughöhe Würdigung genug für seine Pläne seien. Habe früher öfters vergeblich versucht, Oliver von der Fliegerei zu begeistern, für mich ist es immer noch die beste Denk- und Lebensschule, die es gibt. Oben bist du ganz allein auf dich gestellt. Oben musst du schnell und sicher entscheiden, Wichtiges von Unwichtigem trennen. Fehler werden nicht verziehen. Ausreden für „Nicht-Handeln" gibt es nicht. Und: Oben hast du den Überblick, siehst die Dinge mit Distanz. Was gibt es Besseres für einen Unternehmer? Aber diesem Druck ist Oliver immer ausgewichen, hat sich lieber in seine Denkerstube verkrochen, wollte sich *theoretisch* mit den Problemen beschäftigen. Nun gut, er hat es auch damit zu etwas gebracht ...

Habe den ganzen Samstag sinniert, was Oliver mir wohl mitzuteilen hätte. Seit dem Besuch der Investoren am Donnerstag war er wie umgedreht. Dabei lief das Gespräch mit den Frankfurtern doch ganz normal. Es ist immer wieder dasselbe mit diesen Bankern, da kommen so junge Burschen, geschniegelte arrogante Lackaffen und halten einem die Wurst über die Nase, tun so, als ob sie das Geld, das ihre Organisation bereitstellt, selbst verdient hätten, und maßen sich an, über Unternehmen, die sie nur durch ein paar Kennzahlen kennen, zu urteilen. Wenn ich nicht so auf eine Kapitalspritze angewiesen wäre, würden die keinen Schritt über meine Türschwelle tun. Aber die Banken drängen uns zu einem solchen Schritt, sie meinen, wir wären unterfinanziert und so macht man eben gute Miene zum bösen Spiel und steht die Stunden durch. Strickert hat auch eine gute Präsentation zusammengestellt, die die beiden aber offensichtlich nicht zufrieden gestellt hat.

Irgendetwas, so vermutete ich, hat das Gespräch am Donnerstag bei Oliver ausgelöst, er sprach danach bis auf das gestrige Telefongespräch kein Wort mit mir.

So verbrachte ich also grübelnd und etwas verunsichert den Samstag und heute Vormittag, um dann gegen zehn Uhr am Flugplatz Schenkenturm einen strahlenden, optimistischen Oliver vorzufinden. Erste Erleichterung: Die nächste Kündigung konnte es nicht sein, hätte ich wie auch die erste nicht akzeptiert, davonstehlen gibt's nicht. Doch so, wie er mir gegenübertrat, hatte Oliver ganz anderes vor, zum ersten Mal zeigte er die Entschlossenheit, den Karren zu ziehen, die ich seit seinem Antritt bei ihm vermisst hatte. Doch meine Freude sollte nicht lange währen. Wir kamen überein, erst beim Mittagessen zu reden, alle meine Versuche, ihn schon während des Flugs zum Plaudern zu bringen, wehrte er vehement ab, er meinte, er müsse mir ein paar Aufzeichnungen zeigen, die er für dieses Gespräch vorbereitet hätte. Oliver war den ganzen Flug über auf seinem Copilotensitz herumgewackelt – nicht nur wegen den Sturmböen und dem schlechten Wetter! Der Junge wollte etwas loswerden, das war unübersehbar. Im Restaurant angekommen, ließ er mich zum ersten Mal erkennen, was er eigentlich von mir, der Firma und seiner Rolle im Unternehmen hielt. Es war erschreckend:

Oliver meint, mein Unternehmen ...

- hat keine klare Vision und Strategie,
- ist bei den Großkunden völlig austauschbar,
- erwirtschaftet viel zu wenig Rendite,
- lebt von einer gefährlichen Monokultur mit massiver Abhängigkeit von wenigen großen Anbietern,
- ist viel zu stark technologieorientiert und vernachlässigt das Marketing,
- ist zu wenig betriebswirtschaftlich geführt.

Olivers Fazit: Seibold Plastics ist in der jetzigen Verfassung und Ausrichtung für externe Investoren nicht reif. Da dringend Kapitalerhöhung notwendig ist, muss das Unternehmen schnellstens radikal neu ausgerichtet werden, sonst droht aus seiner Sicht große Gefahr!

Oliver erklärte sich bereit, die Federführung und Verantwortung für diese große Aufgabe zu übernehmen, er machte deutlich, dass dies für ihn die einzige Chance sei, wirklich seinen Platz im Unternehmen zu finden. Und dann der Hammer: Nur unter diesen Aspekten, nur mit meinem O. K. und nur mit völlig freier Hand für die notwendigen Strategieveränderungen sehe er seine Zukunft in meinem Unternehmen. Bis zu diesem Satz konnte ich noch einigermaßen folgen. Oliver hatte die Defizite natürlich übertrieben, ich bin überzeugt, dass wir in der jetzigen Konzeption noch Jahre unser Auskommen hätten, eben mit den geringen Renditen, die Controller-Typen wie Oliver nicht gefallen, mir und den anderen Gesellschaftern aber immer gereicht haben. Die Unternehmensschwächen, die ja auch intern schon lange bekannt sind und im BL-Kreis oft diskutiert wurden, hat Oliver zumindest schnell erkannt und gut auf den Punkt gebracht. Dass er mich aber quasi zwingen will, *seinen* Weg zu gehen, mit der unausgesprochenen Drohung, sonst von Bord zu gehen, macht mich total zornig! Was glaubt der Bengel eigentlich? Meint er, ich hätte die letzten 20 Jahre geschlafen? Meint er, dieses Unternehmen sei „seiner nicht würdig"? Mit keinem Satz hat Oliver zugegeben, welche Aufbauleistung in diesem Unternehmen in den letzten Jahren erbracht worden ist. Er nimmt die vorhandene Struktur, die ihn immerhin gut in Brot hält, einfach als gegeben hin und meint, das alles kritisch hinterfragen zu dürfen. Unser Essen endete dann auch in schlechter Stimmung, mir war nach seinem Schlusswort der Appetit vergangen, ich hatte ihm bis dahin zugehört, zuerst wohlwollend dann immer erregter. Als Oliver dann bei seiner ultimativen Forderung ankam, machte ich ihm deutlich, dass ich nicht daran denke, mich von meinem Sohn erpressen zu lassen. Seit diesem Satz herrschte den ganzen Nachmittag – auf dem gesamten Rückflug – Schweigen zwischen uns. Ich lenkte mich ab, fuhr zum Flughafen rüber, machte die Sichtkontrollen, den Check-up, ließ mir von der Flugsicherung meine Abflugzeit geben, weil an VFR-Sichtflug bei dem schlechten Wetter nicht zu denken war, und eine halbe Stunde später waren wir in der Luft. Oliver saß nachdenklich und schweigend neben mir, kaute auf seinen Nägeln rum und dachte wohl nach, wie es nun weitergehen sollte. Ich fühlte mich auch nicht toll, aber er sollte schon spüren, dass er zu weit gegangen war.

Ich kann es nicht fassen, dass sich das so entwickelt hat, denn endlich hat Oliver mal Flagge gezeigt und was Konkretes rausgelassen. Aber dann gleich wieder so kompromisslos und absolut, dass ich eigentlich nur ablehnen kann. Doch was wären in diesem Fall die Konsequenzen? Wenn Oliver ein Mann ist und zu seinem heutigen Wort steht, müsste er gehen, dann hätte ich ihn, gerade erst eingesetzt, schon verloren und mein ganzes Lebenswerk wäre am Ende gescheitert. Lasse ich ihn jetzt aber loslegen, so, wie er sich das vorstellt, verliere ich ganz schnell die Kontrolle über das Unternehmen, dann kann ich auch gleich gehen. Und Oliver macht alle verrückt und veranstaltet völlig unnötig die Revolution bei Seibold Plastics, nur um gegenüber Investoren besser auszusehen. Verdammt, ein schwieriges Dilemma. Da muss ich drüber schlafen.

Private Folder Oliver Seibold
15. Februar 2004

Wow, ich hab's ihm gegeben. Das hat ihn tatsächlich beeindruckt. Oliver, du wirst langsam gut, richtig gut ...

Küchengespräch
16. Februar 2004, 5.00 Uhr

Hanne Seibold quälten große Sorgen um ihren Mann, um Oliver, um die ganze Familie.

Die Zuspitzung der Ereignisse im Betrieb und mit Oliver hatte Hanne ausschließlich aus dem Blickwinkel ihres Mannes erlebt. Arno machte mit seinem Sohn und seinem so fanatisch verfolgten Nachfolgekonzept eine wahre Achterbahnfahrt mit. Hanne merkte dies nicht nur an dessen Erzählungen, sondern vor allem in den Nächten. Die riesige Freude der öffentlichen Akklamation im Januar, das Entsetzen und die Enttäuschung über die spontane Kündigung, die Unsicherheit durch Negativfeedback aus dem Betrieb, die Überraschung über die plötzliche Offensive Olivers und nun zuletzt die deprimierte Rückkehr vom gemeinsamen Flug nach Rheineck. Dies alles erschreckte die Mutter und Ehefrau sehr, sie sah sorgenvoll auf ihren Mann, wie er mit aller Gewalt seinen Plan der Nachfolge durchpeitschen wollte und es doch irgendwie nicht ging. Arno hatte letzte Nacht kein Auge zugetan, er wälzte sich von einer Seite auf die andere und stand dann irgendwann mitten in der Nacht auf, vermutlich, um wieder in seinem Tagebuch zu schreiben. Als Arno dann irgendwann ins Bett zurückkam und sie ihn auf die schlechte Nacht ansprach, war er sogar bereit, über seine Sorgen mit ihr zu sprechen. So saßen die beiden, kurz nach fünf Uhr am Küchentisch, noch nie hatte es das gegeben und in dieser Sondersituation, herausgerissen aus dem normalen Alltag, entwickelte sich ein langes Gespräch über die Situation des Mannes und der Firma.

Hanne (müde): „Also, lass uns reden, es bringt doch nichts, wenn du alles mit dir selbst ausmachst."

Arno (ärgerlich): „Du weißt doch, dass du mir bei diesen Dingen nicht helfen kannst. Aber stimmt, ich hab ne beschissene Nacht hinter mir. Ich find einfach keine Lösung." (Arno drehte gedankenverloren den Kaffeelöffel im frisch eingeschenkten Kaffee.)

Hanne: „Keine Lösung wofür? Geht es um euer Gespräch in Rheineck? Seither bist du ja kaum noch ansprechbar. Was ist da eigentlich genau vorgefallen, du sagtest nur was von Erpressung. Aber womit soll dich Oliver denn erpressen?"

Arno (stöhnend): „Er will entweder die Vollmacht, die Firma radikal neu zu gestalten, oder gehen. Und das Schlimme, mit seiner Analyse der Unternehmenssituation hat er gar nicht so Unrecht."

Längeres Schweigen, Arno starrte in seine Tasse, Hanne überlegte, was die Aussage ihres Mannes zu bedeuten hatte.

Hanne: „Ich kann nicht glauben, dass Oliver dich wirklich erpressen will, du weißt, er hat sich noch nie gegen dich gestellt, weiß Gott, sein ganzes Leben nicht. (Bei diesem letzten Satz konnte Hanne ein Aufseufzen nicht unterdrücken.) „Oliver meint vermutlich, das wäre gut für die Firma."

Arno (gehässig): „Oder er meint, es wäre gut für ihn."

Hanne: „Aber was ich nicht verstehe, Arno: Sag, steht es denn schlecht um die Firma, davon hast du mir nie was erzählt."

Arno (verärgert): „Natürlich nicht. Mein Gott, die Bengels lernen im Studium doch eine ganz andere Betrachtungsweise einer Firma. Du musst davon ausgehen, dass Oliver mein Unternehmen mit völlig anderen Augen sieht wie ich. Ich denk an unsere Produkte, an die Fertigung, an die Projekte. Und Oliver sieht die Zahlen, schaut auf die Strukturen. Dem fallen natürlich Dinge auf, die mir gar nicht in den Sinn kommen."

Hanne (hartnäckig): „Aber dann wär's doch genau richtig, wenn er das anpackt. Du hast in den letzten Wochen doch immer darüber geklagt, dass Oliver zu wenig Initiative zeigt, und jetzt ..."

Arno unterbrach sie: „Aber er muss sich doch nicht gleich an den großen Strategiewechsel wagen. Oliver will gleich alles, neues Konzept, neue Märkte, neue Geldgeber ... Das ist eine andere Firma, das ist nicht mehr mein Unternehmen."

Hanne: „Aber vielleicht ist es dann sein Unternehmen, überleg doch mal. Was hat der denn neben dir zu bestellen, wenn es einfach so weiterläuft wie bisher ..."

Arno (knallte verärgert die Kaffeetasse auf den Unterteller): „Du willst doch damit nicht sagen ..."

Dieses Mal unterbrach ihn Hanne: „Ich will damit nur sagen, dass Oliver es ja wohl nicht ganz einfach haben dürfte, neben dir seinen Platz zu finden, und wenn er mit seiner Strategiearbeit auch noch Nutzen für die Firma schafft, kannst du doch dankbar sein …"

Arno (fatalistisch): „Du verteidigst ihn, wie immer. Aber die Verantwortung für den nächsten Schritt trage ich! Dies ist keine Fallstudie, das ist unser Unternehmen …"

Arno war nun erregt aufgestanden und ging unruhig im Raum umher. Hanne seufzt und schenkt sich eine neue Tasse Kaffee ein.

Hanne: „… du traust es ihm nicht zu, ist es nicht das? Du meinst zwar, er liegt in seiner Analyse richtig, aber du traust ihm nicht zu, es richtig umsetzen zu können, nicht?"

Arno (beschwörend): „Quatsch, natürlich traue ich es ihm zu, wenn er es nicht kann, wer dann?"

Aber selbst für Arno hörte sich seine Beteuerung nicht wirklich überzeugend an. Natürlich war da ein Stück Unsicherheit, ob der Junge das schaffen würde, was den alten Hasen bis heute nicht gelungen war – das Unternehmen tatsächlich in einen neuen Markt zu führen. Doch das war nicht der Hauptpunkt von Arnos Unbehagen. Der Hauptpunkt war: Zum ersten Mal in den letzten Jahren kam die Initiative, der Druck, die Idee für eine wichtige geschäftliche Weichenstellung nicht von ihm. Das machte seinem Ego ein gewaltiges Problem, und dass sein Sohn die Initiative auch noch mit einer ultimativen Forderung verband, wurmte ihn noch mehr. Dem Sohn einfach nachgeben und damit seine Frechheit absegnen: Undenkbar, das wäre für Arno der totale Gesichtsverlust gewesen. Die Initiative Olivers beerdigen: bleibendes Zerwürfnis mit dem Sohn. Das war das Dilemma.

Hanne blieb im Gespräch hartnäckig: „Wenn du es ihm zutraust, wo ist dann das Problem? Arno?"

Nun platzte es aus Arno heraus: „Weil ich mich nicht so gerne von einem Grünschnabel abschieben lasse, weil ich gar nicht sicher bin, ob der Weg von Oliver für das Unternehmen überhaupt der richtige ist und weil mir der Zeitpunkt jetzt so schnell nach der Einarbeitung zu früh ist. Alles passt nicht, außer, dass sich mein Herr Sohn endlich aufraffen kann, mal etwas konkret in die Hand zu nehmen!"

Nach diesem Ausbruch war erst einmal Stille und Hanne erkannte langsam das Dilemma ihres Mannes, es kratzte an seinem Ehrgefühl, dass

Oliver ihm das Heft so brachial aus der Hand nehmen wollte, das durfte der ihrer Meinung nach auch nicht tun, denn Oliver würde noch Jahre auf den Goodwill seines Vaters angewiesen sein, immerhin war er auf absehbare Zeit Mehrheitsgesellschafter des Unternehmens. Und brechen ließ sich dieser starke Mann von seinem Sohn sowieso nicht – eher liefe es dann auf den Bruch hinaus, wie Hanne es vor 14 Jahren miterleben musste, als Arno ihre Tochter zur „unerwünschten Person" erklärte – ein Drama, das sie in ihrem Leben kein zweites Mal erleben wollte. So hatte für Hanne die Bewahrung des Familienfriedens höchste Priorität, weit vor dem Wohlergehen der Firma, mit der sie emotionell bis heute wenig verband.

Also raffte sich Hanne wieder einmal auf, auf Arno zuzugehen, er brauchte Unterstützung, auch wenn er es sich nicht zugeben wollte. Hanne stellte sich hinter ihn und streichelte, massierte seinen Kopf. Ein wohliges Stöhnen und ein Streicheln ihrer Hand zeigten ihr, dass Arno dankbar war.

Arno: „Ach Hanne, wie schwer so ein Übergang von Vater auf Sohn ist. Ich dachte, ich hätte alles geplant, steuerrechtlich, bilanzrechtlich, erbschaftsrechtlich, organisatorisch. Aber ich muss jetzt erkennen: Die Bomben liegen auf ganz anderen Gebieten."

Hanne ließ den Satz auf sich wirken, beide nippten an ihrem Kaffee, draußen war es dunkel und völlig still, nur der kleine Springbrunnen im Wintergarten plätscherte vor sich hin.

Hanne: „Ach weißt du, Arno, ein so charismatischer Mensch wie du wird immer Probleme beim Abgeben haben." Arno wollte sich schon gegen diese Meinungsäußerung wehren, aber Hanne drückte entschlossen seine Hand: „Arno, nimm es doch einfach mal an, es geht doch nicht gegen dich, aber dass du in vielen Situationen deine Umgebung dominierst, weißt du doch selbst."

„Was hat das denn mit diesem Thema zu tun?", fragte Arno ungeduldig.

Hanne: „Ganz einfach, du hast dir alle Details der Firmenübergabe in vielen Jahren exakt zurechtgelegt. Und jetzt merkst du plötzlich, dass da Faktoren mit reinspielen, die du nicht vorausberechnen konntest. Offensichtlich ist sogar Oliver, den du doch so genau zu kennen glaubst und seit seiner späten Kindheit auf seine Aufgabe vorbereitest, für dich doch nicht ganz einschätzbar."

Arno knurrte: „Kann schon sein. Der lässt ja auch so wenig von sich raus, vergräbt sich immer an seinen Rechnern. Mir wird klar, dass wir viel zu wenig miteinander geredet haben. Aber das nützt jetzt auch nichts. Oliver hat den Ball in Bewegung gebracht, jetzt liegt er in meinem Spielfeld."

Hanne: „ Sei mal ehrlich, Arno. Willst du überhaupt abgeben? Ich denke manchmal, dein Kopf sagt, dass die Zeit reif ist, doch im Grunde deines Herzens möchtest du weiterhin der agile, von allen bewunderte Unternehmer bleiben. "

Arno (von der nicht geschlafenen Nacht so ermattet, dass er sogar hier nicht aufbegehrte): „Ich weiß es nicht, es gibt mehr und mehr Tage, wo ich den Zirkus satt habe.

Hanne: „Was könnte Oliver denn tun, dass es dir leichter fiele, loszulassen?"

Arno zuckte mit der Schulter, dachte schweigend nach. Nach einiger Zeit der Stille, Hanne wartete geduldig ab, meinte er: „Wenn er Techniker wäre wie ich, könnten wir über dieselben Dinge reden, wir hätten einfach Anknüpfungspunkte. Ich könnte mit ihm über ein neues Werkzeug, eine Roboterstraße und das Problem mit den Ausschussteilen reden. Alles das interessiert Oliver nicht, der möchte mit mir über Cashflow, strategische Geschäftseinheiten und Finanzierungsstrategien reden. Und da kommen wir einfach nicht zusammen. Woher soll ich wissen, ob der Bengel wirklich Recht hat mit dem, was er sagt?"

Hanne: „Es geht also um Vertrauen?"

Arno (stöhnt auf und verzieht das Gesicht): „Es geht um 250 Mitarbeiter und 30 Millionen Euro Umsatz."

Hanne (nicht mehr fragend, sondern insistierend): „Es geht um Vertrauen, Arno!"

Arno (sichtbar genervt und deutlich lauter): „Also gut, es geht um Vertrauen." Er stand auf und wollte die Küche verlassen, Hanne fasste ihn am Arm und hielt ihn. Sie wollte das Thema wechseln, hatte eine spontane Idee: „Hast du mal überlegt, was deine Führungsleute zu Olivers Plänen sagen?"

Arno schaute sie verblüfft an. Stimmt, daran hatte er noch gar nicht gedacht, er war bisher in seinen Gedanken nur bei sich selbst gewesen ... „Stimmt, das ist eine sehr interessante Frage", meinte Arno und man merkte, wie er angeregt ins Nachdenken kam, plötzlich heiterten sich seine Gesichtszüge auf und er sagte erleichtert: „Hanne, jetzt hat das Gespräch doch was gebracht. Du hast mich mit deiner Frage auf eine ganz wichtige Idee gebracht. Vielleicht ist das die Lösung ...", und er ging ohne weiteren Kommentar Richtung Dusche.

E-Mail-Protokoll

```
16.02.2004, 19.20 Uhr
Absender: Mike.Köhler@rsm-media.de
Empfänger: Oliver.Seibold@t-online.de
Anlagen: Foto.jpg
```

Hi Oliver, Donnerwetter, was du da auf einmal abziehst, ist ja die Mega-Nummer. Hab dich noch nie so aufgekratzt erlebt wie gestern Abend am Telefon. War ja wohl eine heiße Show, inszeniert wie Highnoon. Nun ist *er* am Zug! Und du musst dir ganz schnell klar werden: Bist du bereit, deine Drohung wirklich wahr zu machen und alles zu canceln, wenn der große Dad „Nein" sagt? Ich rat dir nur, bleib dann keinen Tag länger, sonst wirst du ewig der Hiwi bei Seibold Plastics sein. Ach ja, zu deiner Frage in Sachen Software: Ich meine – liegen lassen, wenn du das „Go" bekommst. Eine echte Firma umzubauen ist als Erfahrung bedeutend mehr wert als 200 Seiten geniale Theorie (bitte nicht böse sein). Aber dir muss klar sein: Das ist Real Life. Das Risiko steigt! Aber du trägst ja nur 15 Prozent Finanzrisiko, mach dir das klar. Dein Dad, nicht du, hat das Ding an der Backe, wenn was schief geht ...

Also, good luck. Halt mich auf dem Laufenden ...

Herr der Situation

Die harmlose Frage seiner Frau, was denn wohl seine Führungskräfte von der Idee Olivers hielten, hatte Arno Seibold den Seelenfrieden gerettet, denn sie zeigte ihm den Weg aus dem Dilemma, im Augenblick keine Entscheidung fällen zu können und zu wollen, und gab ihm gleichzeitig die Chance, sich als moderner Chef darzustellen. Natürlich, die Idee lag doch auf der Hand, seine Bereichsleiter mit Olivers Plänen zu konfrontieren und sich von dort eine Meinung zu holen – dummerweise entsprach das allerdings überhaupt nicht dem gelebten Führungsstil, denn Arno Seibold entschied alle großen Themen seit Jahrzehnten letztlich allein. Aber irgendwann kann man ja mal anfangen, dachte der Unternehmer.

Als Erstes besprach Arno sein Vorhaben mit seiner Sekretärin, die bei seiner Schilderung der Pläne Olivers die Stirn kräftig in Krausen zog und leicht und bedächtig den Kopf schüttelte.

Dann rief der Vater seinen Sohn zu sich und erklärte ihm seinen Beschluss. Er gab Oliver eine Woche Zeit, seine Gedanken und Vorhaben für eine Konferenz vorzubereiten, garniert mit dem Ratschlag, gut zu sein, wirklich gut, wenn er eine Chance haben wollte, seine großen Vorhaben zu verwirklichen. Oliver war ziemlich beeindruckt und auch etwas erschrocken, wie konkret plötzlich alles wurde. Karin Dinslage erinnerte sich noch lange an die Szene, als beide nach ihrem Gespräch aus dem Zimmer kamen und aufgekratzt und fröhlich nach einer Flasche Sekt verlangten. Auch so etwas organisierte Karin Dinslage (wie sie im Unternehmen genannt wurde) perfekt, auch wenn sie selbst die neue Innigkeit zwischen Arno und Oliver mit sehr gemischten Gefühlen beobachtete. Dass Oliver, dieser introvertierte, arrogante Spinner, nun tatsächlich Einfluss auf dieses Unternehmen bekommen sollte, machte ihr massive Sorgen. Ihren Chef sah sie in dieser Sache verblendet und unprofessionell, viel zu stark von seinen Wünschen und Idealen, viel zu wenig von den Realitäten geleitet. Sie hätte natürlich genau gewusst, was das Richtige für Vater, Sohn und Unternehmen gewesen wäre. Doch niemals, niemals hätte sie sich angemaßt, diese Meinung offen zu kommunizieren. Schon gar nicht an Arno Seibold ...

Private Folder Oliver Seibold
Mittwoch, 18. Februar 2004

Bin seit Montag in einer Mischung aus Hochstimmung und leichter Panik. Dad hat meine Statements vom Wochenende wirklich ernst genommen. Hatte nach dem völlig desaströsen Heimflug, wo mich Dad in bekannter Manier mal wieder total auflaufen ließ, schon Schlimmstes befürchtet, war Sonntagabend dann im Joe Peñas ziemlich abgestürzt. Ich habe immerhin den Auftrag, in einer für diese Firma bisher einmaligen strategischen Konferenz meine Gedanken vorzutragen. Was sich Dad wohl dabei gedacht hat, ganz gegen seinen normalen Habitus die Bereichsleiter in den Entscheidungsprozess einzubeziehen? Mir soll es recht sein, für mein Verständnis ist es sowieso der normale Vorgang, wichtige

Firmenentscheidungen mit der obersten Führung gemeinsam zu besprechen. Irgendwie bekomme ich aber schon wieder Angst, dass ich plötzlich allein auf der Bühne stehe und alle von mir die große Nummer erwarten. War in den letzten Wochen angesichts des langweiligen Umfelds in einer Art inneren Emigration, hatte mir meine Zukunft schon vorgestellt als hoch bezahlter, aber völlig einflussloser „Junior-Idiot", der sich tagsüber mit irgendwelchen Pseudothemen die Zeit vertreibt und abends/nachts mit seinen eigenen Projekten zur vollen Form aufläuft. Aber letztlich habe ich das doch nicht ausgehalten. Also: Go for it! Dieses kleine Unternehmen ist bedeutend einfacher strukturiert als viele meiner Fallstudien-Betriebe, das wird ja wohl umzumanövrieren sein.

Nachdem nun mein ganzes Arbeitsprogramm durch die neue Entwicklung gekippt wurde und ich diese Woche eigentlich meine letzte Einarbeitungsstation im Bereich „Marketing/Vertrieb" gehabt hätte, war ich gestern der guten Form halber einen Tag im Bereich von Hansjörg Ruhleder, dem so genannten „Leiter Marketing und Vertrieb". Das ist ein Elend! Es gibt kein Marketingkonzept, kein Vertriebskonzept, keine Kommunikationsplattform, keine PR. Das Einzige, was die machen, ist die Vorbereitung und Durchführung von Messebeteiligungen, die Erstellung von Hausbroschüren und die Koordination der Vertriebsaktivitäten. Nicht einmal ein definiertes Budget hat Hansjörg Ruhleder, er muss jede Einzelmaßnahme Dad vorlegen, der dann entweder den Daumen hebt oder senkt. Unglaublich.

Vertrieblich konzentriert sich das Unternehmen ganz auf sein Key Account Management. Da sind alle ganz stolz drauf, wie toll ihre Schlüsselkunden bedient und gepflegt werden. Jeder Automobilhersteller hat seinen Betreuer und diese Boys sind die Stars bei Seibold Plastics, wobei Dad bei jedem Schlüsselkunden selbst stark involviert ist. Hinzu kommt als Pendant zu jedem Kundenbetreuer der jeweilige Projektleiter aus der Entwicklung, quasi bilden sich dann jeweils Dreierteams aus Geschäftsführung, Key Accounter und Entwickler, die den Kundenkontakt wahren und die Projekte bis zum Serienstart betreuen, was in diesem Business oft eine Vorlaufzeit von bis zu zwei Jahren bedeutet, während der das Teil Hand in Hand mit dem Entwicklungsprozess des neuen Autotyps entwickelt wird. Das gibt den Kunden das Gefühl, mit kürzesten Wegen und höchster Aufhängung im Unternehmen betreut zu werden – eigentlich eine gute Sache, vor allem auch, weil Dad auf diese Weise den direkten

Zugriff auf seine Hauptumsatzträger behält und nicht durch die Key Accounter erpressbar wird. So weit, so gut. Das, was aus meiner Sicht aber den eigentlichen Vertrieb ausmacht, fehlt komplett: das gezielte, strategische Akquirieren von Neukunden. Hier passiert bei Seibold Plastics gar nichts. Die sind darauf weder methodisch noch personell eingestellt und werden auf diese Weise noch in zehn Jahren die Jobs für die wenigen Kunden abspulen, wenn man da nicht ganz radikale Veränderungen vornimmt. Ruhleder gibt das ganz offen zu, betont eben, das Unternehmen sei „kulturell" noch nie vertriebsorientiert eingestellt gewesen.

Telefongespräch Oliver Seibold/Michaela Naumann
Samstag, 21. Februar 2004

Michaela (aufgesetzt fröhlich): „Hallo Oliver, wollte mal hören, wie's dir inzwischen geht. Immer noch so verzweifelt und unzufrieden?"

Oliver (überrascht, unangenehm berührt): „Äh, eigentlich nicht mehr. Du hast mir übrigens toll geholfen in Ulm ..."

Michaela: „Oh mein Gott, womit denn, Oliver. Hatte gar nicht so das Gefühl, dass du dir so richtig helfen lässt."

Oliver: „Allein, dass du mir so gut zugehört hast ..."

Michaela: „... Das erlebst du bei Vater natürlich nicht, der konnte noch nie zuhören ..."

Oliver: „Jetzt lass doch mal deine Spitzen gegenüber Dad, das hilft mir auch nicht weiter, dass du alles, was mit ihm zusammenhängt, rundum ablehnst."

Michaela: „Weil du dich immer noch an ihn dranhängst, obwohl du genau spürst, dass es dich nicht weiterbringt. Das versteh ich einfach nicht, Bruderherz."

Oliver: „Hör, Michaela, die Dinge haben sich verändert ..."

Michaela (lacht laut auf): „Was soll sich denn da verändert haben?"

Oliver: „Ich hab eine Entscheidung für mich gefällt."

Michaela (ungläubig): „Was?"

Oliver: „Mir ist klar geworden, dass ich entweder das Ruder schnell in die Hand nehmen muss oder gehen."

Michaela: „Lass mich raten, du hast dich nicht für ‚gehen' entschieden."

Oliver (verärgert): „Kannst du deinen Zynismus mal kurz parken?"

Michaela beschwichtigend: „O. K., tut mir Leid, mach weiter."

Oliver (nach einer längeren Pause): „Hm, also ich hab mich entschieden, dieses Unternehmen zu retten!"

Michaela (völlig perplex): „Was willst du?"

Oliver (mit Nachdruck): „Dieses verdammte Unternehmen retten. Das geht nämlich nicht mehr lange gut mit Seibold Plastics. Ich hab mir die Zahlen und das Umfeld genau angeschaut ..."

Michaela (stöhnend): „Oh Oliver, komm, ich kann's nicht fassen. Du machst dich unglücklich in dem Laden, ich sag's dir. Und erst recht, wenn du den Retter spielen willst. Vater ist viel zu stolz, sich von dir retten zu lassen. Lass mich raten: Vater sieht die Lage nicht so wie du ...?"

Oliver (leicht verunsichert): „Stimmt, aber das ist doch ziemlich normal, dass der operativ tätige Unternehmer genau an dem Punkt eine Wahrnehmungsverzerrung hat. Im Modell des Johari-Fensters ..."

Michaela (unterbrechend): „Hör mir auf mit deinen Modellen. Sag mir lieber: Warum bist du nach all deiner Unzufriedenheit und deiner in Ulm so deutlich geäußerten Kritik an Vater auf die verdammte Idee gekommen, dieses Unternehmen retten zu wollen?"

Oliver (leise): „Weil sonst alles sinnlos war. Meine ganze Entwicklung, meine Arbeit in den letzten Jahren, mein ganzes Leben."

Michaela (beschwörend): „Oliver, dein Wert als Mensch und der Wert deines Lebens hängen doch nicht von deinem Job in dieser Firma ab."

Oliver (verzweifelt): „Es ist mehr als ein Job, das weißt du. Mir ist klar geworden, ich muss mich an dieser Prüfung beweisen. Wenn ich jetzt alles hinwerfe, was habe ich dann, sag mir? Was habe ich dann auf der Hand? Gar nichts, nur ..."

Michaela (motivierend): „Nur das Gefühl, endlich dein Leben in deine eigene Hand genommen zu haben."

Oliver (trotzig): „Das habe ich auch so. Mit meiner Entscheidung, die Challenge anzunehmen, dieses Unternehmen neu auszurichten, habe ich sehr wohl mein Leben in die Hand genommen. Ich hab sogar entschieden, meine neue Software ..."

Michaela (unterbricht ihn wieder): „... nicht weiterzuschreiben!? Du verdammter Idiot. Das ist das Einzige, was du in der Hand hast, wenn du

Vater verlierst. Das willst du aufgeben? Kurz vor dem Ziel? Ich werd nicht mehr!"

Oliver (leicht verunsichert): „Ist ja schön, dass du dich so für mich einsetzt, Michaela, ich weiß, du meinst es gut. Schau, ich hab Tage darüber nachgedacht, wie ich meinen Plan mit SP und meine Software-Arbeit unter einen Hut bringen kann. Glaub mir, es geht nicht. Ich kann nicht beides zugleich machen, tagsüber den Veränderungsjob im Unternehmen und nachts die Programmierarbeit. Das macht mich fertig."

Michaela (resigniert): „Das war auch nicht mein Rat, das weißt du genau. Ich würde alles hinwerfen, meine Software-Entwicklung zu Ende führen und ein Leben weit weg von Vater aufbauen. Das ist mein Rat. Aber es scheint nicht dein Weg zu sein."

Oliver (in trotzigem Aufbäumen): „Nee, das ist nicht mein Weg. Ich hab so viele Case Studies mit Bravour bestanden, dann werde ich nicht kneifen, wenn es ums elterliche Unternehmen geht. Ich zieh das jetzt durch. Und ..."

Michaela (leise): „Was?"

Oliver (beschwörend): „Ich brauch deine Unterstützung, Michaela."

Michaela (laut auflachend): „Mach keine Witze, Oliver, auf diesem Weg kann dich jeder unterstützen, nur ich nicht ..."

Oliver (flehend): „Quatsch, du kannst mir mit deiner kritischen Haltung sehr wohl helfen. Das Meeting in Ulm war super für mich. Und – es geht auch um dein Erbe. Wenn ich Scheiß baue, ist später nicht mehr viel zum Verteilen da."

Michaela (bitter auflachend): „Glaubst du, ich mache mir noch irgendwelche Illusionen um mein Erbe, so, wie Vater mich verstoßen hat?"

Oliver (beschwichtigend): „Komm, Dad mag sein, wie er ist, aber fair war er immer, er würde dich nie enterben ..."

Michaela (böse): „Ist mir völlig wurscht, ich brauch das Geld nicht, darauf spekulier ich keine Sekunde."

Oliver (beschwichtigend): „O.K., O.K., also, ich wollte dich nur bitten, halte zu mir. Ich mach was wirklich Schwieriges und versuche, den Betrieb unserer Familie ..."

Michaela (unterbrechend): „Du meinst Vaters Unternehmen."

Oliver (ärgerlich stöhnend): „... den Betrieb unserer Familie wieder auf eine gesunde Basis zu stellen. Und da brauch ich manchmal vielleicht deinen Rat."

Michaela (freundlich): „Oliver, das Einzige, woran mir was liegt, bist du. Mich interessiert dieser Betrieb, mit dem Vater seit Jahrzehnten sein Ego befriedigt, null, ja, lass dir sagen, ich hasse diese Firma. Aber du, du ... bist mir wirklich was wert. Ich war selbst überrascht, wie viel wir beide uns zu sagen hatten vor drei Wochen."

Oliver (resigniert): „Also weiß ich, dass du dich überhaupt nicht für die Firma und damit für meine Arbeit interessierst ..."

Michaela (leise): „Stimmt, tut mir Leid, Oliver. Alles andere wäre gelogen. Und ich sag dir nochmals so ehrlich, wie's dir vielleicht aus der Familie kein anderer sagt: Mit Vater so was durchziehen wird die Hölle. Ich würde die Finger davon lassen. Aber wenn du's für dein eigenes Ego brauchst ..."

Oliver (insistierend): „Es geht nicht um mein Ego, Michaela."

Michaela (hartnäckig): „... Wenn du es für dein Ego brauchst, zieh es durch. Was ich dir sagen kann: Zu mir kannst du immer kommen. Wenn's dir schlecht geht, aber auch, wenn du Grund zu feiern hast." (Begütigend): „Was ich dir wirklich wünsche."

Oliver (gerührt): „Das reicht mir, Michaela. Dank dir. Ich hoffe, ich mach das Richtige. Aber das weiß man immer erst hinterher."

Michaela (liebevoll): „Hör einfach immer wieder in dich hinein. Deine inneren Stimmen werden es dir sagen."

Oliver: „Stimmen hör ich eigentlich nur nach zu vielen Caipis ... Dank dir Michaela, mach's gut."

Die Konferenz

Arno Seibold war nicht weniger aufgeregt als sein Sohn an diesem Montagmorgen. Es hatte Neuschnee gegeben in der Nacht zuvor, ein eher seltenes Ereignis im warmen Würzburg, die Straßen waren gefährlich glatt und so brauchte der Unternehmer etwas länger als sonst von Randersacker ins Gewerbegebiet. Nach wie vor war Arno Seibold in seiner eige-

nen Haltung gespalten. Er hatte sich in den letzten Tagen intensiver als sonst mit den Zahlen des Unternehmens befasst und zu seinem Entsetzen erkennen müssen, dass sein Sohn in vielen Aussagen Recht hatte. Zum Beispiel wurde deutlich, dass das hausgemachte Controlling-System zwar gut genug war, den laufenden Betrieb zu übersehen, für die strategische Entwicklung der Finanzsituation aber völlig ungeeignet war. Korrekt gesehen von Oliver war die gesamte Renditesituation, und die eklatante Abhängigkeit von wenigen Großkunden war sowieso seit Jahren bekannt. Erschreckend neu für Chef und Finanzleiter war dagegen die negative Renditeentwicklung in einer mehrjährigen Betrachtung, hier musste man deutlich sagen, dass eine Tendenz vorlag, die für das Unternehmen gefährlich war. So gab es also viele Sachargumente, die für die Forderung des Juniors sprachen, das Unternehmen mit einem zweiten Bein völlig neu auszurichten. Doch so sehr sich Arno Seibold den Kopf zerbrach, ihm fiel keine Idee für einen solch neuen Ansatz ein, der dem Unternehmen neue Märkte mit besserer Rendite bringen konnte. Und insgeheim hatte er Angst vor solchen Überlegungen, denn er spürte, dass dies so oder so riesige Veränderungen mit sich bringen würde, Veränderungen, die nicht nur für die Mitarbeiter, sondern auch für ihn von großer Tragweite sein würden. Eigentlich hätte sich Arno Seibold gewünscht, sein Sohn könnte das Geschäft kontinuierlich weiterführen. Aber das waren Theorie und Wunschgedanken und heute war der Tag von Oliver, der Tag, der möglicherweise die große Veränderung einleitete. Bei diesem Punkt der Überlegungen angelangt, rollte der Daimler schon ins Werk und der Unternehmer hastete die Stufen zu seinem Büro hoch, um vor der großen Besprechung noch einen Kaffee zu bekommen. Anders als gewöhnlich ging er zuerst ins Büro von Oliver, der war schon da und hing an seinem Rechner, um vermutlich letzte Details seiner Präsentation durchzugehen. Arno ging zu ihm und nahm ihn kurz in den Arm, er wollte ihm etwas Kraft und seine Unterstützung für den Tag geben, der Sohn dankte es mit einem tiefen Seufzer. Dann ließ Arno seinen Sohn allein und ging in sein Büro. Er hatte noch circa eine Stunde Zeit, irgendwie spürte er den Tag als Wendepunkt seines Berufslebens. Arno Seibold setzte sich nicht an den Schreibtisch, sondern schlenderte an der langen Bilderserie entlang, die eine der Wände komplett bedeckte. Er und seine erste Piper, er in China auf einer Messe, er mit seinen Kindern, er mit dem Würzburger OB, er mit einer Qualitätsauszeichnung, er in einem Audi sitzend ... dieser lange Weg näherte sich seinem Ende. Und sein Sohn würde das Unternehmen in eine neue Zukunft führen. Arno Seibold beschloss, sich in der Sitzung anfangs zurückzuhalten, dann aber, wenn es um die Beschlussfassung ging, Oliver rückhaltlos zu unterstützen. Er wollte ihn damit überraschen, beschämen, begeistern. Sein Vater sprang über seinen Schatten und ließ den Sohn machen. Einen Durchbruch sollte das geben für sein Verhältnis zu ihm. Arno Seibold wurde immer euphorischer, sah seinen Sohn als gefeierten Führer des Unternehmens, als Innovator und Erfinder neuer Produktideen, die Seibold Plastics zu neuem Ansehen führten ...

So eingestimmt, kam plötzlich der Zeitpunkt des Beginns der Sitzung. Schon kamen die Bereichsleiter, alle etwas eleganter gekleidet wie sonst, Oliver war schon eine Weile vorher da gewesen, hatte sich an der gegenüberliegenden Stirnseite platziert und war, begleitet von zynischen Kommentaren Strickerts („endlich mal Hightech bei Seibold ...") immer noch dabei, die Beamer-Technik betriebsbereit zu machen. Die Aufregung war ihm nicht anzumerken, er wirkte eher unterkühlt, wie oft bei solchen Situationen. Karin Dinslage verteilte Kaffee und Kekse, Oliver hatte wie meist bei längeren Sitzungen seine Lieblingsschokolade griffbereit. Danzig kam hereingehetzt, noch beim Niedersetzen telefonierend mit irgendeinem Techniker, es ging um eine Störung in der Elektroversorgung in Halle 1. Strickert hatte dicke Ordner mit irgendwelchen Auswertungen auf seinem Tisch gestapelt und holte einen Apfel aus seiner Tasche, den er genüsslich verspeiste. Müller kam mit einem schmalen Lederattachèe und holte wenige, aber scheinbar wichtige Papiere heraus. Er inszenierte in der Runde seinen neuen HP-PDA, nahm Danzig hoch wegen seiner „analogen Terminplanung" etc. Zuletzt kam Ruhleder mit unsicherem Blick und setzte sich schweigend und mit unterwürfigem Nicken direkt neben Arno Seibold. Alle Blicke richteten sich auf den Chef und der begann eine kurze, eher verhaspelte Einführung, in der er die Bedeutung der zu fassenden Beschlüsse und die wichtige Vorarbeit von seinem Sohn herausstellte. Dann gab er das Wort an Oliver, der in den nächsten 45 Minuten ein in diesem Besprechungsraum nie gekanntes optisches Feuerwerk abbrannte. Oliver präsentiert 32 Computercharts, die er auf vielfältige Weise animiert hatte, ihm war's eigentlich zu viel, aber er vermutete, dass er die nicht gerade verwöhnten Augen der Bereichsleiter damit doch begeistern konnte. Und Oliver hoffte, auf diese Weise von der Härte seiner eigentlichen Aussage etwas ablenken zu können. So lief ein „Film" ab, von dem die Teilnehmer noch in einigen Jahren reden würden:

logisch aufgebaut, klar und eindeutig in der Aussage, suggestiv im optischen Eindruck. Die Sprache, der sich der Nachfolger bediente, war völlig neu für die Bereichsleiter, es war die Hochsprache des Managements, die gelehrt und eingetrichtert wurde beim Studium und vor allem an den MBA-Eliteschulen Europas und der USA. Die Bereichsleiter wurden mit einer Fülle von Spezialbegriffen bombardiert: Benchmarks, komparative Wettbewerbsvorteile, strategische Geschäftseinheiten, dynamischer Verschuldungsgrad, Balanced Scorecard, lernende Organisation etc. Eigentlich verstanden sie nicht viel, aber alles klang sehr folgerichtig, gut überlegt und irgendwie stimmig.

Die ganze Show kulminierte in einer großen zentralen Aussage, die Oliver auf dem allerletzten Chart zusammenfasste:

Seibold Plastics hat bei einer Strategie des „Weiter wie bisher" unter Berücksichtigung der eigenen Kapitalmittel, der vermuteten Marktentwicklung und der Anforderungen der Großkunden keinerlei Chance, eine führende Rolle im Automotive-Markt einzunehmen und wird zum Sublieferanten der großen Systemanbieter absteigen – mit allen Risiken für die unternehmerische Freiheit und die Sicherheit der Arbeitsplätze. Deshalb müssen jetzt, wo noch etwas finanzielle Manövriermasse vorhanden ist, schnellstens die Weichen für einen Strategiewechsel gestellt werden. Notwendig ist eine große gemeinsame Kraftanstrengung – der strategisch abgesicherte Aufbau eines völlig neuen Leistungsbereichs mit innovativen Kunststoffprodukten, deren Fertigung eine deutlich höhere Rendite verspricht und damit für Investoren attraktiv ist.

Danach sagte Oliver nur noch, dies sei seine Empfehlung für die Führung des Unternehmens, er sehe dazu eigentlich keine Alternative und freue sich auf eine angeregte Diskussion. Dann begann er, sich einer gelungenen Vorstellung sicher, genüsslich an seiner Schokolade zu knabbern und wartete auf die Diskussion …

Agenda-Eintrag Arno Seibold
Montag, 23. Februar 2004, kurz vor Mitternacht

Der Tag war für mehr als eine Flasche Wein gut. Saß bis jetzt mit Hanne am Kamin und berichtete von diesem unglaublichen Highlight. Heute weiß ich, wofür ich mich so viele Jahre eingesetzt habe, heute weiß ich, warum Oliver solche Benotungen beim Studium bekommen hat. Mein Sohn hat's allen gezeigt – auch mir! Seine Präsentation war das Beste, was ich in den letzten Jahren über Management gehört habe. Wobei ich zugeben muss – so, wie vermutlich die anderen auch –, nicht alles verstanden zu haben. Aber Oliver hat als Erster in der Geschichte dieser Firma nach einer Anwesenheit von nur sechs Wochen eine Gesamtanalyse aufgezeigt, die gleichzeitig erschreckend, aber auch mobilisierend ist. Die zweistündige Diskussion hat es gezeigt – die Bereichsleiter haben letztlich keine Alternative zu Olivers Plänen.

Das Stimmungsbild am Ende der Diskussion: eine einzige Gegenstimme von Danzig, der stolz auf seinen Mut war, Enthaltungen von Strickert und Ruhleder, Ja-Stimmen von Müller und *mir*. Oliver *hat* seine Arbeitsgruppe und ich denke stark darüber nach, ihn gleich zum Geschäftsführer zu machen. Der Junge ist kein Assi, der gehört auf den Platz neben mir. Bald.

Private Folder Oliver Seibold
Dienstag, 24. Februar 2004, 3.00 Uhr morgens

Ein Taxi bringt mich soeben zurück vom X 1.

„Shoot for the moon. Even if you miss it you will land among the stars ..."

Protokoll: Konstituierungsmeeting
Strategische Arbeitsgruppe „Produkt-Innovation"

Teilnehmer:	Oliver Seibold	Leitung
	Jürgen Müller	Stvtr.
	Paul Blanke	Key Account
	Stephan Buchner	Key Account
	Peter Keilhorst	Fertigung Linien 1 & 2

Meeting: 28.02.2004

Ergebnisse:

Unser Auftrag

Entwicklung einer beschlussreifen Vorlage für die Geschäftsführung, die – basierend auf konkreten Markt-Szenarien – mögliche Produkt-/Dienstleistungsinnovationen und ihre Konsequenzen für SP aufzeigt.

Unsere Arbeitsorganisation

- Der Arbeitskreis trifft sich 1 × wöchentlich Freitag 14.00 Uhr bis open end.
- Die Arbeit soll bis spätestens KW 16 (Ostern) abgeschlossen sein.
- Der Kreis tagt und beschließt, solange drei von den fünf Mitgliedern anwesend sind.
- Bis zur Präsentation im erweiterten GF-Kreis sind alle Meetings und deren Ergebnisse streng vertraulich.

Die nächsten Schritte:

- SWOT-Analyse (Strength, Weakness, Opportunities, Threats)
- Marktanalyse
- Zukunftstrends/Chancen
- Brainstorming Neues Produkt/Neuer Markt
- Ideen-Bewertung
- Die interessantesten strategischen Varianten (A, B, C)
- Empfehlung des Arbeitskreises mit Realisierungskonsequenzen und vorläufigem Business-Plan

Private Folder Oliver Seibold
Montag, 8. März 2004

Komme gerade von einer längeren Mountainbike-Tour zurück, erster warmer Frühlingstag des Jahres. Hat mir geholfen, den Kopf freizubekommen. Bei mir hat sich in den letzten drei Wochen so vieles verändert, dass es wirklich verrückt ist. Inzwischen bin ich nicht mehr frustrierter Beobachter bei SP, sondern ich bestimme die Zukunft dieses Unternehmens! Hoffe, dass es mir gelingt, mein theoretisches Management-Wissen auf Seibold Plastics anzuwenden. Bin seit dem gigantischen Echo auf meine (eigentlich ganz normale) Präsentation in einer ungekannten Arbeitseuphorie. Vielleicht schaffe ich es doch, diesem Unternehmen meinen ganz eigenen Stempel aufzudrücken. Schlüssel ist und bleibt Dad, solange er an mich glaubt, habe ich freies Spiel. Werde diese Woche von Dad zum Geschäftsführer gemacht, habe dann alle Möglichkeiten, meine Ideen und Gedanken durchzudrücken – solange ich im Innenverhältnis mit meinem „GF-Kollegen Dad" klar bin. Und der trägt mich seit meiner Präsentationsshow und dem Durchbruch im BL-Kreis auf Händen. Das neue Leben, das ich nun führe, hat auch massive Auswirkungen auf meinen Privatbereich. Meine Arbeit an meiner neuen Software – geparkt für mindestens das nächste Jahr, dann wird man sehen, wie mich der Job in Würzburg bindet. Die Nächte im Joe Peñas und im X 1: nur am Wochenende, wenn überhaupt (ich arbeite in den Nächten am neuen Konzept für SP). Die Arbeitsgruppe, die ich leite, ist eine reine Feigenblattaktion, das ist mir schnell klar geworden. Von den fünf Teilnehmern ist nur Jürgen Müller in der Lage, am Neukonzept mitzuarbeiten. Die anderen drei Teilnehmer schauen nur mit großen Augen, was wir da tun, worüber wir reden, wie wir denken etc. Ich nehme darauf aber keine Rücksicht und treibe den Kreis mit wöchentlichen Inputs voran. Jürgen Müller mahnt, ich solle stärker versuchen, die drei anderen mitzunehmen. Ist mir aber viel zu mühsam, von denen kommen nur Bedenken und Killer-Phrasen: „Geht nicht in diesem Unternehmen", „Zu riskant", „Kein Know-how vorhanden", „Wer soll das umsetzen?" etc.

Wenn wir auf diese Sorgen hören, steht die Company noch in fünf Jahren da, wo sie heute steht. Nein, die drei Skeptiker müssen selbst schauen, mit der Sache klarzukommen. Das Unternehmen kann nicht warten, bis die letzten Schlafmützen aus den Socken kommen.

Wichtigster Schritt in den nächsten Wochen ist das Brainstorming über neue Produkte/Anwendungsfelder. Unser Arbeitskreis gibt mir da zu wenig kreatives Potential her. Habe deshalb fünf ehemalige Studienkollegen für den 21. März zu einem Think Tank eingeladen. Sie sollen von außen, ohne den Blick auf die Maschinen und Möglichkeiten des Unternehmens, unseren Kreativ-Output verstärken. Die Mitglieder der Arbeitsgruppe sind schon sehr gespannt auf das Erlebnis mit den „Firmenfremden", wie sie Peter Keilhorst interessanterweise genannt hat.

Die Gesellschafterversammlung
10. März 2004

Teilnehmer: Arno Seibold
Ilse Wagner
Jochen Breitenbach (Vertreter der Familie Amann)
Michael Zanetcky (stiller Gesellschafter)

Arno Seibold: „Ich habe Sie zu dieser außerordentlichen Gesellschafterversammlung zusammengerufen, um Ihnen die erfreuliche Mitteilung zu machen, dass mein Sohn im Unternehmen inzwischen so gute und wichtige Arbeit leistet, dass ich ihn gemäß § 12 unseres Gesellschaftervertrags zum Geschäftsführer bestellen möchte. Mein Sohn wird sich die GF mit mir im Außenverhältnis vollumfänglich mit allen Rechten und Pflichten teilen. Im Innenverhältnis wird er so lange nicht einzelvertretungsberechtigt sein, solange ich noch aktiv im Unternehmen bin. Während dieser Zeit hat er auch ein Selbstkontraktionsverbot. Hauptaufgabe meines Sohnes als GF wird in den nächsten Monaten die strategische Neuausrichtung des Unternehmens sein, das derzeitige operative Geschäft wird von mir vollverantwortlich bis zu meinem Ausscheiden weitergeführt. Ich bitte um formale Zustimmung der Gesellschafter zu dieser Veränderung."

Ilse Wagner (zynisch): „Also hast du es doch geschafft?!"

Arno Seibold (mit drohendem Unterton): „Wie meinst du das, Ilse?"

Ilse Wagner: „Na ja, offen gesagt, bin ich bis heute nicht sicher, ob dies sowohl für Oliver als auch für dich und für das Unternehmen der richtige Weg ist. Was sagt denn Oliver?"

Arno Seibold (begeistert): „Oliver hat sowohl mich als Geschäftsführer als auch alle anderen Bereichsleiter mit einer Präsentation seiner Einschätzung der Unternehmenssituation und seiner Zukunftsvorstellungen ..."

Jochen Breitenbach (unterbricht Arno Seibold): „... könnten wir die einmal sehen, ich meine, gerade die aus dem anderen Familienstamm kommenden Gesellschafter haben das Recht ..."

Arno Seibold (listig): „Natürlich haben sie das Recht, die Fachkompetenz meines Sohnes persönlich zu erleben. Darf ich Sie dazu in den nächsten Tagen in mein Unternehmen einladen? Oliver wird Ihnen sicher gerne die Präsentation vorstellen ..."

Jochen Breitenbach (verblüfft): „Ähm, ja, warum nicht!"

Arno Seibold: „Dann hätten wir ja diesen Punkt vom Tisch. Aber nochmals zu deiner Sorge, Ilse: Oliver ist selbst inzwischen so begeistert, dass er eine äußerst wichtige Arbeitsgruppe leitet, die dem Unternehmen endlich den Weg aus der totalen Abhängigkeit von der Automobilbranche zeigen soll. Gerade weil Oliver hier so wichtige Arbeit leistet, möchte ich – schneller, als ich es ursprünglich vorhatte – ihn innerbetrieblich aufwerten und zum Geschäftsführer machen."

Michael Zanetcky: „Ich kann dem nur zustimmen, wenn sich der ,Kandidat' hier in der Gesellschafterversammlung präsentiert hat ..."

Arno Seibold: „Also, so etwas hat es ..."

Michael Zanetcky: „Wir reden hier nicht über eine Kleinigkeit, sondern darüber, dass diese über Jahrzehnte ganz persönlich und durchaus erfolgreich von Ihnen geführte Gesellschaft plötzlich einen neuen Geschäftsführer bekommen soll, den wir als Sohn von Ihnen kennen, aber nicht als Handelnden für unsere Gesellschaft. Außerdem muss ich anmerken, dass dieses Unternehmen seit Jahren immer kleinere Gewinne erwirtschaftet und deshalb ein zweiter Geschäftsführer mit seinem sicher stattlichen Gehalt dann die Kosten noch zusätzlich aufbläht. Ich bin da also noch recht skeptisch."

Arno Seibold (unterdrückt seinen Ärger): „Nachdem es nun doch einigen Diskussionsbedarf zu meinem Antrag zu geben scheint, der mit der Person von Oliver zusammenhängt – was halten Sie davon, meinen Sohn spontan gleich nach dem Mittagessen hier zu erleben. Er weiß bis jetzt nichts von seinem Glück, aber er wird das schon geregelt bekommen. Wenn Sie ihn erst einmal kennen lernen, wird Ihnen sicher auch deutlich, dass gerade er mit seiner Management-Kompetenz der Garant dafür ist, dieses Unternehmen auf Sicht in neue Märkte zu führen, die dann auch mehr Ertrag versprechen. Bei der Gelegenheit kann Oliver dann gleich seine strategischen Gedanken hier vorstellen, dann haben wir alle dieselbe Ausgangsinformation."

Michael Zanetcky: „Hm, warum nicht."

Jochen Breitenbach: „Hervorragend!"

Ilse Wagner: „Unabhängig von der Befähigung Olivers möchte ich anmerken, dass es für ein Unternehmen mit 250 Beschäftigten ziemlich normal ist, zwei Geschäftsführer zu beschäftigen, abgesehen davon, ist Oliver ja als *Nachfolger* von Arno gedacht und nicht als GF-Kollege, oder Arno?"

Arno Seibold (erleichtert über die Rückenstärkung): „Genau so ist es."

Ilse Wagner: „Arno, gibt es denn schon einen konkreten Zeitplan für deinen Rückzug aus dem aktiven Arbeitsleben?"

Arno Seibold (überrumpelt, wendet sich an alle Anwesenden): „Äh, das werde ich zur rechten Zeit mit meinem Sohn besprechen, ich habe allerdings immer noch diesen magischen 65. Geburtstag dafür im Kopf und der ist, wie wir alle wissen, am 14. Januar 2004. Dass ich heute mit der Bitte um Bestellung Olivers zum Geschäftsführer vor Ihnen stehe, können Sie durchaus als Zeichen werten, dass es mit meinem Sohn in der Nachfolge sehr, sehr positiv vorangeht …"

Ilse Wagner: „Ich wünsche dir, Arno, dass du das richtige Maß findest, Oliver wirklich seinen eigenen Weg gehen zu lassen, ihn aber als Ratgeber begleitest und auch unangenehm bist, wo es für die Firma und ihn notwendig ist."

Jochen Breitenbach: „Etwas frischer Wind – entschuldigen Sie Herr Seibold – kann dem Unternehmen sicher nicht schaden."

Arno Seibold (jovial): „Da brauchen Sie sich gar nicht zu entschuldigen, ich sehe das genauso. Nach so vielen Jahrzehnten im Geschäft ist man vielleicht doch auf einem Auge blind. Gerade deshalb ist es wichtig, dass wir meinen Sohn und seine Ideen unterstützen und seine Position im Unternehmen stärken."

Der neue Geschäftsführer

Natürlich hatte es Arno Seibold geschafft, seinen Sohn rechtzeitig ins Maritim-Hotel zu lotsen, wo die Gesellschafterversammlung seit einigen Jahren regelmäßig tagte – mit herrlichem Blick auf den Main und die Feste Marienburg und immer mit einem guten Essen am Ende der Sitzung. Oliver kam schon während des Mittagessens dazu, hatte sich schnell im Unternehmen den Laptop und zu Hause seinen „Seibold-Anzug" geschnappt. Wieder einmal war er von seinem Vater überrumpelt worden, aber im Augenblick war der Sohn so von seinem Schaffen bei SP begeistert, dass er es positiv hinnahm. Oliver wurde von den Gesellschaftern durchaus freundlich empfangen, von Ilse mit einem Schulterklaps und einem verschwörerischen Geflüster ins Ohr, das sich auf das Gespräch der beiden auf der Steinburg bezog. Ilse Wagner war von der gesamten Entwicklung überrascht, sie hatte ihren Ratschlag an den Junior, endlich Mut zu seinem eigenen Weg zu finden, durchaus anders gemeint. Dass Oliver nun doch so couragiert die Zügel in die Hand zu nehmen schien, verwirrte sie, wenn sie sich an seinen Zustand von vor sechs Wochen erinnerte. Sie fragte sich, was in ihm wohl den großen Bewusstseinswandel herbeigeführt hatte, und war beunruhigt, ob der Vater wieder einmal in altbekannter Manier Druck auf den Jungen ausgeübt hatte. Aber jetzt war nicht der Augenblick, solche Sorgen zu besprechen,

Oliver war alt genug, dass er wissen musste, was er tat. Und er schien nun die Führung mit aller Macht zu wollen. Während des Essens war der Junior sehr still, fast etwas schüchtern, Smalltalk war nicht seine Sache und alle Gespräche, die sich außerhalb des Business-Kontexts bewegten, mied er geflissentlich. Dafür fühlte er sich danach, bei der Wiederholung seiner Analysepräsentation wieder in vertrautem Gelände – auch wenn sein Vortrag nicht so zwingend, nicht so brillant wirkte wie letzte Woche vor den Bereichsleitern. Die Ausführungen von Oliver führten dann doch zu einer längeren Debatte im Gesellschafterkreis, die Arno Seibold zum heutigen Zeitpunkt gar nicht recht war, die er aber angesichts der Dimension der aufgeworfenen Fragen nicht verhindern konnte. Sollte das Unternehmen wirklich wagen, mit einem innovativen Produkt in einen neuen Markt zu gehen? Waren nicht alle Nischen schon verteilt? Gab es überhaupt Ideen? War es nicht zu viel Risiko? Wie hatte es überhaupt dazu kommen können, dass dieses Unternehmen sich so abhängig von wenigen Großabnehmern gemacht hatte? Warum wurden solche Gedanken nicht schon früher angestellt? Oliver erwies sich in der Diskussion als gut vorbereitet, fachkompetent und dynamisch und machte großen Eindruck auf die Runde. Während dieser allerdings die Diskussion mit seinen provokanten Meinungen eher anstachelte und offensichtlich Freude an der Diskussion hatte, wollte sein Vater das Ganze schnell beenden, er hatte die Gesellschafter nur für das GF-Thema zusammengerufen und wollte keine strategische Diskussion, bevor unternehmensintern die Würfel nicht gefallen waren. Nur mit größter Überredungskunst gelang es Arno Seibold, die auch für sein eigenes Standing kritische Diskussion zu beenden und auf die laufende Entwicklungsarbeit der strategischen Arbeitsgruppe zu verweisen. Immerhin – beeindruckt durch die Vorstellung der letzten zwei Stunden – erteilte die Gesellschafterversammlung dann doch die Bewilligung, Oliver Seibold als Geschäftsführer einzusetzen.

Klatsch aktuell (verschiedene Grüppchen am Kaffeeautomaten)

... Habt ihr schon gehört, wie der Junior in der Konferenz aufgetrumpft hat? Einige Bereichsleiter sind scheinbar ziemlich bleich herausgekommen. Was die da wohl beredet haben ...

... Ich glaube, Oliver wird die gesamte Produktion in den Osten verlagern ...

… Quatsch, das würde der Alte nie mitmachen, da gibt's doch gar keine Flugplätze …

… Aber Audi fertigt in Ungarn, und die würden am liebsten die Teilelieferanten bei sich um die Ecke sehen …

… Na ja, es gibt ja nicht nur Audi …

… Welche Kunden haben wir denn noch, bitte? BMW und Daimler und dann …?

… Wir haben beim letzten Qualitätsaudit von Daimler auch nicht besonders gut ausgesehen …

… Stimmt, und der Serienanlauf für die Audi-Armaturen ist beschissen gelaufen …

… Das lag aber nicht an der Fertigung, sondern an der Entwicklung …

… Quatsch, die Motivation der Leute ist einfach nicht mehr da, die viele Wochenendarbeit, die gekürzten Zuschläge, der weggefallene Kantinenzuschuss. Und dazu noch der Militärton in der Fertigung …

… Stimmt, das lassen sich auch nicht mehr alle bieten. Zwei gute Kunststoff-Formgeber sind schon gegangen …

… Vielleicht wird ja mit Oliver alles besser …

… Na wirklich nicht, der ist in den USA ein richtiger Lackaffe geworden. Grüßt dich ja nicht mal, wenn er dir über den Weg läuft. Der interessiert sich für uns Mitarbeiter einen Kehricht. Dabei hab ich ihn schon als Bub spielen sehen im Firmenhof …

… Ich befürchte, der wird mit dem eisernen Besen durchgehen, wenn er erst mal darf …

… Glaub ich nicht, das ist ein ganz schüchterner Bursche, der schließt sich in seinem Büro ein und schaut auf die Zahlen, die Dreckarbeit der Führung wird der andere machen lassen …

… Aber wen? Danzig, Strickert, Müller …?

… Ach was, der holt neue Leute, junge und hungrige …

… Aber unterschätzt die beiden alten Haudegen nicht, Strickert und Danzig lassen sich vom Junior nicht so einfach abschieben, die finden keinen anderen Job mehr und werden kämpfen …

… Wie auch immer, ich hab Sorge um dieses Unternehmen …

… Ich auch.

Private Folder Oliver Seibold
Freitag, 12. März 2004

Komme kaum mehr zum Führen meiner Aufzeichnungen, ist das ein gutes oder schlechtes Zeichen? Meine Tage bestehen aus Marktrecherchen, Gesprächen mit Externen, Analysieren der technischen Möglichkeiten des Unternehmens, Analysieren von Zahlenwerken etc. – alles im Zeichen der neuen Strategie. Jürgen Müller ist zurzeit dabei der mir am nächsten stehende Mitarbeiter, weil er die Aufgabe begreift und mit eigenen Initiativen mitwirkt. Die Nächte bestehen aus etwas Schlaf und viel Literaturstudium. Neben meinem Bett liegen:

„Der Geschäftsführer der GmbH" (heute besonders aktuell, denn seit heute Mittag bin ich's notariell!!),
„Familienunternehmen erfolgreich führen",
„Marktpositionierung für Fertigungsunternehmen",
„GFK Markt-Monitor",
„Zukunfts-Trends".

Nach der notariellen Beurkundung heute Mittag hat Dad gemeinsam mit mir die Bereichsleiter kurz informiert, mit ziemlichem Überraschungseffekt. Strickert und Danzig reagierten leicht düpiert, sagten, sie hätten sich eine kurze Beratung *vorher* durchaus gewünscht, aber so sei es in dieser Firma nun mal ... Artig gratulierten sie mir, den Widerstand gegen die Entscheidung deutlich auf die Stirn geschrieben. Die haben Muffe vor mir und meiner nun festgeschriebenen Macht. Aber wie weit ist es denn mit dieser „Macht"? Ohne das O.K. von Dad kann ich letztlich gar nichts machen, solange er noch da ist und das „alte Geschäft" die Firma trägt, werde ich immer Zweiter sein. Erst wenn mein Plan aufgeht und wir mit Hilfe externer Investoren und mit einem neuen Produkt in neue Märkte gehen, werde ich der „Bestimmende GF" werden – und selbst dann sitzt mir Dad als Mehrheitsgesellschafter im Nacken ... Jürgen Müller dagegen zeigte sich von meiner Beförderung begeistert und versuchte gleich, sich bei mir einzuschmeicheln. Der setzt unverblümt auf mich, sieht in mir seine große Chance im Unternehmen. Ruhleder hat zu meiner Ernennung gar nichts gesagt, der sitzt schweigend in der BL-Runde wie im falschen Film und gab mir nach Danzig und Strickert nur mechanisch die Hand. Der ist so schwach, der springt bei mir als Erster über die Klinge als Bereichsleiter, das steht fest. Und Karin Dinslage wird auch keinen Tag länger meine Sekretärin sein, nachdem Dad die Firma verlassen hat. Jetzt heißt es aber erst einmal arbeiten, arbeiten, arbeiten. Die Strategie muss optimal formuliert und für die Investoren zwingend und sexy sein. Bis dahin sind noch einige Wochen mit wenig Schlaf zu investieren.

Mir ist die Verantwortung für den Weg des Unternehmens durchaus bewusst, trotzdem hat es für mich irgendwie den Charakter von Monopoly. Ich bekomme „Startgeld", einige „Straßenzüge" als Grundausstattung, manchmal eine „Ereigniskarte" und los geht's. Wie in diesem Spiel, das ich als Würfelspiel seit meiner Kindheit nicht mehr gespielt habe, als Online-Variante mit virtuellen Gegenspielern dagegen oft, geht es darum, die optimalen strategischen Positionen zu finden und dann gnadenlos auszunutzen. Die Schwierigkeit in der Realität ist für mich im Augenblick noch, woran ich die neue Strategie ausrichte. Gehe ich nach den derzeitigen Möglichkeiten des Unternehmens und suche innerhalb dieses Rahmens etwas Neues, liegt das Stöckchen eindeutig zu tief. Gehe ich – was ich eigentlich als den einzig richtigen Ansatz finde – nach den Chancen am Markt, finde ich allerdings möglicherweise einen Ansatz, den das Unternehmen überhaupt nicht nachvollziehen kann. Dazwischen liegt der richtige Weg und der ist nur in einem Optimierungsprozess zu finden. Es ist eine lineare Optimierung mit vielen verschiedenen Variablen und – so vermute ich – mit einem erschreckend kleinen Lösungsfeld, das ich treffen muss. Mathematisch interessant – wäre ein neues, spannendes Software-Thema, falls es das nicht schon gibt.

Private Folder Oliver Seibold
Dienstag, 16. März 2004

Riesenärger mit dem Betriebsratsvorsitzenden Horst Brenner. Dad und ich hatten vergessen, ihn von meiner GF-Ernennung förmlich zu unterrichten. Er bat heute um ein persönliches Gespräch mit Dad, dieser rief mich gleich hinzu. Brenner, eigentlich Elektromechaniker in Danzigs Bereich, beklagte sich massiv über die Informationspolitik, es kam dann mehr hinzu als der ursprüngliche Anlass, er hatte natürlich auch von der Strategiekonferenz mit den BLs gehört, hatte wohl Gerüchte über eine Verlagerung des Produktionsstandorts zu Ohren bekommen etc. Dad ist auf den BR als solchen und auf Horst Brenner nicht sehr gut zu sprechen, trotzdem versuchte er die begütigende Tour. Ich aber verschärfte bewusst die Auseinandersetzung, denn ich wollte gleich als GF eine Markierung setzen, dass der Betriebsrat weiß, dass er mich nicht einfach einkassieren kann. Darauf wurde er richtig giftig, meinte, dieser Beginn mit mir ließe ja Schlimmstes für die Belegschaft befürchten etc. Ich habe ihm deutlich gezeigt, wo der Hammer hängt, habe versucht, ihm klar zu machen, wie sehr die Mitarbeiter in Gefahr wären, wenn es so weiterginge wie bisher, was plötzlich Dad total zornig auf mich machte. Ich merkte es zu spät, erst, als ich sah, wie sich Dad mit rotem Gesicht und verkniffenem Mund leise stöhnend zurücklehnte und die Stirn massierte, wusste ich, dass ich zu weit gegangen war. Das Meeting mit dem BR war nicht mehr zu retten, Brenner ging in schlechtester Stimmung von uns und sagte im Rausgehen, er werde dieses Verhalten von uns zu würdigen wissen und sich nun deutlicher um seine *Rechte* kümmern. Dad sagte gar nichts, verabschiedete ihn und machte mich danach so was von nieder, dass ich den ganzen Nachmittag brauchte, mich zu erholen. O.K., meine Verhandlungsstrategie war nicht mit Dad abgestimmt, aber ich stehe dazu, zum BR keinen innigen Kontakt zu pflegen, sondern Klartext zu reden. Für mich sind BR und GF zwei Lager mit oft sehr unterschiedlichen Interessen. Warum soll ich als neuer GF heute einen Schmusekurs fahren, wenn ich heute schon weiß, dass ich vielleicht in wenigen Monaten Handlungen vornehmen muss, die jeden Konsens sowieso aufkündigen (Beispielthema Fertigung Ungarn). So gesehen, meine ich, war ich sauber und gradlinig. Dad meint dagegen, ich hätte mich wie ein Idiot benommen, ich hätte völlig unnötig eine Schärfe reingebracht, die wir noch büßen müssten. Aus seiner Sicht war ich nur so scharf, weil ich als neuer GF beim BR punkten wollte ... Seine eigene Schuld, den BR nicht informiert zu haben, wollte Dad natürlich nicht sehen. Durch mein spontanes Hinzurufen zu dem Gespräch war die Abstimmung einer Gesprächsstrategie von uns beiden auch nicht möglich gewesen, wir mussten improvisieren und das kam dabei raus. Eigenartig, als Dad früher von seinen Meetings und „Kämpfen" mit dem BR erzählt hat, dann hörte es sich immer nach Powerplay von seiner Seite an, er berichtete stolz, wie er es ihm immer gezeigt hätte etc. Heute nun habe ich genauso gehandelt und er ist total wütend auf mich. Vermutung: Dad war zum BR immer viel konzilianter, als er es zu Hause erzählt hatte, und fühlt sich heute von mir als Weichei erwischt ... Hoffe, Dad kommt wieder runter, ich ertrage den Zustand nicht, wenn er wirklich sauer auf mich ist. – Shit, war kein guter Tag.

Telefongespräch Ilse Wagner/Hanne Seibold
Mittwoch, 17. März 2004

Ilse Wagner (besorgt): „Hallo Hanne, muss unbedingt mit dir reden, hast du etwas Zeit? Komme gerade von Oliver."

Hanne Seibold (ungläubig): „Schön, von dir zu hören, Ilse. Wo kommst du her, von Oliver? Hast du den etwa besucht?"

Ilse Wagner: „Na klar, zu mir wäre der nicht gekommen, mir hat die Gesellschafterversammlung letzte Woche keine Ruhe gelassen, ich wollte nochmals unter vier Augen mit dem Jungen reden, warum der es plötzlich so eilig hat, Geschäftsführer zu werden."

Hanne Seibold (unglücklich): „Oh mein Gott, Ilse. Was mischt du dich da ein? Arno ist so glücklich, dass nun alles einen guten Weg nimmt und da …"

Ilse Wagner (unterbricht): „Ich bin da nicht so sicher, Hanne, dass alles seinen guten Weg nimmt. Der Oliver hat sich da in etwas verrannt, glaube ich."

Hanne Seibold (ärgerlich): „Ilse, lass ihn doch selbst mit Arno klarkommen. Wenn der mitbekommt, dass du da drin rumstocherst … Es ist doch schwer genug für ihn, in dieser heiklen Phase mit Oliver alles richtig zu machen."

Ilse Wagner (traurig): „Hanne, du schaust einfach gerne weg, wie? Ich sag dir, das geht nicht gut mit Oliver als Geschäftsführer. Die beiden hätten das nie so schnell und nicht auf diese Weise machen dürfen. In mir läuten mehrere Alarmglocken gleichzeitig."

Hanne Seibold (trotzig): „Woher willst du denn das wissen? Was hat dir Oliver denn bei dem Besuch gesagt?"

Ilse Wagner (resigniert): „Ich glaube, es hat keinen Sinn, mit dir drüber zu reden, du klammerst dich an Arno und seine Welt. Ich bereue es, dich angerufen zu haben …"

Hanne Seibold (verletzt): „Nur, weil ich dir nicht sofort Recht gebe, Ilse? Ich habe Oliver in den letzten Wochen mehrmals gesehen und er wirkte total zufrieden und endlich ist ihm klar, was er will. Lass doch den Jungen jetzt mal seine Erfahrungen sammeln. Der fängt doch erst an …"

Ilse Wagner: „Anfangen ist gut, der spielt jetzt den Retter des Unternehmens, der will die ganze Strategie über den Haufen werfen und das Unternehmen in neue Märkte führen."

Hanne Seibold: „Na und, vielleicht ist das ja endlich mal notwendig, Arno gibt selbst zu, dass er genau das versäumt hat in den letzten Jahren."

Ilse Wagner: „Aber Oliver ist dafür nicht geeignet, der ..."

Hanne Seibold (unterbricht sie zornig): „Woher, liebe Ilse, willst du denn das wissen. Oliver hat beste Zeugnisse, Oliver hat Arno und alle Führungskräfte begeistert, Oliver hat von den Gesellschaftern – auch von dir – das O. K. zum Geschäftsführer bekommen. Du bist doch bloß neidisch, dass du selbst keinen Sohn hast."

Langes Schweigen.

Ilse Wagner (sehr verletzt): „Gut, dass es einmal ausgesprochen wurde, Hanne. Jetzt weiß ich, was ich von euch zu halten habe. Ich habe verstanden, ich werde mich nicht mehr in eure Familie einmischen. Mir tut nur Oliver Leid, und sonst niemand. Tschau!"

Hanne Seibold: „So hör doch, Ilse, es tut mir Leid, so war es nicht gemeint."

Aufgelegt.

Der Think Tank

Nachdem der Junior seine neue Arbeitsgruppe dafür als zu brav eingestuft hatte, war Oliver auf die Idee gekommen, den bestehenden Arbeitskreis um ehemalige Studienkollegen von ihm zu erweitern, die inzwischen alle in Management-Funktionen waren und von denen fünf freudig den Tag mit ihrem ehemaligen Freund möglich machten. Externe sollten also mitdenken für Seibold Plastics, das gab es noch nie! Fachfremde, die keinerlei Ahnung vom Spritzgießen hatten! Die drei Pragmatiker des Arbeitskreises, Blanke, Buchner und Keilhorst, kommunizierten ihre Abneigung für die Idee deutlich, Müller fand es ein „interessantes Experiment". Oliver drückte die Idee trotz der Bedenken der drei Mitglieder durch, was bei diesen Mitarbeitern den sowieso schon vorhandenen Frustrationsgrad deutlich erhöhte. In den letzten drei Meetings des Arbeitskreises stellten sich die drei immer deutlicher die Frage, wozu sie überhaupt in diesem Gremium saßen. Sie hatten inzwischen die klare Erkenntnis, dass ihre Meinungen, Argumente, Sorgen von Oliver Seibold kategorisch vom Tisch gefegt wurden. Noch schlimmer: Da er mit den Arbeits- und Diskussionsergebnissen des Kreises selbst scheinbar nicht zufrieden war, brachte der Junior zu jedem Meeting Diskussionspapiere mit, die in einer Sprache und theoretischen Durchdringung gehalten waren, dass sie dazu eigentlich nichts sagen konnten. Anstelle einer Anregung der Diskussion führten diese Papiere nur zu noch mehr Schweigen ihrerseits, so dass der Kreis keinerlei positive Dynamik entfaltete, sondern schon nach dieser kurzen Zeit zu einer fadenscheinigen Bühne für die Inputs Oliver Seibolds geworden war. Kein einziges Mal, dass die drei es erlebt hätten, dass Oliver ihnen bei ihren immer zaghafter vorgetragenen Argumenten wirklich zugehört hätte, dass er Rückfragen gestellt, sie ernst genommen hätte. Nein, der „Nachfolger" schmetterte ihre Argumente kurz als zu wenig fundiert oder „nicht lösungsorientiert" ab und ging zur Tagesordnung über. Kein Wunder, dass Blanke, Buchner und Keilhorst darüber nachdachten, den Kreis zu sabotieren. Nur ihre Angst vor dem inzwischen deutlich gestiegenen Einfluss des Juniors hielt sie noch davor zurück. Ihren Kollegen Jürgen Müller sahen die drei Außenseiter mit gemischten Gefühlen. Natürlich, er war super ausgebildet, konnte mit Oliver mithalten, doch er steckte ganz offensichtlich zwischen den Welten, war Oliver Seibold von allen Bereichsleitern zwar am nächsten, verfolgte aber doch eigene Ziele. Die drei, die sich inzwischen nach jedem Arbeitskreismeeting abends noch zu einem Bier trafen, um die Eindrücke zu verarbeiten, unterstellten Müller ganz kühles Machtkalkül bei seinem „Schmusekurs" mit Oliver ...

Als nun der Junior die Think Tank-Veranstaltung ausrief, in der Hoffnung, zu motivieren und ein spannendes Event zu bieten, konnten sich die drei ein Lachen nicht verkneifen. Denn für sie war Oliver schon anstrengend und theoretisierend genug, weitere fünf Kommilitonen versprachen den Mega-GAU. Produktideen sollten entwickelt werden, mit völlig Fachfremden. In einem Nebensatz hatte Oliver sogar gesagt, es sei gar nicht unbedingt notwendig, dass das gesuchte neue Produkt auf den Maschinen von SP gefertigt werden könne, was die Verwirrung der drei noch erhöhte. Wenn nicht für dieses Unternehmen, wofür dann sollte die ganze Arbeit sein ... so fragten sie sich und hatten die Veranstaltung eigentlich abgeschrieben, bevor sie begonnen hatte. Dass es dann doch ein ziemlich vergnüglicher Tag wurde, lag weniger an Oliver, als an den verrückten fünf Burschen, die er eingeladen hatte und deren unkonventionelle Betrachtungsweise, deren Ideenreichtum die Runde dann doch begeisterte, auch wenn bis zum Schluss völlig unklar war, wie die Ergebnisse bei Seibold umgesetzt werden sollten. Besonders witzig fand die Runde die Übung mit den fünf Hüten – eigentlich ein „alter Hut" in der Moderatorenszene, für SP aber völliges Neuland. Die in den diversen Brainstormings entwickelten Ideen wurde vorgefiltert, die besten dann in dieser Übung weiterbearbeitet. Die „fünf Hüte" standen dann für fünf verschiedene Betrachtungsweisen jeder Idee, die immer der einnehmen musste, der den jeweiligen Hut aufhatte. So entstand eine sehr fundierte, breitbandige Auseinandersetzung mit den Ideen, die zu verblüffenden Ergebnissen führte. Oliver moderierte den Prozess ziemlich professionell, brachte Checklisten und Bewertungsmatrizen ein, mit denen er die Bauchentscheidungen „rational hinterfüttern" wollte, so dass die Arbeitsgruppe zum ersten Mal wirklich gemeinsame Arbeit leistete. Am Ende des Tages waren drei Produktideen übrig geblieben, die nun in den nächsten Wochen auf ihre Eignung als Zukunftsfeld für Seibold Plastics untersucht werden sollten. Anstatt die positive Stimmung des Tages im Arbeitskreis zu verankern, schaffte es Oliver Seibold durch zwei kleine Schlussbemerkungen dann doch noch, die drei Pragmatiker wieder zu verlieren, kaum dass er sie gewonnen hatte. Der Junior bedankte sich bei den Studienfreunden überschwänglich für deren Einsatz, würdigte die Mitarbeit der anderen aber mit keinem Wort. Stattdessen konnte sich Oliver beim Rausgehen die Bemerkung nicht verkneifen, dass er eine solche Dynamik und Frische in diesem Arbeitskreis noch nicht erlebt habe.

Danach verließen die Kommilitonen gemeinsam mit Oliver lachend und euphorisch das Unternehmen in Richtung Würzburger Altstadt, um auf das Wiedersehen und den gut gelaufenen Tag anzustoßen, die drei Mitarbeiter saßen noch minutenlang düpiert im Sitzungsraum und begannen eine Diskussion über den Führungsstil von Oliver Seibold, und Peter Müller musste sich entscheiden, welche Position er nun einnehmen sollte. Oliver hatte ihn im Hinausgehen kurz flüsternd gefragt, ob er mitkommen wollte, doch ihm war nach der Schlussbemerkung, bei der auch er sich getroffen fühlte, nicht danach. Peter Müller verlor zunehmend die Freude an der Kollaboration mit dem Jungen, denn dessen Führungsfehler waren für ihn so eklatant, dass er damit nicht in Verbindung gebracht werden wollte. So wechselte der Entwicklungsleiter an diesem Abend die Fronten und ging seinerseits mit Blanke, Buchner und Keilhorst auf ein Bier. Die drei konnten etwas Zuspruch brauchen …

Private Folder Oliver Seibold
Freitag, 19. März 2004, Mitternacht

Endlich mal ein Highlight in dieser schwierigen, stressigen Woche. Hatte heute meine Think Tank-Veranstaltung, war ein durchschlagender Erfolg – trotz des anfänglichen Sperrfeuers meiner Sorgenkinder im Arbeitskreis. Meine fünf Studienkumpels waren wirklich gekommen, freuten sich riesig über das Wiedersehen und brachten neben völlig verrückten Ideen auch einige wirklich interessante Ansätze ein, die wir nun weiter untersuchen müssen.

Von den drei Bedenkenträgern Blanke, Buchner, Keilhorst kam natürlich nur Schrott und Skepsis, die müssen noch viel lernen, aber ich denke, der Tag hat auch sie beeindruckt. Komme soeben erst aus einer Studentenkneipe in Würzburgs Altstadt zurück, wo ich das Wiedersehen mit den fünfen und die gute Arbeit des Tages zünftig gefeiert habe. Die sind ziemlich beeindruckt, mit welchem Freiraum ich nach der kurzen Anwesenheitszeit im Unternehmen arbeiten kann. Na ja, habe ich mir auch hart verdient! Müller kam leider nicht mit, hätte meinen Vorzeigemann gerne dabei gehabt, aber er schien andere Verpflichtungen zu haben. Schade. Fazit: gutes Futter für die weitere Strategiearbeit. Vater kann zufrieden sein, wir kommen voran. Bis Ostern muss alles stehen, dann will ich die Investorensuche beginnen. Wenn ich die ersten Ideen anschaue, glaube ich, wir brauchen viel Geld und eine völlig andere Fertigung … Nächste Woche will ich Dad mal über die Schulter schauen, was der den ganzen Tag eigentlich macht. Musste ihm das richtig abtrotzen, ich glaube, der hat Sorge, ich könnte ihm bei irgendwas auf die Schliche kommen. Ist schon seltsam, dass er sich so wenig in die Karten schauen lässt.

Ach ja, es gab mal eine Zeit, da hatte ich Sport getrieben, die Nächte in Cocktailbars verbracht und an einer neuen Software geschrieben. Lange her.

Agenda-Eintrag Arno Seibold
Sonntag, 21. März 2004

Endlich gibt es wieder eine ruhige Stunde für meine Aufzeichnungen. Bin die letzten Wochen zu nicht viel gekommen, es bewegt sich so viel in meinem Unternehmen und in meinem Herzen, vor allem in Bezug auf Oliver.

Ich fühle mich mit ihm wie auf einer Achterbahn, mal überrascht und begeistert er mich mit seiner strategischen Begabung, dann entsetzt er mich wieder mit Anfängerfehlern, die schon ein Auszubildender bei uns nicht machen würde. Ist das normal? Ist es der normale Eingewöhnungsprozess in einen mittelständischen Betrieb von einem Jungen mit internationaler Management-Ausbildung in Großunternehmen? Habe ich das unterschätzt? Oder ist es der neue, coole Stil des Managements, den wir endlich lernen müssen? Oliver scheint keine Gefühle zu kennen, der betrachtet alles völlig personenunabhängig strategisch und betriebswirtschaftlich, während wir alle die ganze Zeit unser Management aus dem Bauch heraus gemacht haben. Wie Oliver zum Beispiel den BR-Vorsitzenden abgekanzelt hat, war aus meiner Sicht völlig unnötig und gegen die Gepflogenheiten unseres Unternehmens. Jetzt hat Oliver ausgerechnet an dieser Stelle einen Feind sitzen. Habe ihn deshalb auch hart rangenommen, hoffe, der macht denselben Fehler nicht noch einmal.

Aber auf der anderen Seite: Wie er die durchaus kritischen Gesellschafter in nur einer Stunde von seiner Befähigung zum GF und von der Notwendigkeit zu großen Veränderungen überzeugt hat … der kommt sicher genauso gut bei Bankern und Investoren rüber. Oliver hat das, was mir immer gefehlt hat!

Wenn Oliver mitbekommt, wie uns die Kosten in der Fertigung davonlaufen, kann ich mir seine Lösung schon vorstellen. Und das will ich so nicht, noch nicht. Ach, bis jetzt war alles einfach, ich habe geführt, entschieden und basta. Jetzt muss ich bei jeder Handlung mit bedenken, was das für Oliver bedeutet. Immer mehr freue ich mich auf den Tag, wo ich raus kann, vor allem, wenn ich die nicht mehr erträgliche Arroganz unserer Großkunden sehe. Audi wird uns übernächste Woche antanzen lassen, zum zweiten Mal! Das ist bei denen eine schon an sich deutliche Verwarnung. Wieder geht es um Qualitätsprobleme bei der Armatureneinfassung. Danzig meint, die wären auf dem falschen Dampfer und wir wären voll in den vereinbarten Toleranzen. Hoffentlich, hoffentlich hat er Recht. Und … wer macht den Gang nach Canossa? Nicht Oliver, sondern natürlich der „Alte" …

Weitere Sorge: Zwischen Hanne und Ilse muss es einen entsetzlichen Streit um Oliver gegeben haben. Hanne konnte mir dazu nicht viel erzählen, weil sie nur geweint hat, von Ilse habe ich noch nichts gehört. Ich mag keinen Unfrieden in der Familie, schon gar nicht mit meiner Schwester und Gesellschafterin. Hoffe, dass die beiden Frauen das wieder einrenken.

Kommende Woche wird spannend, habe mit Oliver besprochen, gegen meine Gewohnheit einmal die ganze Woche mit ihm zusammen zu verbringen und ihm genau zu zeigen, was ich mache und wie ich es mache. Wir haben auch die Antrittsbesuche Olivers bei Bank, Großkunden etc. auf diese Woche gelegt.

Private Folder Oliver Seibold
Freitag, 26. März 2004

Komme soeben völlig geschafft von einer gemeinsamen Arbeitswoche mit Dad nach Hause. Das muss ich erst einmal verarbeiten, zum ersten Mal habe ich wirklich aus nächster Nähe erlebt, wie Dad seine Firma führt und … ich weiß nicht, was ich sagen soll. Muss erst mal drüber nachdenken …

Private Folder Oliver Seibold
Samstag, 27. März 2004

Bin heute endlich mal wieder drei Stunden Mountainbike gefahren, hat den Kopf gut durchgeblasen. Nach dieser sportlichen Einlage und einer längeren Partie Schach im Web fühle ich mich wieder wohler. Jetzt habe ich auch schon etwas Checkung, wie ich die letzte Woche einordnen soll. Gemessen an den Maßstäben, die ich im Studium, in meinen Praktika und am Kellogg Institute gelernt habe, führt Dad die Firma überhaupt nicht. Und die Firma gibt es noch!

Was macht Dad in den fünf Tagen der Woche?

- Er geht täglich die von Karin Dinslage vorsortierte Eingangspost durch.
- Er leitet persönlich den Entwicklungskontakt zu allen Schlüsselkunden.
- Er kümmert sich um die gesamte Produktionstechnologie (incl. Investments, Bauprojekte etc.).
- Er hält den persönlichen Kontakt zu vielen Menschen in Tausenden kleinen, ungeplanten Gesprächen.

- Er hält den Kontakt zu den Banken, zum Steuerberater und manchmal zu Anwälten.
- Er führt die wichtigen Lieferantengespräche mit dem Einkaufsleiter.
- Er repräsentiert das Unternehmen nach außen in den verschiedensten Gremien (IHK, Bürgermeister, Verband, Marketing-Club, Rotary Club, etc.).
- Er zeichnet jeden wichtigen Brief gegen, den ein Bereichsleiter schreibt.
- Er meint, das Unternehmen mit seinem PUKIL-System zu controllen.
- Er ist für jeden Mitarbeiter da, der den Chef sprechen will.
- Er kümmert sich persönlich um das Thema „Gehälter" – generell.
- Er hält den permanenten Kontakt zu Danzig, Strickert, Müller.
- Er hält überhaupt keinen Kontakt zu Ruhleder.
- Er macht jeden Mittag circa zwei Stunden Pause.
- Er diktiert jeden Schriftverkehr seiner Sekretärin in den Block!
- Er fährt persönlich zu jedem wichtigen Termin mit dem PKW.
- Er fliegt an Tagen mit gutem Wetter Strecken über 300 Kilometer Entfernung und bei gut erreichbarem Flughafen mit gemietetem Kleinflugzeug.

Fazit: Das Unternehmen konzentriert seine kreative Kraft ausschließlich auf die Projekte der drei großen Schlüsselkunden. Seibold Plastics lässt sich seit Jahren völlig defensiv treiben in einem Markt, der miese Renditen bringt, der die Lieferanten ausbeutet, der keine Finanzpolster für Großinvestitionen ermöglicht. SP ist in seiner Existenz noch gefährdeter, als ich bisher dachte.

Mache mir auch viele Gedanken über Dad. Er war für mich immer der Siegertyp, ich habe zu ihm aufgesehen, er hatte Kraft, konnte begeistern und mitreißen, war das, was ich nicht bin. Und nun ... Nun habe ich gesehen, mit welch bescheidenen intellektuellen Mitteln er dieses Unternehmen führt. Habe trotzdem versucht, ihm kein allzu schlechtes Gefühl zu geben, konnte aber nicht verhindern, nach tausend Dingen zu fragen, die Dad dann nicht wusste oder nicht hatte oder erst organisieren musste. Die Stimmung hat sich im Laufe der Woche dann von Tag zu Tag verschlechtert. Wir beide haben wohl endgültig gemerkt, wie unterschiedlich unsere Auffassung von Management ist. Und alle Strukturen, alle Mitarbeiter, alle Führungskräfte sind genau auf *dieses* System eingespielt. Oh mein Gott, worauf habe ich mich da eingelassen!

Bericht Arno Seibold
Sonntag, 28. März 2004

Fühle mich total elend und ausgepumpt. Keine Ahnung, ob es nur die Anstrengung war, Oliver in die Logik der Geschäftsführung dieses Unternehmens einzuführen, oder ob mein Körper nicht so richtig will. Die Woche mit Oliver war ... schwierig und nervenaufreibend. Der Junge sieht alles von einer sehr formalen, theoretischen Sicht, die wohl schon ihre Berechtigung hat, aber bei uns? Frage mich schon, ob er mit seiner speziellen Fähigkeit, Dinge konzeptionell zu zerlegen, nicht besser in einem Großkonzern aufgehoben wäre. Er kann mit diesem praxisorientierten, hemdsärmligen Stil von mir wenig anfangen, das hat er am Ende offen zugegeben und ich habe es ja auch gespürt. Aber er muss auf der anderen Seite auch anerkennen – das ist der Weg, mit dem ich ein doch nicht so kleines Unternehmen aufgebaut habe, während er zwar große Konzepte entwickelt hat, aber immer nur auf dem Papier und nicht in der Wirklichkeit. Warum also soll ich meinen Stil in Frage stellen? Soll Oliver doch mal zeigen, dass er mit *seinem* Weg wirklich Erfolg hat und Geld macht. Doch, wie passen diese beiden so verschiedenen Stile in einer Firma zusammen? Diese Frage quält mich und sie beschäftigt vermutlich auch Oliver.

Das Vakuum

Karin Dinslage hatte es irgendwie geahnt, dass es nicht gut gehen konnte mit den beiden. Die ganze Woche über saß der Junior ihrem Chef halb schräg gegenüber und schaute ihm bei der Tagesarbeit über die Schulter. Die Sekretärin konnte bei jedem Gang ins Chefzimmer die Spannung zwischen den beiden spüren. Arno brauchte auch viel mehr Kaffee als gewöhnlich und reagierte auf Routinevorgänge völlig anders als normal, was Oliver nicht merkte, die Sekretärin aber wohl. Ganz offensichtlich wollte der Vater gut dastehen vor seinem Sohn. Karin Dinslage war sich jedenfalls sicher, dieser extrovertierte Macher und der introvertierte Wissenschaftler waren kein gutes Gespann, der eine konterkarierte den anderen. Wenn Oliver sich bei SP halten wollte, musste sich der Chef so schnell wie möglich aus dem Unternehmen zurückziehen – und ihr war völlig klar, dass sie selbst dann auch gehen würde. Nach dieser ungut verlaufenen Woche wunderte sich die Sekretärin kein bisschen, dass der Chef krank wurde. Natürlich war aus Ihrer Sicht nicht der Infekt die Ursache, sondern der Stress, den sich dieser verbohrte Mann mit seinem Sohn als Nachfolger antat. Arno Seibold rief seine Sekretärin gleich Montagmorgen an, völlig kraftlos und von hohem Fieber geplagt, sagte er alle Termine der Woche ab. Gleichzeitig bat er seine Sekretärin, Oliver Bescheid zu geben, er solle die Woche über alle Fäden in die Hand nehmen. Karin Dinslage sträubten sich bei dieser Vorstellung die Haare!

Oliver als Allein-GF, das konnte nicht lange gut gehen. Einen kleinen Vorgeschmack sollte Karin Dinslage in dieser Woche bekommen, denn Oliver Seibold ging in dem für ihn typischen Stil zu Werke, als er von der Krankheit seines Vaters erfuhr ...

Als erste Aktivität nach einer Stunde Überlegungszeit trommelte der Junior alle Bereichsleiter im Sitzungsraum zusammen, seine Nervosität war groß und er hatte aufgrund der überfallartigen Situation seine Beruhigungsmittel nicht zur Hand gehabt, so dass er sich mit seiner in langen Jahren eingeübten coolen Schutzfassade helfen musste. Das Meeting dauerte nur fünf Minuten, denn Oliver wollte nur deutlich machen, wie er die Zeit als Alleingeschäftsführer gestalten wollte und was er von den Bereichsleitern erwartete. Der Junior hatte sich dafür entschieden, erst gleich gar nicht zu versuchen, die Kopie des Vaters herzugeben, sondern durch einige beispielhafte Interventionen den Bereichsleitern seinen zukünftigen Stil quasi im Live-Betrieb vorzustellen. Die Krankheit des Vaters sah Oliver als gute Chance, den Führungskräften und Mitarbeitern zu zeigen, dass er sehr wohl eine Vorstellung von Unternehmensführung hatte, dass er SP den Weg in eine gute Zukunft weisen konnte, auch wenn er sich in stillen Stunden darüber gar nicht immer so sicher war. Alles, was er in seinem Leben gelernt hatte, war, strukturiert zu denken und überlegt zu handeln. Doch er war überzeugt: Die kleinste Unsicherheit, die er zeigen würde, würde ihm gnadenlos als Schwäche ausgelegt. Also versuchte er, Stärke und Sicherheit zu zeigen, auch wenn er sie gar nicht wirklich spürte. Deshalb kam Oliver ab dem Tag von Vaters Krankheit in Anzug und Krawatte ins Unternehmen. Diese „Verkleidung" half ihm, seine Fassade aufrechtzuerhalten und die Distanz zu wahren, die er meinte, zu brauchen. All dessen war sich Oliver zu diesem Zeitpunkt aber noch nicht wirklich bewusst, er funktionierte einfach und versuchte, seinen Beschluss, dieses Unternehmen auf seine Weise in den Griff zu bekommen, konsequent umzusetzen.

Die erste Bewährungsprobe im Praxisbetrieb hatte Oliver gleich am späten Montagmorgen in der Fertigungsbesprechung. Dort trafen sich jeden Montagmorgen die Führungskräfte aus Fertigung und Entwicklung, um die aktuellen Projekte zu besprechen und die Fertigungsplanung für die Woche durchzugehen. Natürlich leitete Arno Seibold normalerweise diese Besprechung, Oliver dagegen entschied sich für die Rolle des Zuhörers und bat die Anwesenden, in eigener Regie das Meeting zu gestalten. Dies erwies sich aber als schwierig, denn nun war plötzlich ein Führungsvakuum entstanden und ausgerechnet die beiden Kontrahenten Müller und Danzig mussten ausfechten, wer dieses Meeting nun zu leiten hatte. Danzig versuchte sofort, die Führung an sich zu reißen und mit dem Routinegeschehen zu beginnen, Müller fiel ihm allerdings ins Wort und wollte vorrangig über zwei spezielle schwierige Projekte und über Olivers Schnittstellenanalyse diskutieren. Die anderen sechs Teilnehmer, allesamt Teamleiter aus Fertigung und Entwicklung, hielten sich eine Weile gebannt zurück und beobachteten, was ihre Häuptlinge da vor ihren Augen vorführten. Doch als Oliver Seibold nicht daran dachte, die quälende Debatte zu beenden, sondern sich, deutlich sichtbar für alle, gelangweilt Aufzeichnungen in seinen Palmtop machte, wurde einer der Teamleiter aus dem Fertigungsbereich richtig ärgerlich. Er bat Oliver mit deutlichen Worten, nun doch endlich seiner Chefrolle gerecht zu werden und diese „unsägliche Debatte" zu beenden. Danzig beharrte darauf, endlich die Fertigungsplanung durchzusprechen, Müller dagegen meinte, es sei eine Schande, wenn die Bereichsleiter untereinander nicht einmal in der Lage wären, die Prioritäten der Agenda für ein Routinemeeting zu klären. Oliver stimmte dem zu, stand völlig unvermittelt auf, sagte, die Sache begänne ihn zu langweilen, man möge ihm bitte einfach das Ergebnisprotokoll des Meetings mailen und verließ den Sitzungssaal.

Private Folder Oliver Seibold
Mittwoch, 31. März 2004, 21.00 Uhr

Komme soeben aus der Firma zurück, das ist die Hölle! Weiß gar nicht, was auf einmal alles auf mich einströmt, kann mich überhaupt nicht mehr auf die strategische Entwicklung konzentrieren. Hatte mich eigentlich sogar etwas gefreut, als Dad mal krank wurde, der ist eigentlich das ganze Jahr über fit und dynamisch, aber jetzt hat ihn ein Infekt erwischt. Ich dachte, es sei eigentlich eine gute Gelegenheit, selbst ein wenig Führung auszuprobieren und einige neue Akzente zu setzen. Doch innerhalb weniger Tage braute sich hier eine Suppe zusammen gegen mich, das ist unwahrscheinlich. Weiß gar nicht, was ich dem Unternehmen eigentlich Böses getan habe, ich hänge seit Wochen meine ganze Zeit, mein Privatleben, meine Gesundheit (ja, Gesundheit, hatte heute Herzrhythmusprobleme und Schweißausbrüche, konnte es gerade noch so verbergen) für die Zukunft dieses Unternehmens rein, verbiege mich wie verrückt, um den richtigen „Sohn" abzugeben, und der Dank ist Widerstand, Unverständnis, bei manchen Leuten glaube ich sogar: Hass.

Beispiel 1: Meine „Sekretärin". Anstatt herauszufinden, was *ich will*, was *mir* hilft, tut sie alles, um mir zu zeigen, wie viel ich noch zu lernen habe, wie richtig Dad die Dinge macht und wie falsch ich vorgehe. Sie weiß genau, dass ich Kaffee hasse und Coke liebe, was stellt sie mir täglich hin? ... Kaffee! Sie weiß genau, dass ich keine Diktate mache, sondern meine Briefe selbst in den Laptop hämmere, was macht sie jeden Tag? ... Fragen, ob ich etwas zu diktieren hätte. Die Briefe, die ich selbst schreibe, will sie nochmals auf Rechtschreibung etc. prüfen, was ich ihr untersagt habe. Die schnüffelt überall bei mir herum, habe das Gefühl, die beobachtet jede meiner Handlungen, und wenn ich ihr was auftrage, hat sie immer eigene Kommentare und zeigt Widerstand. Heute Nachmittag hat's dann so richtig gekracht, als sie mir noch vorschreiben wollte, in welcher Reihenfolge ich Rückrufe zu tätigen hätte, die sie am Vormittag in meiner Abwesenheit aufgenommen hatte. Als mir ihr „Controlling" dann irgendwann zu viel wurde, habe ich ihr so gegen 16 Uhr gesagt, es sei vielleicht besser, wenn sie nach Hause ginge, wir könnten ja sowieso nicht miteinander und ich käme ganz gut alleine zurecht. Sie ist dann wortlos und grußlos gegangen – mit Sicherheit ohne jedes eigene Schuldgefühl und mit riesigem Zorn über mich, den sie dann wieder an Dad weitergeben wird. Fazit: Ich kann mit dieser Frau nicht mehr arbeiten, die ist nie „meine" Sekretärin, sondern immer meine Aufpasserin gewesen. Wenn Dad wieder zurück ist, werde ich ihn vor die Wahl stellen, sie sofort zu entlassen oder mir ein anderes Büro zuzuweisen. Ich brauche keine Sekretärin und die Dinslage schon gar nicht!

Beispiel 2: Die Nachwirkungen von unserem Think Tank. Obwohl wir in der Arbeitsgruppe striktes Stillschweigen vereinbart haben, muss einer die Ergebnisse des ersten Brainstormings so verzerrt ins Unternehmen kommuniziert haben, dass eine riesige Unruhe entstanden ist. Plötzlich bat der BR-Vorsitzende Horst Brenner – sowieso nicht gerade mein Freund – um einen dringenden Termin. Er hatte eigentlich zu Dad gewollt, musste dann aber zähneknirschend mit meiner Person vorlieb nehmen. Er war sehr formell, wies mich auf die Unruhe in der Belegschaft in Sachen „Neue Firmenstrategie" hin und machte mich in todernstem Ton darauf aufmerksam, dass jede Strategie, die möglicherweise Produktionsverlagerungen oder gar -schließungen zur Folge habe, mitbestimmungspflichtig sei, und verlangte Einblick in die Strategiepapiere. Ich habe ihn erst einmal abgewimmelt und gesagt, an den Gerüchten sei überhaupt noch nichts dran, es gebe bis heute überhaupt keine konkreten Absichten oder Planungen und wenn es so weit wäre, würden wir unsere gesetzlichen Pflichten natürlich kennen und einhalten. Dann hatte ich aber noch betont, dass größere Veränderungen sicher kommen müssten, weil das Unternehmen im derzeitigen Zustand langfristig nicht überleben könne, und mir seine Kooperation gewünscht. Er hat mich an dieser Stelle des Gesprächs aber nur müde angelächelt. Kurz angebunden und mit dem Wunsch nach engen Konsultationen in den nächsten Wochen verließ er mein Büro. Der wird uns garantiert Probleme machen, der lässt sich sicher schon von der Gewerkschaft beraten. Und ich frage mich: Wer hat vom Arbeitskreis diese Sache in die Welt gesetzt? Es kann nur einer der drei Bedenkenträger gewesen sein. Müller war's sicher nicht, aber den werde ich mal fragen. Fazit: Mein Arbeitskreis ist nicht mehr vertrauenswürdig, ich muss beim nächsten Meeting am Freitag die Sache auf den Tisch bringen, denn nun werden wir kräftigen Gegenwind für jede Veränderung bekommen. Und: Wir müssen den Gerüchten im Unternehmen kommunikativ begegnen, sobald Dad wieder da ist.

Beispiel 3: Durch Zufall finde ich auf Dads Tisch eine aktuelle G&V von Strickert mit völlig inakzeptablen Zahlen. Uns laufen in der Fertigung die Kosten völlig aus dem Ruder und auf der anderen Seite fallen die Umsatzerlöse dramatisch. Sieht so aus, dass wir das erste Halbjahr rote Zahlen schreiben werden, was mich alarmiert, davon hat mir keiner was gesagt. Witzigerweise war in dem ganzen Datenmaterial, das mir Strickert vor einigen Wochen gegeben hatte, von dieser Entwicklung noch nichts zu sehen. Entweder das kam total kurzfristig oder Strickert hat mir diese Entwicklung bewusst vorenthalten. Am schlimmsten: Auch

Dad hat mir dazu nichts gesagt, die G&V-Auswertung lag auch ohne Kommentare oder Maßnahmenpläne auf dem Schreibtisch. Ich ließ daraufhin Strickert zu mir kommen und der benahm sich total zickig, zeigte sich erst einmal „verwundert", dass ich überhaupt diese Auswertung in die Hände bekommen habe. Ich musste ihn erst einmal kurz belehren, dass ich als Geschäftsführer das Recht habe ... etc., etc. Auf mein Nachbohren hin musste er zugeben, dass es in den letzten Monaten erhebliche ungeplante Kosten durch Fertigungsfehler und Makulaturbeseitigung gegeben hatte, dass es bis heute keinerlei Maßnahmenpläne für das Auffangen dieser Situation gibt und dass die Tendenz von hohen Kosten und sinkenden Erlösen bekannt ist und schon länger andauert. Was soll das heißen? Das Problem ist bekannt, aber sowieso nicht zu lösen? Sind die alle bescheuert? Natürlich kann man da was machen, wenn Dad kommt, werde ich das in höchster Priorität mit ihm durchgehen.

Beispiel 4: Mir fällt seit Wochen auf, dass die Leute aus der Verwaltung verdammt früh Feierabend machen, obwohl scheinbar viel zu tun ist. Das finde ich voll daneben. Habe deshalb ganz bewusst gestern einer Traube von Mitarbeitern, die um 16 Uhr im Verwaltungstrakt in den Lift steigen wollten, um nach Hause zu gehen, ein paar deutliche Bemerkungen gemacht, was dazu geführt hat, dass heute Morgen Strickert bei mir auf der Matte stand, um mich zu fragen, was ich mit diesen aggressiven Äußerungen eigentlich bezweckt hätte. Ich wurde ziemlich ärgerlich über diese Frechheit und fragte ihn, ob er als Bereichsleiter dazu stehen wolle, dass seine Leute trotz hohen Arbeitsvolumens so früh in den Feierabend gehen. Er fragte giftig zurück, ob ich auch nur ein Beispiel nennen könne, wo durch zu frühe Abwesenheit eines seiner Mitarbeiter irgendein Vorgang nicht rechtzeitig oder fehlerhaft fertig gestellt worden sei. War natürlich rhetorisch geschickt, denn einen solchen Beweis habe ich noch nicht. Trotzdem stehe ich dazu, dass es kein Zeichen von Unternehmensdynamik ist, wenn ich um 17 Uhr im Verwaltungsstockwerk fast ganz alleine bin. Da stimmt doch was nicht und Strickert ist so dumm, seine Leute auch noch zu decken. Fazit: Werde von jetzt an die Meetings mit den Verwaltungsleuten um 18 Uhr ansetzen, dann werden wir mal sehen, wer kommt und ob gemurrt wird. Dieses Unternehmen ist noch in der Steinzeit!

So, jetzt habe ich mir den Frust von der Seele geschrieben, morgen geht's wieder in die Höhle des Löwen. Mal sehen, was dann passiert ...

106

Bericht Arno Seibold
Mittwoch, 31. März 2004

Liege nun seit Tagen untätig im Bett. Das ist die Hölle. Hatte die letzten Jahre noch nie eine schwere Erkrankung, aber diese Grippe killt mich. Muss vielleicht doch langsam einen Arzt konsultieren, der mich möglichst schnell wieder fit macht. Oliver kann man ja scheinbar im Unternehmen nicht alleine lassen, das macht mir wahnsinnige Sorgen. Die Signale, die ich nach den wenigen Tagen meiner Abwesenheit ans Krankenbett bekomme, sind gar nicht gut. Hatte gestern ein langes Telefonat mit Karin Dinslage, sie steht kurz vor der Kündigung, kommt mit Oliver und seinem Stil überhaupt nicht zurecht. Obwohl sie in dieser Sache sicher nicht fehlerfrei ist, werfe ich Oliver doch vor, dass er sie vom ersten Tag an missachtet hat – auch in ihrer Wichtigkeit für mich. Und auch sonst braut sich im Unternehmen Ungutes zusammen. Habe gestern mit Blanke telefoniert, der drrckste erst lange rum, wollte vor mir nicht negativ über Oliver reden, kam dann aber doch zur Sache und berichtete mir, wie schlecht überall von meinem Sohn geredet wird. Das hat mich total betroffen und zornig gemacht. Warum tun sich die Bereichsleiter und Mitarbeiter so schwer, Oliver als neuen Chef anzunehmen. O.K., er hat einen anderen Stil als ich, aber wenn ich einmal weg bin, ersetzt mich so oder so ein anderer Managertyp. Oliver selbst hat aber sicher auch einiges dazu beigetragen, dass es jetzt so hochkocht. Er hat noch kein Gefühl für ein Fertigungsunternehmen. Ach, ich bin so verzweifelt. Weiß nicht, was ich tun soll. Den Streit mit den Bereichsleitern oder mit Oliver suchen? Oliver schützen oder Fehler machen lassen? Selbst im Unternehmen eingreifen? Nächste Woche Mittwoch ist der wichtige Termin in Ingolstadt, ich will unbedingt selbst hinfahren, traue Oliver das im Augenblick nicht zu ... Wie soll man mit so vielen Sorgen gesund werden?

Gespräch Danzig/Strickert
Donnerstag, 1. April 2004, 20.00 Uhr
Ort: Weinkeller Juliusspital, Würzburg

Kurt Strickert: „Was meinst du, Peter. Wird sich Oliver halten können?"

Peter Danzig: „Wenn du mich fragst, *nein!* Der macht in den letzten Wochen so viele Fehler, das kann auch der Alte auf Dauer nicht übersehen."

Kurt Strickert: „Jetzt ist Arno zum ersten Mal seit Jahren krank geworden. Bin sicher, der ist innerlich total frustriert."

Peter Danzig: „Schon möglich, er lässt so was ja nicht nach außen. Aber dass der sich den Start von seinem Jungen anders vorgestellt hat, kannst du dir denken. Ist dir aufgefallen, dass sich Arno neue Krawatten gekauft hat, will wahrscheinlich vor Oliver nicht so schlecht dastehen ..."

Kurt Strickert: „Ich möchte nicht in seiner Haut stecken, kündigt erst den Sohn großkotzig an in einer Betriebsversammlung und muss dann einen kläglichen Rückzieher machen? Arno Seibold? Das passt nicht zu diesem Mann, das wird der um alles in der Welt zu verhindern versuchen!"

Peter Danzig: „Aber was will er denn machen? Oliver erziehen? Nochmals auf die Schulbank schicken? Das, was Junior fehlt, kann man nicht lernen.

Kurt Strickert: „Wobei man ja zu seiner Entlastung sagen muss, dass er die strategische Situation wirklich treffend analysiert hat und sich offensichtlich voll reinhängt, genau an dem Punkt was zu drehen, woran wir immer gescheitert sind."

Peter Danzig: „Auf dem Papier wird er daran vielleicht was drehen, Kurt, aber er setzt das in unserem konservativen Unternehmen niemals durch. Glaubst du, Arno lässt zu, dass wir einfach in den blauen Dunst hinein Millionen in die Produktentwicklung eines innovativen Kunststoffteils stecken, nur um irgendwann zu merken, dass wir das selbst gar nicht fertigen, geschweige denn vermarkten können? Ich sag dir eins, Oliver traut sich nur nicht, sich in unser Metier wirklich einzuarbeiten, der weiß genau, dass er Jahre brauchen wird, bis er mir oder Arno oder dem F&E-Müller hier das Wasser reichen kann. Deshalb, nur deshalb flüchtet er sich in einen neuen Markt, da versteht dann keiner von uns was und er ist auf der gleichen Ebene wie wir alle. Den ganzen strategischen Mist nehme ich dem nicht ab. Und das ganze Unternehmen muss seine Defizite büßen ..."

Kurt Strickert: „O.K., nehmen wir mal an, du hast Recht und Oliver schafft es nicht beziehungsweise Arno reißt der Geduldsfaden. Was passiert dann? Oliver wird bei seiner Ausbildung wohl nicht zurück ins Glied gehen, der wird das elterliche Unternehmen mit fliegenden Fahnen verlassen und in seine alte Heimat der Konzerne zurückgehen."

Peter Danzig: „Hm ... Ja ... ich denke, so würde er handeln."

Kurt Strickert: „Und Arno steht alleine da, ohne Nachfolger, mit riesigem Gesichtsverlust im gesamten Unternehmen. Das wäre dem so extrem peinlich ..."

Peter Danzig: „... dass auch er hinwerfen würde. Glaub mir, das überwindet der nicht. Ich bin fest überzeugt, wenn Oliver geht und er mit seiner ganzen Nachfolgerstrategie Schiffbruch erleidet, wird Arno so verletzt und frustriert sein, dass er das Unternehmen zu verkaufen versucht."

Kurt Strickert: „Aber wer sollte dieses nicht gerade ertragsreiche Unternehmen kaufen wollen?"

Peter Danzig: „Ach, ich wüsste da schon einige Wettbewerber, die sich unseren Marktzugang zu BMW, Audi und Daimler kaufen wollten. Ist nur die Frage, ob die liquide sind. Die haben alle im Augenblick unter den beschissenen Preisen und der schlechten Konjunktur zu leiden."

Kurt Strickert: „Arno Seibold verkauft sein Unternehmen??? Ich kann mir das echt nicht vorstellen, das ist doch ... undenkbar."

Peter Danzig: „Eins steht aber fest, Arno wird nicht einfach business as usual machen, wenn er Oliver absetzen muss, da stimmst du mir doch wohl zu?"

Kurt Strickert: „... Hm, wohl schon ..."

Peter Danzig: „Was gibt's dann noch für Möglichkeiten?"

Kurt Strickert: „Arnos Tochter ..."

Peter Danzig: „Hat aus weiser Voraussicht schon früh die Flucht angetreten und, soweit ich weiß, einen Zahnarzt geheiratet. Die hat überhaupt keine Ausbildung in unserer Richtung."

Kurt Strickert: „Es gäbe noch die Möglichkeit eines ‚Management Buyout' an die Mitarbeiter."

Peter Danzig: „Hast du eine Ahnung davon, wie so was geht?"

Kurt Strickert: „Nicht viel, man muss eine neue Firmenkonstruktion basteln, bei der alle oder ein Teil der Mitarbeiter die Firmenanteile kauft, das vorhandene Management führt dann das Unternehmen weiter ... wenn es gelingt. Es geht auch oft schief."

Peter Danzig: „Das vorhandene Management ... das wären doch ... wir!"

Kurt Strickert: „Genau, aber ich weiß nicht, ob ich in meinem Alter noch Lust auf so was hätte, und Kapital zum Investieren habe ich auch keines. Bin froh, gerade mal mein Haus abgezahlt zu haben."

Peter Danzig: „Aber das sind doch im Augenblick alles Luftschlösser. Wir müssen uns erst mal klar werden, wie wir mit der Situation umgehen, dass sich Oliver täglich mehr Feinde im Unternehmen macht. Unterstützen wir ihn oder distanzieren wir uns? Oliver merkt gar nicht, was sich da alles zusammenbraut. Hast du gehört, wie der BR Stimmung im Unternehmen gegen das ganze Strategieprojekt macht?"

Kurt Strickert: „Klar, der Brenner erkennt genau, dass das eine ideale Chance für ihn ist, sich endlich mal zu profilieren. Überall im Betrieb wird gemunkelt, wir hätten bereits fertige Pläne für die Einstellung oder Verlagerung unserer Fertigung, bin sicher, der BR zündelt da kräftig dran."

Peter Danzig: „Woher willst du wissen, dass an dem Gerücht nicht etwas dran ist? Ich traue Oliver da nicht über den Weg. Der würde mit einem Fingerschnipps beschließen, die Fertigung dicht zu machen oder in den Osten zu verlagern, wenn er sich davon bessere Kennzahlen verspricht."

Kurt Strickert: „Da hast du sicher Recht, aber mach dir nichts vor, das kann schneller kommen, als wir wollen, auch ohne Olivers Zutun. Hab dir ja schon vor zwei Wochen gesagt, wie schlecht sich die Zahlen entwickeln. Wir sind im Augenblick so was von erpressbar, habe große Sorge, dass Audi bei dem Treffen nächste Woche genau in diese Wunde hineinfassen wird."

Peter Danzig: „Das will ich nicht hoffen, ich denke, die wollen uns nur wegen der Armatureneinfassung ins Kreuzverhör nehmen. Mertens will uns aber unterstützen, die sind der Meinung, dass die Qualität voll O. K. ist. Aber Audi hat uns irgendwie auf dem Kieker, der Einkaufsleiter, dieser Messmer, ist ein ganz scharfer Hund. Dass der Unterlieferant vom Systemhersteller selbst in Ingolstadt antanzen muss, ist bisher völlig unüblich gewesen, die wollen den vollen Durchgriff und Mertens hat offensichtlich keine Chance, was dagegen zu machen."

Kurt Strickert: „Trotzdem bin auch ich nicht sicher, ob wir aus den roten Zahlen ohne schmerzhafte Veränderung kommen. Zumal, wenn Audi die minus 20 Prozent wahr macht. Dann gnade uns Gott."

Peter Danzig: „Da hoffe ich ganz auf Arno, der ist in so einer Sache wirklich gerissen, der muss nächste Woche wieder fit werden, möchte auf keinen Fall mit unserem Greenhorn nach Ingolstadt fahren, das wäre die Katastrophe."

Kurt Strickert: „Die Unterstützung seiner eigenen Arbeitsgruppe hat er ja auch schon verloren, der Blödmann. Buchner hat mir brühwarm erzählt, wie beschissen die Stimmung in der Gruppe nach diesem komischen „Think Tank" war. Sogar Müller hat sich inzwischen scheinbar von Oliver distanziert …"

Peter Danzig: „Das hab ich auch läuten hören, das wäre unglaublich. Der hat sich doch so an den drangehängt …"

Kurt Strickert: „Müller ist ein raffinierter Bursche, wenn der merkt, dass Oliver ein ‚Auslaufmodell' ist, lässt der ihn fallen wie eine heiße Kartoffel."

Peter Danzig: „Stimmt, so schätze ich den auch ein. Aber nun, wie verhalten wir uns in Sachen Oliver?"

Kurt Strickert: „Wenn wir Müller noch auf unsere Seite bekämen."

Peter Danzig: „Du spinnst wohl, Müller auf unserer Seite, dass ich nicht lache! Der wird immer sein eigenes Süppchen kochen."

Kurt Strickert: „Komm, komm, du hast dich da viel zu emotional reingehängt, Peter. Ich versteh ja, dass das für dich eine bescheuerte Situation war, als Arno dir so aus dem Nichts heraus den Bereich weggenommen hat. Aber Müller ist ein guter Mann, das sehen alle im Betrieb so. Und stell dir vor, der wechselt tatsächlich die Fronten, dann wären wir zu dritt … Ruhleder kannst du sowieso vergessen. Aber wir drei könnten dann zum Beispiel gemeinsam zu Arno gehen …"

Peter Danzig: „Um ihm zu sagen, wir wollen nicht mehr mit Oliver zusammenarbeiten? Du hast wohl eine Meise, Kurt. Was glaubst du, was Arno mit uns macht …"

Kurt Strickert: „So plump natürlich nicht, Peter. Aber stell dir vor, er erkennt, dass alle wichtigen Bereichsleiter gegen seinen Sohn sind, wie wird Arno reagieren?"

Peter Danzig (lachend): „Er feuert die Bereichsleiter."

Kurt Strickert: „Mal im Ernst: Der ist auf uns angewiesen. Wenn er Oliver rausnimmt, noch mehr denn je. Und Oliver kann uns nicht erset-

zen oder feuern, so, wie der intern dasteht. Wir sind mächtiger denn
je, Peter. Glaub mir."

Peter Danzig: „Aber nochmals ernsthaft, eine Revolution der Bereichsleiter? Gemeinsame Sache mit Müller? Ich kann mir das nicht vorstellen."

Kurt Strickert: „Mal sacken lassen, mal sehen, wie Oliver durch diese
Woche kommt, mal schauen, was seine Strategie macht, wir kommen
vielleicht schneller an diesen Punkt, wie wir glauben."

Private Folder Oliver Seibold
Freitag, 2. April 2004, 18.00 Uhr

Bin völlig fertig. Ich schaffe es einfach nicht, in dieser verrückten Firma
den richtigen Weg zu finden, sieht im Augenblick so aus, als ob sich alles
gegen mich verschworen hat. Jedenfalls habe ich das Gefühl, völlig isoliert zu sein. Die Dinslage macht seit meiner Aufforderung zum Gehen
auf „Krank", aber die vermisse ich wirklich nicht. Doch wer steht denn
wirklich auf *meiner* Seite? Strickert ... sicher nicht, der schleimt sich
nach wie vor bei Dad ein, Danzig ... schon gar nicht, der will nur möglichst viel Freiraum in seiner Fertigung. Müller? ... Der war aus meiner
Sicht bis jetzt eine klare Unterstützung für meine Position, hat mir aber
heute im Meeting der Strategiegruppe vor allen Teilnehmern quasi die
Gefolgschaft verweigert. Das war echt heftig. Ich wollte nur wissen, von
wem die Informationen in den Betrieb geflossen sind. Doch anstatt eines
Schuldanerkenntnisses bekam ich plötzlich von allen Vorwürfe, mein
Führungsstil würde eine gute Zusammenarbeit nicht mehr möglich machen. Die drei Bedenkenträger hatten sich wohl trotz des super gelaufenen Think Tank total über mich geärgert und beschlossen, gemeinsam
aus dem Kreis auszutreten. Aus deren Sicht nehme ich sie überhaupt
nicht für voll und ihre Inputs werden nicht anerkannt. Schlimmerweise
unterstützte in der dann sehr emotionalen Debatte auch Müller die Kritik an meinem Stil. Er meinte, ich hätte alles schon vorgedacht und der
ganze Arbeitskreis sei ein „demokratisches Feigenblatt", an dem er sich
nicht mehr beteiligen wolle. Ich könne ja meine strategischen Ziele auch
direkt im Geschäftsleitungskreis einsteuern, das sei dann wenigstens klar
und gradlinig. Als ich sah, wie geschlossen die Front gegen mich war,
brach ich das Meeting ab und erklärte den Arbeitskreis für aufgelöst. Als
kleines begütigendes Zeichen versprach ich allen Mitgliedern, ihnen

112

mein Strategiepapier – wenn es einmal fertig gestellt ist – nach Freigabe durch GF und Bereichsleiter zur Verfügung zu stellen. Trotzdem ging der Kreis in eisiger Stimmung auseinander und ich saß ziemlich geplättet da. Irgendwas verstehe ich da nicht. Hatte *ich* vielleicht den Vertrauensbruch begangen? War *ich* der Dauerbedenkenträger? Die laden alle ihren Frust an der beschissenen Unternehmenssituation auf mir ab. Verdammt, ich habe versucht, in diesem Kreis ein wenig neuen Wind zu schaffen, aber das ist voll gescheitert. Jetzt stehe ich alleine da und die Auflösung des Kreises wird sicher wieder genüsslich im Unternehmen kolportiert, so, wie ich auch schon wieder vom Gerücht gehört habe, ich wäre nicht einmal in der Lage gewesen, am Montag die Routinefertigungssitzung zu leiten. Immer schön die Wahrheit verdrehen, Müller und Danzig waren nicht in der Lage, sich auf eine Agenda zu einigen und ich hatte keine Lust, Kindermädchen zu spielen, das ist die Wahrheit.

Im Rausgehen aus dem Sitzungszimmer nahm mich dann Müller noch jovial zur Seite und bot sich als Ratgeber an. Er meinte, ich sei aus seiner Sicht fachlich absolut exzellent, würde aber durch permanente Führungsfehler reihenweise die Menschen verlieren. Er war immerhin so ehrlich, zuzugeben, dass die Lage inzwischen so eskaliere, dass auch er mich nicht mehr unterstützen könne, auch wenn sich an seinen Sympathien für mich „grundsätzlich" nichts geändert hätte. Dieses Statement hat mich vollends platt gemacht. Saß danach grübelnd im Büro, hätte am liebsten alles hingeschmissen.

E-Mail-Protokoll

```
02.04.2004, 23.00 Uhr
Absender: Oliver.Seibold@t-online.de
Empfänger: Mike.Köhler@rsm-media.de
Anlagen:

Hi Mike, ich stecke in verdammten Schwierigkeiten. Mein Vater
ist krank und ich treffe im Unternehmen auf nicht geahnte
Widerstände. Brauche deinen Rat. Ist Treffen morgen oder
Sonntag möglich? Frankfurt oder Würzburg — ist mir völlig
egal ...
    Grüße aus der Provinz
    Oli
```

Die Krankheit

Arno Seibold, der dynamische, sportliche Unternehmer, war zum ersten Mal seit Jahren krank, er hatte hohes Fieber, Kreislaufschwäche und entsetzliche Schmerzen beim Atmen. Doch das Schlimmste war, dass er vom Arzt strengste Bettruhe verordnet bekommen hatte. Und das, wo er untätiges Herumliegen im Bett immer schon gehasst und die Stunden im Bett sein Leben lang auf das notwendigste Minimum reduziert hatte. Als dann noch die unerquicklichen Berichte aus dem Unternehmen bei ihm einliefen, gegen die er in seiner Lage nichts, aber auch gar nichts unternehmen konnte, beschloss er, richtig krank zu sein. Seine Frau musste Spezialessen kochen, Medikamente kaufen etc. ... schlicht: Arno Seibold inszenierte seine Krankheit. Aus der Grippe, so konstatierte der erst spät hinzugezogene Arzt, war eine schwere Bronchitis geworden, der Arzt empfahl der Ehefrau, alles Belastende von ihm zu nehmen. Das Handy, mit dem Arno Seibold auch vom Krankenbett aus viel telefonierte, wurde entfernt, seine Frau Hanne wachte nun auch über die hereinkommenden Störungen und schirmte ihren Mann so gut wie möglich ab. Das Thema Oliver war allerdings allgegenwärtig, jedes Gespräch am Krankenbett nahm irgendwann die Wendung in diese Richtung, jede Ablenkung scheiterte früher oder später, weil Arno Seibold unterbewusst spürte, dass Gefahr im Verzug war. Doch den direkten Kontakt zu Oliver mied Arno Seibold, solange er sich noch so schwach fühlte, und Oliver selbst hatte ihn bis jetzt noch nicht besucht, was den Alten zusätzlich verstimmte. Doch ein anderer Besuch kündigte sich überraschend an, Ilse stand Sonntagnachmittag plötzlich an der Tür, von Hanne mit größtmöglicher Distanz begrüßt, denn das dramatische Telefongespräch stand wie eine Wand zwischen den beiden Frauen. Ilse bemühte sich so schnell wie möglich von Hanne weg zu ihrem Bruder ans Krankenbett und war dankbar, dass sich Hanne feinfühlig zurückzog und die beiden alleine ließ. Ilse erschrak, als sie ihren Bruder sah, er wirkte um Jahre gealtert, total angegriffen von der Krankheit und – wie sie bald erkannte – von seiner Seelenqual um den Sohn. Dass Ilse trotz des Zerwürfnisses mit Hanne zu einem Krankenbesuch gekommen war, lag daran, dass auch sie in Sachen Oliver einfach keine Ruhe fand. Sie konnte auch nach dem Telefonstreit mit der Schwägerin die Sache nicht ablegen, wie sie es sich eigentlich vorgenommen hatte, sondern musste ständig darüber nachdenken, wie sie die befürchtete Katastrophe verhindern konnte. *Als Arno dann, gerührt von der Wärme und Freundlichkeit seiner Schwester und zu sehr geschwächt, um diplomatische Spielchen zu spielen, offen über das sprach, was im Unternehmen los war, fühlte sich Ilse natürlich in ihren Befürchtungen bestätigt. Sie versuchte durch geschickte Fragen herauszufinden, wie weit ihr Bruder in seinem Denkprozess schon war, aber Arno versuchte immer noch, Olivers Probleme als „Anfangsschwierigkeiten" und „Missverständnisse" zu entschuldigen. Ilse hatte eine vage Idee, wie man Vater und Sohn aus ihrer Sackgasse helfen konnte, wusste aber, dass sie in diesem Zustand mit Arno nicht weiterkam, also deponierte sie nur die Botschaft, sie habe sich über Oliver und ihn einige Gedanken gemacht, die vielleicht für die nächsten Wochen wichtig sein könnten. Wenn er Interesse hätte und wieder bei Kräften sei, könne er sie ja anrufen. Arno versuchte erst gar nicht, das Thema aufzupacken und quittierte das Angebot seiner Schwester mit leichtem Nicken und einem begütigenden Drücken ihrer Hand. Ja, dachte Ilse auf dem Nachhauseweg, Arno geht es wirklich schlecht. Aber, so hoffte sie, vielleicht war die Krankheit ja auch ein seelischer Säuberungsprozess, dann hätte das Leiden des Bruders ja seinen Sinn.*

Private Folder Oliver Seibold
Sonntag, 4. April 2004, 23.00 Uhr

Komme soeben aus Frankfurt zurück, Mike hat sich netterweise Zeit genommen und ich hab ihm die ganze Dramatik der Lage geschildert. Er stellte die Frage, die ich die ganze Zeit verdränge: „Hast du in dem Unternehmen und in der jetzigen Situation überhaupt eine Chance, erfolgreich zu sein?" Ich konnte ihm logischerweise kein deutliches „Ja" geben, bin in der Aufarbeitung meiner Situation im Gegenteil moralisch voll abgestürzt. Mike hat wohl schon lange keinen weinenden Freund mehr neben sich sitzen gehabt, aber er hat's gut genommen, mich hat es einfach überwältigt, als ich alle Probleme ausgepackt habe. Es ist so viel, was nicht passt! Auch wenn mich Mike wirklich gut versucht aufzurichten … ich fühle mich total allein. Werde morgen den Gang zu Dad ans Krankenbett antreten, um mit ihm über die Situation zu reden, hatte heute Abend beim Zurückfahren aus FFM noch kurz mit ihm telefoniert, der klingt total fertig, hat für eine weitere Woche strengste Bettruhe und spürt trotzdem, dass es mit mir bei SP nicht gut läuft. Dad meint allerdings immer noch, das wären nur Anlaufschwierigkeiten. Spätestens nach dem langen Reflexionsprozess mit Mike ist mir klar: Ich bin bei SP jetzt schon, nach wenigen Monaten, total isoliert – obwohl ich noch nicht einmal schmerzhafte Unternehmensveränderungen eingeleitet habe. Mike sagte mir, er würde unter solchen Bedingungen nicht weitermachen. Aber ich fühle mich Dad gegenüber im Wort und will gerade jetzt in seiner Abwesenheit beweisen, dass ich nicht nur die Lage im Griff behalte, sondern auch neue Akzente setze. Das ist bisher total in die Hose gegangen. Wenn Dad erst einmal alle Infos aus dem Unternehmen bekommt und realisiert, wie negativ mein Image ist, wird er ausflippen. Und wenn ich auf der anderen Seite dann überlege, was alles ganz schnell passieren muss, um dieses Unternehmen zu stabilisieren, dass außer mir niemand da ist, der das tun kann und will (auch Dad nicht, da bin ich ziemlich sicher), und wie wenig Hausmacht ich habe, dann kann ich nur verzweifeln. Wenn ich ehrlich bin, spüre ich richtig Angst vor nächster Woche.

Alles im Griff auf dem sinkenden Schiff

Der Montag dieser denkwürdigen vorösterlichen Woche begann für Oliver Seibold mit dem lange schon überfälligen Besuch bei seinem Vater. Der Junior hatte die ganze Nacht nicht geschlafen, gequält von zu vielen Cocktails und unlösbaren Fragen um seine berufliche Zukunft. Von der Mutter überschwänglich begrüßt und in den Arm genommen, wurde Oliver gleich weitergereicht zum Vater, der sich für den Besuch extra angezogen hatte und wacklige Schritte vom Schlafzimmer ins Wohnzimmer machte, wo schon ein Frühstück mit herrlich duftendem Kaffee gerichtet war. Arno Seibold hatte immer noch ziemlich hohes Fieber und eine schwere Bronchitis, so dass an ein Verlassen des Hauses nicht zu denken war. Die Kaffeetasse in der leicht zitternden Hand konfrontierte der Vater den Sohn mit der Sorge, Oliver habe wohl im Augenblick ganz schön zu kämpfen bei Seibold Plastics ... Dem konnte der Sohn nur zustimmen und brachte einen deutlich abgeschwächten Zustandsbericht seiner Situation – er wollte den Vater ja nicht zu stark beunruhigen und ihm in seiner Lage ein möglichst gutes Gefühl geben. Dieser hatte aber durch diverse Telefongespräche, die er listig an seiner Frau vorbei während ihrer Einkaufsabwesenheit geführt hatte, bereits einen kleinen Einblick in die aktuellen Probleme bekommen. Oliver nahm seine ganze Kraft und schauspielerische Fähigkeit zusammen, um trotz seines schlechten Zustands und seiner inzwischen dramatisch gewachsenen eigenen Zweifel ein gutes Bild beim Vater abzugeben. Er versprach, die Strategiearbeit alleine voranzutreiben, ein Klärungsgespräch mit dem BR-Vorsitzenden zu führen und gemeinsam mit den Bereichsleitern einen Maßnahmenplan für Kostensenkungen zu erarbeiten. Kein Wort von seinen Ängsten, seiner Isolation, seinen Fluchtgedanken. Auch den klar auf der Hand liegenden Konflikten und Meinungsunterschieden gingen Vater und Sohn an diesem Tag geflissentlich aus dem Weg. Einzig das Thema „Dinslage" führte am Ende des Treffens dann doch noch zum Krach. Arno wollte die Sekretärin unbedingt halten, Oliver bestand darauf, nicht mehr mit ihr weiterzuarbeiten, so dass aus seiner Sicht keine andere Alternative in Frage kam, als aus dem neu gebauten Büro neben dem Vater auszuziehen. Das verbitterte den Vater sehr, denn er hatte sich im Vorfeld mit dem Umbau des gesamten GF-Trakts für Oliver so viel Mühe gegeben ... und nun sollte alles umsonst gewesen sein. Alle kleinen und großen Beispiele des Fehlverhaltens von Karin Dinslage, die Oliver zur Unterstützung seiner Position vorbrachte, konnten den Vater nicht überzeugen, im Gegenteil wurde er immer wütender über die „Ignoranz" seines Sohns und würgte die immer emotionaler werdende Debatte irgendwann ab, indem er Oliver klar und deutlich sagte, ein Bürowechsel käme keinesfalls in Frage und er würde von ihm erwarten, dass er sein Verhältnis zu Karin Dinslage sofort in Ordnung brachte. Oliver versuchte nochmals zu intervenieren, wurde vom Vater aber mit einer unwirschen Handbewegung endgültig gestoppt. Da war im Augenblick für den Junior nichts zu machen, die Schmach, dass im Unternehmen auch noch genüsslich herumgereicht wurde, dass sein Sohn schon nach wenigen Wochen aus dem neu gebauten Büro wieder auszog, wollte Arno Seibold nicht hinnehmen. Sollte Oliver doch auch einmal über seinen Schatten springen, so, wie er es selbst in seinem Berufsleben schon so oft hatte tun müssen.

Private Folder Oliver Seibold
Dienstag, 6. April 2004, 20.00 Uhr

Die Schwierigkeiten sind nicht kleiner geworden. Karin Dinslage ist wieder zurück seit Montag, hat mich keines Blickes gewürdigt, keinerlei Kommentar zu ihrer Abwesenheit gegeben, hat einfach wieder angefangen, zu arbeiten. Menschlich läuft zwischen uns beiden nichts mehr, wir versuchen, auf der Sachebene die wichtigsten Dinge in Abwesenheit von Dad durchzuziehen, aber das ist kein Zustand. Habe noch keine Ahnung, wie ich mit ihr klarkommen soll, Dad will mich ja nicht ausziehen lassen und die Vorstellung, in dieser vergifteten Atmosphäre, permanent kritisch bewacht von dem Drachen im Vorzimmer noch Monate arbeiten zu müssen, deprimiert mich total. Vielleicht sollte ich einfach den Aufstand wagen und ausziehen – Dad würde sich nach erstem Tobsuchtsanfall irgendwann schon wieder beruhigen ... Muss das noch überlegen.

Das Fertigungsmeeting am gestrigen Montag habe ich ja zum Glück durch den Krankenbesuch von Dad versäumt, hätte auch Mühe gehabt, nach der Vorgeschichte die richtige Rolle für mich zu finden. Dem Gespräch mit dem BR weiche ich noch aus, stattdessen arbeite ich mit Hochdruck an neuen Präsentationscharts für das morgige Audi-Meeting. Möchte denen etwas neuen Management-Stil präsentieren und damit Punkte sammeln, wenn ich schon technisch nichts drauf habe. Wird vermutlich eine lange Nacht, aber ich schlafe sowieso nur noch wenige Stunden, das sorgt mich auch.

Habe heute lange mit Strickert gesprochen, der denkt nur von jetzt auf morgen. Nicht die drängenden Ertragsprobleme belasten den Finanzchef, sondern das Liquiditätsloch, in das wir hineinlaufen. Im Augenblick trägt bei SP die Formel:

Zu hohe Kosten + schlechte Zahlungsmoral der Kunden + keine Umsätze von Neukunden + weniger Teileabrufe der Großkunden + hohe Halbfertigerzeugnisse durch Fertigungsprobleme = Liquiditätsproblem.

Doch die Lösung ist ja wohl kaum, bei der Bank über neue Kontokorrentkredite zu verhandeln. Das genau erwartet Strickert aber von der GF. Wenn ich mit ihm über die wirklichen großen Lösungsmodelle reden will, ist ihm alles zu radikal. Mitarbeiter entlassen, Fertigung auslagern,

Make-or-Buy-Überlegungen, neue Unternehmensstrategie, es hat keinen Sinn. Er ist nicht mein Gesprächspartner für solche Gedanken. Ich mag auch seine Buchhaltermentalität nicht! Das Einzige, worauf wir uns verständigen können, ist der Ausbau des Controllings. Etwas dünn in dieser Situation. Den Blick aufs Problem schärfen, die Ursachen dagegen negieren.

Mit der Strategiearbeit komme ich überhaupt nicht voran – Frust total. Nachdem die Arbeitsgruppe nun aufgelöst ist, könnte ich eigentlich völlig eigenständig verfahren. Aber durch die Krankheitsvertretung von Dad, durch das ganze emotionale Labyrinth, in dem ich mich gefangen fühle, bin ich weder zeitlich noch mental frei, die große Zukunftslinie für SP zu entwerfen. Alles liegt auf Eis, ich müsste Marktstudien anfordern, Wettbewerbsanalysen machen, Web Research initiieren, mit Maschinenherstellern kontakten ... alles allein. Mir hat zwar auch vorher bis auf Müller keiner geholfen, aber irgendwie ist das Thema „Neue Unternehmensstrategie" nun zu meiner Privatsache geworden. Eigentlich müsste ich Consultants dafür einsetzen, wage aber nicht, Dad nach einem Etat dafür zu fragen, die Antwort kenne ich jetzt schon. Dad erwartet ja von *mir* eine Leistung, wenn ich das auch noch delegiere ... Auch in dieser Sache im Augenblick: Ratlosigkeit.

Bericht Arno Seibold
Mittwoch, 7. April 2003, spätabends

War den ganzen Tag in Ingolstadt. Audi!! Bin völlig ausgepumpt und deprimiert. Liege nach Arztbesuch wieder im Bett, geschüttelt von neuem Fieberschub. Von Mertens im Stich gelassen, von Audi mit Teileverlust und Preisreduzierung bestraft und vom eigenen Sohn massiv enttäuscht – das ist zu viel für mich, krank, wie ich eh schon bin. Habe mich nach langen quälenden Gedanken doch durchgerungen, die Sache bei Audi selbst in die Hand zu nehmen. Wollte Oliver in seiner schwierigen Phase eine weitere Negativerfahrung ersparen. Schluckte die stärkste Hammermedizin am Abend, um das Fieber zu drücken, fühlte mich trotzdem heute Morgen total kraftlos. Aber für einen Tag, dachte ich, lässt sich so was ja wohl durchstehen. Also aufgestanden, nochmals Medizin eingeworfen und noch als „Wegzehrung" eingepackt und dann in die Firma gefahren. Dort stand bereits Oliver mit Danzig und Müller in den Startlöchern, ich wusste ja, wann sie losfahren wollten. Alle schauten mich an wie eine Fata Morgana. Bei Danzig spürte ich deutliches Unbehagen über meinen überraschenden Auftritt, der hatte Schiss wegen dem Qualitätsproblem, das ja scheinbar keines ist. Müller war eher erfreut und Oliver ... war völlig neben der Rolle, außer sich, empört, dass ich ihm das nicht angekündigt hatte. Der hat das irgendwie in den völlig falschen Hals bekommen, hat wohl an irgendwelchen Computerbildern die ganze Nacht gebastelt, die er heute in Ingolstadt zeigen wollte, als ob die sich durch so was beeindrucken lassen. Von daher war es gut, dass ich trotz Krankheit die Dinge in die Hand nahm. Ich stellte Oliver frei, mitzukommen oder nicht, er sagte beleidigt ab und ließ mich stehen. Auf der Fahrt ließ ich mich ausnahmsweise von Müller chauffieren, was Danzig gar nicht glauben konnte, weil er das noch nie erlebt hatte und daraus auf meinen Gesundheitszustand schloss. Schnell kam das Gespräch natürlich auf den Junior zu sprechen. Müller meinte durch die Blume, ich sei heute Morgen nicht gerade sensibel mit ihm umgegangen, Danzig zeigte sich nur erfreut und dankbar, dass wir gerade bei diesem schwierigen Meeting unseren „besten Verhandler" dabei hätten. Ich dachte die ganze Rückfahrt darüber nach, was mit Oliver eigentlich los ist. Dass ich selbst die Sache in die Hand nahm, kann er mir ja eigentlich nicht übel nehmen, es ist nicht *sein* Kunde und es war von Anfang an klar, dass ich, wenn es überhaupt geht, die Verhandlung führe. Warum reagiert er auf alles so extrem sensibel? Warum meint er, mit unsinnigen Computerbildchen, deren Inhalt zudem mit niemand abgestimmt war, glänzen zu müssen? Danzig und Müller mussten auf mein Nachbohren zugeben, dass Oliver im Unternehmen extrem kritisch gesehen wird. Langsam beginne ich zu überlegen, was mit dem Jungen eigentlich los ist. Doch das war leider nicht die einzige „Katastrophe" des Tages. Bei Audi erwartete uns im Foyer bereits einer der Technik-Vorstände von unserem direkten Auftraggeber, dem Systemhersteller Mertens, was sehr ungewöhnlich war. Es ergab sich ein kurzes Vorgespräch, bei dem sich dieser Lackaffe plötzlich entgegen allen bisherigen Statements von unserer Qualität distanzierte. Vermutlich hat der gemerkt, wie deutlich die Fronten bei Audi gegen uns sind, und sich entschlossen, uns als „Bauernopfer" fallen zu lassen. Da waren die „Super-Beziehungen" zu Mertens, von denen Danzig immer prahlte, plötzlich nicht mehr vorhanden! Auf der Rückfahrt war Danzig dann völlig ausgerastet über das Verhalten des Mertens-Manns („Das zahle ich dem Schwein irgendwann zurück"). Na ja, für das Meeting waren die Fronten dann klar, SP gegen den Rest der Welt. Der Einkaufsleiter von Audi kam zusammen mit einem Qualitätsfuzzi aus der Fertigung, beide zerlegten uns in nur 15 Minuten. Sie brachten Beweise mit, die stichhaltig erschienen und unsere scheinbar im Haus wieder und wieder geprüften Toleranzen ad absurdum führten. Ich stand da wie ein Idiot, Danzig saß mit hochrotem Kopf in der Runde und Müller faselte was von Normabweichungen und unterschiedlichen Messmethoden. Tatsache ist: Audi zwingt Mertens, uns mit sofortiger Wirkung das Teil zu entziehen, das Werkzeug wird eingezogen, es gehört sowieso Mertens, und wir sind einen Auftrag von circa zwei Millionen Euro für dieses Jahr los. Ich habe gekämpft wie ein Löwe, aber da war nichts zu machen und Danzig/Müller konnten leider keinerlei Trümpfe auf den Tisch legen. Hätte gute Lust, beide auf der Stelle zu entlassen, die haben mich über den wirklichen Ernst der Lage systematisch im Unklaren gelassen. Aber das muss ich in Ruhe überdenken. Was viel schlimmer ist: Nachdem der Einkaufsleiter schon mal die grausame Tour mit uns gestartet hatte, nutzte der die miese Stimmung, um gleich nochmals mit der Preisreduktionsforderung nachzulegen. Nachdem wir eines unserer Schlüsselteile mit extrem hoher Wertschöpfung sowieso verloren hatten, kleidete er die Sache in eine motivierende Form. Jovial gab er zu verstehen, dass Mertens durchaus Chancen für interessante Neuprojekte hätte, dies allerdings nur, wenn es gelingt, die Kosten des Gesamtsystems um 20 Prozent zu senken. Der Mertens-Vorstand nahm die Forderung kühl zur Kenntnis, der weiß natürlich schon länger, dass Audi diese Strategie fahren will, und wird den Druck an seine Teilelieferanten weitergeben. Wer nicht mitmacht, fliegt raus, in der Warteschlange stehen genug „hungrige" Spritzgießer, die nur darauf warten, für Audi fertigen zu dürfen. So einfach läuft das Spiel. Ich hatte mit meinen Argumenten in dieser Situation keine Chance, fühlte mich total in die Enge getrieben, sah keinen Ausweg mehr. Mir gingen tausend Konsequenzen durch den Kopf, unsere jetzt schon schlechten Zahlen, die Konsequenzen des Auftragsverlusts, die drohende Verlagerung der Fertigung weg von Würzburg, der Verlust der Arbeitsplätze, die Schwierigkeiten mit Oliver ... Irgendwie muss ich dann zusammengeklappt sein, ich kam auf einer Liege wieder zu mir, sorgenvoll von Danzig, Müller und einem Werksarzt im weißen Kittel betrachtet. Was für eine Blamage, der dynamische Erfolgsunternehmer erleidet Schwächeanfall bei Audi. Wie ich mich dafür hasse und diese fiesen Typen bei Audi und Mertens. Natürlich war es nichts Schlimmes, nur ein kleiner

Kreislaufkollaps durch zu viel Medikamente, Stress und wieder angestiegenes Fieber. Ich hätte nie aufstehen dürfen, schon gar nicht zu einem schwierigen Meeting fahren, meinte heute Abend mein Hausarzt und machte mir große Vorwürfe. Der tut sich leicht, hätte ich Oliver fahren lassen, würde diese Blamage nun an seinem Kittel kleben, so bin ich der Buhmann. Ich will nur noch schlafen ...

Besuch in Nürnberg

Mit allem hatte Ilse Wagner am Ende dieses hektischen Tages bei Amnesty International gerechnet, nur nicht mit einem Besuch ihres Neffen. Als die 58-Jährige müde und schwer mit Lebensmitteleinkäufen bepackt auf ihre Mietwohnung im Nürnberger Westend zuschlenderte, traute sie ihren Augen nicht: Auf der Eingangstreppe saß Oliver, den Kopf in die Hände gestützt. Noch schmaler wie sonst, dunkle Ringe um die Augen, fettige Haare, fahrige Handbewegungen, sie nahm ihn einfach in den Arm und merkte, wie er schon mit sich kämpfen musste, um nicht loszuweinen. Als klar war, dass Oliver über Nacht bleiben und erst am anderen Morgen zurück ins Büro fahren würde, stellte sich Ilse ganz auf ihren Besucher ein, kochte eine Kleinigkeit zu essen und ließ Oliver die Zeit, die er brauchte, bis er mit seinen Sorgen schließlich auspackte – natürlich nicht, ohne die Tante um strengstes Stillschweigen zu bitten. Das sagte schon vieles. Ilse hörte einfach nur zu, stellte Fragen, gab kurze Kommentare. Oliver genoss es sichtlich, endlich alles auf den Tisch legen zu dürfen, was ihn bedrückte. Einmal in Fahrt gekommen, redete er sich richtig in Rage. Ilse war entsetzt, wie sich die Probleme in der kurzen Zeit bei SP zugespitzt hatten. Arnos Krankheit war da nur ein letzter Auslöser, es kamen wohl viele Dinge zusammen und nicht alles hatte mit Oliver zu tun. Aber er sah sich im Zentrum des Bebens und fühlte sich von der Problemlast buchstäblich erdrückt. Das Schlimmste schien Ilse die Sprachlosigkeit zwischen Sohn und Vater. Beide versuchten in einem immer unsinniger werdenden Ritual, den vor Jahrzehnten schon beschlossenen Plan umzusetzen, koste es, was es wolle. Selbst hier bei Ilse, auf sicherem Terrain, suchte Oliver immer noch nach einem Weg, wie er es bei SP doch noch schaffen könnte, und weigerte sich lange, an eine andere Alternative überhaupt zu denken. Mosaikstein für Mosaikstein legte Oliver an diesem denkwürdigen Abend auf den Tisch, er war ja Analytiker und hatte keinerlei Mühe, seine Situation präzise zu schildern, nur in der Lösungsfindung war er völlig blockiert. Doch Lösungsfindung stand für Ilse gar nicht auf dem Programm – zu schwierig war ihre Rolle, auch sie stand auf vermintem Gelände. Sie war Schwester, Tante, Gesellschafterin – viele unterschiedliche Kontexte, viele völlig verschiedene Erwartungen an sie. Und Ilse war klar, wie gefährlich jede Art von Vermittlung oder Moderation zwischen Vater und Sohn werden würde. Hanne hatte sie durch ihre Intervention schon verloren, Ilse wollte den Kontakt zu Arno nicht auch noch verlieren. Also, was tun? Zuerst einmal Oliver ausweinen und aussprechen lassen! Oliver war einfach auf dem Sofa im Wohnzimmer eingeschlafen, als er seinen Schmerz ausgeleert hatte. Ilse war klar, dass etwas geschehen musste. Nun war die Zeit für ihren Plan doch schneller gekommen, als gedacht. Nur ein neutraler Coach konnte den beiden noch helfen, davon war sie überzeugt. Und der Zufall wollte, dass sie sogar einen Vertreter dieser ungewöhnlichen Zunft persönlich kennen gelernt hatte. Carsten Schaffner hieß er, kam aus München und hatte ein Selbstfindungsseminar auf Lanzarote geleitet, das ihr vor einigen Jahren in einer schwierigen Lebenssituation extrem viel gebracht hatte. Vor dem Einschlafen beschloss Ilse, den Coach am nächsten Tag gleich anzurufen. Bevor sie nicht mit ihm gesprochen hatte, wollte sie Oliver und erst recht ihrem Bruder aber noch nichts sagen. Alles musste jetzt ganz sorgfältig eingefädelt werden. Ihr war klar: Es gab nur einen Versuch!

Private Folder Oliver Seibold
Donnerstag, 8. April 2004, 20.00 Uhr

Mein Gott, bin ich mental abgestürzt gestern Abend bei Ilse. Irgendwie hatte die Spannung mal rausgemusst und die arme Ilse hat es erwischt. Habe sie gleich heute Nachmittag nochmals angerufen, um mich für mein Verhalten zu entschuldigen und ihr für ihr tolles Verständnis und ihre Fähigkeit zum Zuhören zu danken. Bin heute Morgen direkt von Nürnberg aus in die Firma gefahren, immer noch völlig überwältigt von der Problemlast, die sich inzwischen aufgetürmt hat. Eines ist mir gestern jedenfalls klar geworden: Ein „Weiter so, wie bisher" gibt es für mich nicht. Entweder gelingt mir hier bei SP ganz schnell ein Durchbruch oder das Undenkbare wird Realität und ich muss alles hinschmeißen. Mir graut vor dieser Konsequenz, denn ich verliere mit Sicherheit nicht nur die Stellung, auf die ich 15 Jahre hingearbeitet habe, sondern genauso wie seinerzeit Michaela mein Elternhaus. Dann stehe ich im Leben ganz alleine da, nichts auf der Hand als meine guten Abschlüsse. Das Erbe – verspielt, die Familie – zerstört. Wenn das keine Strafe ist!

Auf der anderen Seite tut Dad alles, um mir das Leben bei SP so schwer wie möglich zu machen. Mir ist bei Ilse klar geworden, dass ich zwar auf der Visitenkarte den Geschäftsführer stehen habe, in Wirklichkeit aber immer noch der Assistent ohne jede wirkliche Verantwortung bin. Oh, wie war ich am Mittwoch sauer auf ihn, als er mich einfach so weggeschoben hat – vor Danzig und Müller. Ich hätte ihn erwürgen können. Nicht, dass ich mich so nach der Fahrt zu Audi gesehnt hätte, aber ich hatte fast die ganze Nacht für die Charts drangehängt, über die Dad nur lachen konnte (er hat sie natürlich nicht einmal angeschaut!) und ich wollte unbedingt bei den BLs wieder Punkte sammeln. So ist das Gegenteil passiert und Dad hat mich zur Lachnummer gemacht. Fast würde ich sagen, es geschieht ihm recht, was bei Audi passiert ist, wenn es für das Unternehmen und die Zahlen nicht so gravierende Konsequenzen hätte. Jetzt stecken wir mit Seibold Plastics wirklich in einer ernsthaften Krise. Wir verlieren massiv Umsatz, uns laufen die Kosten weg, wir müssen die Fertigung umstrukturieren … an den Aufbau eines neuen Unternehmensbereichs ist in dieser Lage wohl gar nicht mehr zu denken. Alles kommt auf einmal zusammen. Dad ist krank, nach Aussage von Mom, hat er einen schweren Rückschlag bekommen und ist für Tage, vielleicht auch für Wochen ausgeschaltet. Und ich? Zweiter Geschäftsführer von Seibold Plastics in seiner größten Herausforderung …? Ich hänge durch, weil ich keine Chance mehr sehe für mich in diesem Unternehmen.

Nach dem katastrophalen Ausgang des gestrigen Meetings bei Audi hat Dad mit den BLs und mir absolutes Stillschweigen gegenüber den Mitarbeitern vereinbart. Das lässt sich aber nur noch wenige Tage halten, denn ab Montag nächster Woche werden wir die Produktion des betreffenden Audi-Teils einstellen, die Werkzeuge an Mertens liefern etc., etc. – dann merken alle, dass zumindest dieses Projekt beerdigt ist und wir ein riesiges Loch in der Auslastung haben. Wann wir dann das andere, große Thema der Umstrukturierung kommunizieren, steht noch aus. Denke, Müller, Danzig und auch Strickert halten sich an die Vereinbarung, habe mit allen heute ein kurzes Gespräch gehabt, die sind auch völlig geknickt, denken nach, was die Konsequenzen des Audi-Dramas sind. Danzig versucht sich noch in kosmetischen Korrekturen, hofft, seine Fertigung in Würzburg halten zu können. Müller ist schon weit darüber hinaus, denkt konkret über die Verlagerung nach Ungarn oder Tschechien nach. Und Strickert rechnet schon mal durch, wie sich der Umsatzverlust auf unser Betriebsergebnis und vor allem auf die Liquidität auswirken wird. Katastrophal, das weiß ich jetzt schon. Wir werden die Banken brauchen, ob die mitspielen, wird sich zeigen. Genau für den Goodwill der Banker bräuchten wir jetzt das Strategiekonzept, das ich seit Wochen vor mir herschiebe. Die investieren nicht in ein Unternehmen ohne Konzept, nur um uns zu helfen, Liquiditätsschwierigkeiten zu beseitigen. Aber ich habe das Gefühl, Dad ist an dieser so dringend notwendigen Neuorientierung gar nicht interessiert, der denkt genauso wie Strickert – wie überleben wir die nächsten Monate …

Ach ja, noch eine Neuigkeit brachte der heutige Tag. Mom sagte mir in einem Telefonat heute Nachmittag unter dem Siegel der Verschwiegenheit, Karin Dinslage habe gekündigt! Sie hat Dad wohl heute Vormittag zu Hause angerufen und sich massiv über mich beschwert, die Arbeit sei unerträglich geworden etc., etc. Offiziell weiß ich noch nichts, die Dinslage sitzt in ihrem Büro, redet mit mir kein Wort. Keine Ahnung, ob Dad die Kündigung angenommen oder nochmals umgebogen hat, er wird hoffentlich bald mit mir darüber reden. Auf wessen Seite er in dieser Sache steht, dürfte klar sein. Wenn die Dinslage wirklich geht, wird er mir massiv die Schuld daran geben.

Die Akteure ratlos

Manchmal ist es schon seltsam, welch eigenartige Wege ein Familiensystem nimmt, wie die Beteiligten verstrickt sind im Labyrinth von Abhängigkeiten. Betrachten wir die Akteure unserer Geschichte an diesem wichtigen Wochenende einmal von einem weit entfernten Beobachtungspunkt …

Arno lag auch an diesem Wochenende im Bett. Er war der Missmut in Person, gequält von Fieber, Husten und Kopfschmerzen, wirklich schlecht drauf wie schon seit Jahren nicht mehr. Arno quälte seine Frau mit unsinnigen Aufträgen, schluckte alles, was die Apotheke, die Natur-heilpraxis und die Homöopathie an Mitteln gegen Grippe und Bronchitis hergaben. Mit seinem Arzt hatte er gebrochen, denn der wollte ihn für zwei Wochen komplett aus dem Verkehr ziehen, jetzt, wo es so schlecht stand um sein Unternehmen. Nein, für den Unternehmer war klar, dass am Montag einige Weichen neu gestellt werden mussten … Oliver, Audi, Dinslage, Umsatzausfall, Liquidität, Zukunftsstrategie, Mitarbeiterkom-munikation … alle diese Baustellen mussten schnellstens versorgt wer-den, aber so sehr sich Arno auch bemühte, sein Kopf wurde einfach nicht klar, er fand kein schnelles, überzeugendes Rezept für die auf dem Tisch ausgebreiteten Probleme. So wälzte er sich von einer Bettseite auf die an-dere, unfähig, loszulassen und seiner Genesung und den Problemlösun-gen den Raum zu geben, den sie eben brauchten.

Oliver war in einer ganz anderen Realität abgetaucht. Er verbrachte die Tage in London, hatte dies kurzfristig am Freitagnachmittag be-schlossen, um Abstand von seiner Depression und seinem Frust zu be-kommen und einmal sich selbst etwas Gutes zu tun. So fuhr Oliver mit kleinstmöglichem Gepäck Freitagabend zum Frankfurter Airport auf und schnappte bei einen Last-Minute-Flug mit British Airways zu. Fer-tig, wie er war, verschlief er den ganzen Hinflug und kam erst im Taxi auf dem Weg in das Billighotel wieder so richtig zu sich. Oliver wollte nur Abstand, Abstand, Abstand. Er schlenderte die halbe Nacht durch die Straßen, genoss das Großstadtgetriebe, trank hier ein Bier, dort einen Cocktail und tauchte völlig in den Rhythmus der Weltstadt ein. Der Junior war so erleichtert, dass ihn niemand kannte, dass er keine Show spielen musste, einfach er selbst sein konnte und seine dringendsten menschlichen Bedürfnisse mal wieder ausleben konnte. Er trank ziemlich viel Alkohol, hatte belanglosen Sex mit irgendeinem osteuropäisch spre-chenden Mädchen in einem einschlägigen Etablissement, hing stunden-lang in einem Computershop herum, fuhr mit dem Riesenrad an der Themse und lag den ganzen Sonntagnachmittag bei herrlichem Früh-lingssonnenschein im Hyde Park. Ohne jede Lösung seiner Probleme, aber mit deutlich mehr menschlicher Kraft kam Oliver Sonntagnacht nach Hause.

Ilse hatte nach den eindrücklichen Erlebnissen mit Oliver am Wochenende nur ein Ziel – den Kontakt zu Carsten Schaffner herzustel-len. Das war schwieriger, als sie geglaubt hatte, denn seit dem Treffen vor drei Jahren auf Lanzarote hatte der Coach offenbar seine Praxis verlegt und es brauchte einen ganzen Samstagnachmittag voller unbefriedigender Telefonate, bis sie seine neue Adresse im Zentrum von München herausgefunden hatte. Dort war über das Wochenende natürlich kein Telefon besetzt, doch als sie es nach vielen vergeblichen Versuchen am Sonntagabend gerade aufgeben wollte, war Carsten Schaffner doch zufällig persönlich am Telefon und es ergab sich ein langes Gespräch über ihren „Fall".

Michaela war neben vielen anderen Tätigkeiten in der Familie an besagtem Wochenende dabei, Oliver einen Brief zu schreiben. Sie hatte von der Mutter erfahren, wie schwierig er es hatte und wie schlecht er aussah und drauf war. Michaela machte sich Sorgen um den Bruder und wollte ihn aufrichten und motivieren, Mut zu seinem eigenen Weg zu finden. Mehrmals verwarf Michaela ihre Zeilen, es fiel ihr sichtlich schwer, die richtige Sprache ihrem Bruder gegenüber zu finden und nicht in die Falle der „großen Schwester" zu tappen, die dem „kleinen Bruder" mal wieder sagte, wie das Leben ist. Michaela wollte fast schon aufgeben und persönlich hinfahren, da kam sie auf eine andere Idee ...

Hanne hatte an diesem Wochenende (wie auch schon die Tage zuvor) nur ein Projekt und das begann sie langsam wirklich zu hassen – der „Gesundungsprozess" von Arno. So unpässlich, eklig, depressiv, unzugänglich hatte sie ihren Mann in ihrer ganzen Ehezeit noch nie erlebt. Arno machte sich so viel Druck, wollte mit aller Macht gesund sein, und tat doch alles, dass genau das Gegenteil eintrat, das konnte nicht gut gehen. Den Arzt, der wirklich um ihn bemüht war, hatte er gefeuert, weil ihm seine Ratschläge nicht gefielen, nun versuchte er es mit tausend Mittelchen, die sie ihm von überallher anschleppen musste. Arno hatte sich in den Kopf gesetzt, am Montag in die Firma zu fahren, die Führung und seinen Sohn antanzen zu lassen und mit einem Gewaltstreich alle Probleme zu lösen. Doch Hanne spürte, dieses Mal würde er es nicht schaffen. Und sie bekam Angst.

Private Folder Oliver Seibold
Sonntag, 11. April 2004, 23.00 Uhr

London hat mir verdammt gut getan, endlich hab ich mich mal wieder zu etwas aufgerafft, was *für mich* gut ist. Wenn ich ehrlich sein soll, sehnt sich alles in mir nach solchen Fluchten. Mal wieder ein Jahr in London oder an der US-Ostküste oder in Singapur. Mal wieder etwas konzeptionell Sinnvolles machen, wirkliche Denkarbeit leisten etc., etc. Aber das sind Träume, die Realität tickt bei SP. Ilse war auf dem Anrufbeantworter: Sie will mich überreden, einen Coach zu nehmen und mit ihm meine Lage durchzuarbeiten und zu Entscheidungen zu kommen. Und Ilse wäre nicht Ilse, wenn sie das nicht gleich konkret eingefädelt hätte. Sie nannte Namen und Telefonnummer eines ihr offensichtlich bekannten Coachs in München. Ich wäre nie auf die Idee gekommen, in eigener Sache einen solchen Typen zu kontaktieren. Wie soll ein Externer mir helfen können, bis ich dem die ganze Situation klar mache, gehen ja Tage oder Wochen rum, und ob seine Ratschläge dann auf dem Punkt sind? „Also Ilse, ich weiß nicht. Du meinst es gut, aber … eigentlich möchte ich alleine mit meinen Problemen fertig werden." … So möchte ich ihr morgen antworten. Mal drüber schlafen.

Die Krise

Es kam, wie es kommen musste, Arno Seibold war natürlich nicht gesund geworden, im Gegenteil war die Bronchitis nach dem unheilvollen Ausflug nach Ingolstadt wieder schlimmer geworden, vielleicht war es auch schon eine Lungenentzündung, es war Arno egal, jedenfalls rebellierte sein Körper bei jedem Aufstehen. Zähneknirschend und klagend musste der Unternehmer, der Krankheit bisher überhaupt nicht kannte, seinem Körper klein beigeben und akzeptieren, dass an einen Auftritt im Unternehmen nicht zu denken war. Aber es mussten Entscheidungen fallen. Arno Seibold hatte auch in den Fieberträumen keine Lösungen für die anstehenden Probleme gefunden, was ihn noch mehr deprimierte. Also blieb nur die ihm eigentlich verhasste offene Diskussion mit den drei Bereichsleitern und Oliver, aus der dann Beschlüsse entstehen mussten. Denn eines stand fest: Der Umsatzausfall würde das Unternehmen zur schlechtesten Zeit treffen, zusätzlich tickte die „minus 20 Prozent"-Bombe für alle anderen Audi-Teile, es würde sehr, sehr eng werden. Dann war da noch Oliver mit seinem Strategietick. Für Arno war es nichts als Realitätsflucht, sich in einer solch angespannten Unternehmenssituation mit Zukunftsprojekten zu befassen, zumal mit so spekula-

tiven, wie sie diese eigenartige Ideenrunde entwickelt hatte – Müller hatte ihm darüber berichtet, sogar in positivem Unterton. Trotzdem: Oliver war da auf dem völlig falschen Dampfer und musste dringend von seinem Theorietrip runtergeholt werden. Jetzt war Krisenmanagement angesagt und nicht visionäre Luftblasen, das wollte er ihm klar machen. Und überhaupt: Eigentlich stand ein noch viel grundsätzlicheres Gespräch mit dem Sohn an, über seinen ganzen Führungsstil, wie es dazu kommen konnte, dass er zum Gesprächsstoff an jeder Kaffeetheke im Haus wurde etc., etc. Aber dieses Gespräch wollte Arno erst führen, wenn er wieder wirklich bei Kräften war. So entschied er sich dafür, die Bereichsleiter und seinen Sohn gleich am Montagmorgen zum Krisengespräch in sein Privathaus zu bitten. Oliver sollte eine halbe Stunde vor den anderen kommen, damit er mit ihm die vertraulichen Themen vorbesprechen konnte. Karin Dinslage wurde beauftragt, dies alles in die Wege zu leiten. Ihre Kündigung hatte Arno nicht angenommen, hatte sie bekniet, der Sache nochmals eine Chance zu geben, war sogar bereit, über eine Auslagerung von Oliver doch nachzudenken, nur, um sie für sich selbst zu halten ... Die Sekretärin versprach, darüber nachzudenken, beide Seiten vereinbarten Stillschweigen und eine Überlegungszeit von ein paar Wochen. Letzter Punkt auf Arnos Krisen-Agenda war die Information der Mitarbeiter. Arno hatte von den Bereichsleitern gehört, wie viel Unsicherheit im Augenblick in der Belegschaft war. Wenn nun heute auch noch die Fertigung des Audi-Teils eingestellt wurde, musste die Führung dringend in die Offensive gehen und einige Dinge richtig stellen und die Leute beruhigen. Eigentlich hatte genau dies Arno selbst für diesen Tag vorgehabt, nun musste es ein anderer tun. Aber wer? ...

Nachdem Arno seine Anweisungen an Karin Dinslage gleich morgens um acht Uhr losgeworden war, fiel er in einen tiefen, erschöpften Schlaf, aus dem er erst gegen zehn Uhr wieder erwachte, kurz vor dem geplanten Zeitpunkt des Vorgesprächs mit seinem Sohn. Der kam auch pünktlich, brachte artig ein paar Blümchen mit, die Arno überhaupt nicht beachtete, und setzte sich zum Vater ans Bett. Dieser hatte geglaubt, durch ein paar deutliche Worte den Sohn mit seinem Strategieprojekt stoppen zu können. Doch Oliver, nach dem Ausweinen bei Ilse und dem London-Wochenende mental wieder etwas stärker drauf und bezogen auf seine eigene Situation fast fatalistisch, dachte nicht daran, einfach so klein beizugeben. Er argumentierte mit dem vor wenigen Wochen gefassten Beschluss im BL-Kreis, mit der gerade jetzt deutlich gewordenen Not-

wendigkeit einer klaren Konzeption, mit den anstehenden Banken-gesprächen, die ohne strategische Konzeption erfolglos blieben etc.

Der unerwartete Widerstand des Sohns machte den Vater immer zorniger, der auf keines der sachlich vorgetragenen Argumente Olivers einging, sondern einfach Gefolgschaft für seine Anordnung verlangte – in Krisenzeiten für ihn eine Selbstverständlichkeit, nicht so für Oliver. Der hatte sich vorgenommen, bei diesem Thema wirklich hart zu bleiben, weil er ansonsten für das Unternehmen (und für sich) keine Rettung sah. Die Stimmung am Krankenbett wurde immer aufgeheizter und als der Vater merkte, dass der Sohn trotz seiner Erkrankung und der schwierigen Firmensituation ans Rebellieren dachte, fing er an, so laut herumzubrüllen, dass seine Frau aus der Küche angesprungen kam und ratlos neben den Kontrahenten stand. Die Auseinandersetzung konnte vorerst nicht weitergeführt werden, weil Arno durch seine Erregung und den Stress einen extrem starken Hustenanfall bekam, so dass Oliver und Hanne sich erst einmal aus dem Zimmer schlichen. Im Flur kam es dann zu allem Übel noch zum Streit zwischen Oliver und der Mutter, die dem Sohn größte Vorwürfe machte, wie er in dieser prekären gesundheitlichen Lage seines Vaters diesen so reizen und aufregen könne ... Alles kam nun zusammen, unten klingelte es an der Tür, denn die halbe Stunde Vorgesprächszeit war natürlich schon um und die Bereichsleiter standen an der Tür. Helle Aufregung bei der Mutter, entnervtes Kopfschütteln von Oliver, aber es half nichts. Bevor an eine Besprechung mit den BLs zu denken war, musste das Vorgespräch mit dem Vater weitergehen, so konnte man es nicht stehen lassen, dachte Oliver und begrüßte unten die Delegation bemüht unterkühlt. Die vier Führungskräfte standen etwas verlegen herum, merkten, dass sie zur Unzeit kamen, von oben röhrte der keuchende Husten ihres Chefs herunter. Oliver versuchte, die peinliche Situation zu retten, indem er den Gesundheitszustand seines Vaters vorschob und die BLs bat, erst in zwei Stunden wiederzukommen, was diesen zwar organisatorische Probleme bereitete, weil sie die ganze Zeit irgendwie überbrücken mussten und im Unternehmen tausend anstehende Entscheidungen warteten. Aber so war die Lage nun einmal und die BLs zogen wieder ab, nicht ohne sorgenvoll Richtung Treppenhaus zu schauen, wo sie ihren Chef mit endlosen Hustenanfällen kämpfen hörten. Als die Tür hinter den abziehenden BLs geschlossen war, musste Oliver erst einmal tief durchatmen, er war selbst völlig im Bann der Situation. Er wusste, oben lag der kranke Vater und das Gespräch mit ihm war zu einem unseligen Streit entglitten, der nicht einfach so lösbar war. In der Sache war sich Oliver keiner Schuld bewusst und nichts hätte er lieber getan, als seinen Vater jetzt einfach zu schonen und aus dem Konflikt zu flüchten. Die Dinge lagen aber so, dass sofortige Entscheidungen auf vielen Feldern notwendig waren und so blieb dem Sohn nichts anderes übrig, als allen seinen Mut zusammenzunehmen und um seine Sache weiterzukämpfen. Zuerst war aber die Mutter zu beruhigen, die weinend oben im Treppenhaus vor dem Zimmer ihres Mannes saß. Auch ihre Nerven waren nach Tagen unangenehmster Krankenpflege zum Zerreißen gespannt, jetzt noch der Streit zwischen Vater und Sohn, es war alles zu viel für die Frau. Oliver versuchte, sie in den Arm zu nehmen, aber sie ließ die Nähe zu ihr nicht zu, wich vor ihm zurück und taumelte weinend Richtung Wohnzimmer, ihm noch hinterherrufend, dass er genauso schlimm sei wie sein Vater.

Damit stand Oliver nun endgültig alleine im Flur, es war eine absurde Situation. Am Ort in irgendeiner Kneipe saßen die Bereichsleiter und diskutierten über die Lage bei SP, unten saß die Mutter weinend im Wohnzimmer und im Schlafzimmer lag der von Hustenanfällen geschüttelte Vater. Mit Konflikten dieser Art war Oliver immer schon völlig überfordert gewesen und so überkam ihn der unbezwingbare Drang, einfach davonzulaufen. Er hörte sich noch der Mutter zurufen, er bräuchte etwas frische Luft und schon war er draußen und verschwand schnellen Schrittes in den weitläufigen Weinbergen Randersackers.

Später würde man sagen, dass eben alles zusammengekommen war an diesem Tag, der fortgesetzte Raubbau Arnos an seinem Körper, der erstmals offen eskalierte Streit mit Oliver, die prekäre Unternehmenssituation, der scheinbare Zwang zu sofortigen Entscheidungen, der drohende Gesichtsverlust vor den einbestellten, wartenden Bereichsleitern. Jedenfalls endete der Tag für Arno Seibold im Notarztwagen und später im Universitätskrankenhaus Würzburg, wo er mit einem akuten Kreislaufkollaps und Verdacht auf Herzinfarkt eingeliefert wurde.

Telefongespräch Ilse Wagner/Carsten Schaffner
20. April 2004, 18.00 Uhr

Ilse Wagner: „... also es ist wirklich dringend, Carsten, ich verstehe ja, dass du mit Klienten ausgebucht bist, aber hier liegt ein Notfall vor.“

Carsten Schaffner: „Ist dieser Oliver denn überhaupt bereit für ein Coaching?"

Ilse Wagner: „Er war es bis letzte Woche nicht, aber die sich überstürzenden Ereignisse zwingen ihn, schnell eine Klarheit für sich zu finden. Er will dich so schnell wie möglich kennen lernen."

Carsten Schaffner: „So, wie du den Fall geschildert hast, geht das aber nur mit der Familie zusammen. Meinst du, ich bekomme da eine Bereitschaft von Vater, Mutter, Schwester ...?"

Ilse Wagner: „Offen gestanden, bin ich mir da noch nicht sicher, mein Bruder liegt noch im Krankenhaus, er hatte, Gott sei Dank, nur einen ganz leichten Infarkt, er ist ein sportlicher Typ mit guter Grundkondition, die Ärzte meinen, nach vier bis sechs Wochen Reha ist er wieder einigermaßen fit fürs Geschäft ..."

Carsten Schaffner: „Während der Reha werden die Ärzte ihn sicher abschirmen, da kommen wir nicht an ihn ran und dürfen ihn auch nicht durch schmerzhafte Prozesse gefährden. Danach muss man sehen. In solchen Fällen muss früher oder später die ganze Familie zusammenwirken, aber ich kann mit Oliver auf jeden Fall schon mal ein gutes Stück vorarbeiten. Leidensdruck müsste ja genug vorhanden sein, oder?"

Ilse Wagner: „Davon kannst du ausgehen, Carsten. Der Junge ist völlig fertig mit sich und der Welt. Als Oliver im Krankenhaus erkannte, dass sein Vater nun wirklich für länger ausfällt, hat er sich nicht etwa über seine Bewährungsprobe gefreut, sondern ist auch fast zusammengeklappt. Der hat sich wahnsinnige Schuldvorwürfe gemacht, wozu seine Mutter auch noch beigetragen hat, die will nur Frieden und gute Stimmung."

Carsten Schaffner: „Hm ... Aber in der Lage war Oliver doch stark im Unternehmen gefordert, der Vater ausgefallen, er der neue Geschäftsführer, der Betrieb, wie du erzählst, in Schwierigkeiten, da hätte er doch zeigen können, was er draufhat."

Ilse Wagner: „Carsten, das ist doch sein Problem, Oliver ist ein guter Analytiker, aber keine Führungskraft, der hat die ganze Zeit sich selbst und allen anderen was vorgemacht.

Carsten Schaffner: „Das ist jetzt deine Meinung, ich nehme das mal so hin, ich möchte mir mein eigenes Bild von ihm und den anderen machen. Aber nehmen wir mal an, du hättest Recht: Warum ist das bis heute – Oliver ist immerhin 32 – niemand aufgefallen?"

Ilse Wagner: „Beide haben sich was vorgemacht, aber der Treiber war eindeutig sein Vater. Der redet auf Oliver schon ein, seit der zwölf war. Arno war vernarrt in die Idee, sein Sohn sei der ideale Nachfolger …"

Carsten Schaffner: „Na sauber, das klingt nicht gut, umso mehr werde ich den Vater in dem Prozess brauchen. Und natürlich auch die Mutter, die hat ja auch Anteile an der Tragödie. Und sag, deine Rolle ist die der Mahnerin, aber du sagtest, du bist auch noch Gesellschafterin. Ist das nicht etwas zu viel der verschiedenen Rollen, Ilse?"

Ilse Wagner: „Vielleicht, hab ich mir auch schon überlegt. Ich hab mich um die Rolle der Gesellschafterin wahrlich nicht gerissen, Arno hat mich überredet, auch, damit er bei mir die Anteile für die Kinder parken konnte. Irgendwie war ich in der Familie immer die Einzige, die Arno was sagen durfte. Und ich sehe seit so langer Zeit zu, wie Oliver in dieser Aufgabe vor die Hunde geht …"

Carsten Schaffner: „… und der Vater ja scheinbar auch. Aber: Noch ist es nicht so weit. Der Zusammenbruch des Vaters kann auf Sicht für das ganze Familiensystem stabilisierend wirken, wenn er richtig verarbeitet wird. Darin steckt eine Botschaft für alle Beteiligten. Wichtig wird sein, dass Sohn und Vater offen miteinander zu reden anfangen. Erst dann beginnt der Lösungsprozess."

Ilse Wagner: „Du wirst es schon richtig machen. Also, kann Oliver zu dir kommen?"

Carsten Schaffner: „Oh Ilse, du mit deiner verdammten Hartnäckigkeit, also, er soll mich anrufen, ein wenig in Vorleistung muss er schon gehen …"

Bericht Arno Seibold
Dienstag, 20. April 2004

Ich lebe noch. Wiederauferstanden im Universitätskrankenhaus Würzburg und fürs „Leben danach" derzeit fit gemacht in Bad Hersfeld. So, wie ich mich und meinen Körper behandelt hätte, sei es ein Wunder, dass nicht noch mehr passiert sei, und nur meiner generell guten Fitness zu verdanken, meint mein Arzt …

Dies ist die erste Eintragung nach dem tiefen Einschnitt. Hanne hat mir heute dieses Buch und meinen Füller gebracht, sie kümmert sich rührend um mich und meinte, vielleicht täte es mir gut, ein wenig zu verarbeiten. Da gibt's jede Menge zu tun, das Buch ist vielleicht zu dünn für die vielen, teils widersprüchlichen Gedanken, die mir durch den Kopf gehen. Die Vorstellung, das Unternehmen in dieser Lage für Wochen allein lassen zu müssen, quält mich unglaublich. Ich bekomme keinerlei Informationen, bin völlig abgeschottet. Hanne weiß sicher vieles, aber sagt auch kein Wort, Oliver war an Ostern einmal da, der sieht auch ganz schlecht aus, aber wir haben kein Wort geschäftlich gesprochen. Jetzt muss ich erst mal los zur Gymnastik, dann zum Gesprächskreis und dann zum täglichen Spaziergang. Streng ist es hier, sehr streng. Die kennen Leute wie mich zur Genüge, denn ich bin in einem speziellen Kurkrankenhaus für Manager, Handyverbot und Kommunikationspause mit dem gesamten geschäftlichen Umfeld in der ersten Zeit nach dem Infarkt sind hier die oberste Regel ...

Private Folder Oliver Seibold
Mittwoch, 21. April 2004, 11.00 Uhr

Sitze im Zug nach München, zu einem Coach, der mir helfen soll, mein Leben in den Griff zu bekommen. Ich esse kaum, ich schlafe kaum, ich habe keine Freude mehr am Leben. Mechanisch versuche ich, konzeptionelle Arbeit für SP zu machen, aber ich bin nicht inspiriert. Vaters Zusammenbruch hat mich schwer getroffen, ich habe zum ersten Mal gewagt, um eine Sache, die ich als wichtig und richtig empfunden habe, zu kämpfen. Während des Spaziergangs durch die Felder war ich sogar etwas stolz auf mich, das endlich mal gebracht zu haben – und was war das Resultat? Als ich nach vielleicht einer Stunde zurückkam, stand der Notarztwagen vor der Tür und Dad lag drin. Ich sehe immer noch das anklagende, abweisende Gesicht meiner Mutter, als ob ich für den ganzen Zustand von Dad verantwortlich sei. O.K., den Streit habe ich forciert, aber den ganzen Wahnsinn mit Audi, der exzessive Medikamentenkonsum über Wochen, das Ignorieren aller ärztlichen Ratschläge – das hat Dad zu verantworten. Und trotzdem bleibt ein mieses Gefühl, das mir den Triumph, endlich mal gekämpft zu haben, total nimmt. Ich weiß nicht mehr, wo ich stehe, ich spüre nur, dass ich so nicht weitermachen kann. Weiß auch nicht, ob es richtig war, in den Tagen danach aus der

Chefrolle zu flüchten, ich war selbst kurz vor einem Zusammenbruch, ich konnte alles, nur nicht den dynamischen Junior spielen, der sich freut, nun endlich beweisen zu können, was in ihm steckt. Das war der Horror für mich, ich wollte nur weg, weg, weg. Trotzdem musste ich natürlich den Gang nach Canossa antreten und in meinem miesen Zustand die Bereichsleiter informieren. Die waren natürlich total von der Rolle, der Chef komplett ausgefallen in dieser schwierigen Unternehmenssituation und der Sohn in einer Identitätskrise. Ich war ziemlich ehrlich zu der Runde, die merkten mir auch an, wie ich mich quälen musste. Ich machte deutlich, dass ich nun nicht die Rolle des Machers spielen könne, und wollte, dass ich selbst etwas Abstand und Ruhe brauchte, um mir klar zu werden, was meine künftige Rolle sei. Die BLs waren davon eher überrascht, die hatten vermutet, ich würde die Gunst der Stunde nutzen und nun hart durchsteuern. Stattdessen bat ich die BL-Runde, als Team das operative Geschäft zu führen. Danzig beauftragte ich damit, sofort die Fühler nach Produktionsmöglichkeiten in Tschechien oder Ungarn auszustrecken und als meine Aufgabe definierte ich die Erstellung eines Business-Plans für die nächsten Monate, der den neuen Prämissen Rechnung trägt, und als zweiten Punkt die Grundkonzeption des neuen Unternehmensbereichs. Das sind alles Arbeiten, die mir liegen, die außer mir sowieso niemand machen kann und die mir die Chance geben, ohne große interne Kommunikation zu wirken. Denn die meide ich im Augenblick, ich bin ja gar nicht mehr sicher, ob ich überhaupt Geschäftsführer bleiben will, ob diese Firma das Richtige für mich ist etc., etc. So war meine Realität in den letzten Tagen von reiner Schreibtischarbeit abseits des betrieblichen Geschehens geprägt. Weil ich die gering schätzenden Blicke von Karin Dinslage nicht mehr ertragen habe, die mir meine „Fahnenflucht" natürlich total übel nimmt, habe ich mich in Strickerts Bereich im Besprechungszimmer einquartiert und die Sekretärin einfach sitzen lassen. Die ist nun ganz allein und kann die ganzen Telefongespräche abwimmeln und umleiten. Mehrmals täglich kommen die BLs mit den dringendsten Informationen zu mir, holen sich Unterschriften etc. Mir ist klar, dass das alles nur eine Übergangsregelung ist, aber so ist das eben im Augenblick.

So, München kommt näher und ich bin gespannt auf diesen Carsten Schaffner, von dem mir Ilse schon ein wenig erzählt hat. Was Dad wohl drüber denken wird, wenn er davon hört?

Der Coach

Carsten Schaffner war auf einem ungewöhnlichen Weg zum Coaching-Beruf gekommen. Er war studierter Physiker, hatte viele Jahre in der Forschung gearbeitet, um erst sehr spät in langen Berufsjahren bei Siemens zu erkennen, dass seine Liebe eigentlich den Menschen und ihren Verstrickungen gehört und nicht abstrakten Formeln. Das Wissenschaftlerherz schlug aber nach wie vor in ihm, er wollte genauer wissen, was im menschlichen Gehirn und in der Seele vor sich geht und so hatte er vor zehn Jahren begonnen, verschiedenste Psychologieausbildungen zu machen, zuerst den NLP Master, dann Ausbildungen in TA, in Familientherapie, systemischer Beratung und Organisationsaufstellung.

Nicht die jahrelange Psychoanalyse mit Patienten reizte Schaffner, dazu hätte es auch eines kompletten Psychologie-Studiums bedurft, sondern Menschen in wenigen Sitzungen ihre limitierenden Muster klar machen, ihnen pragmatisch weiterhelfen, das war sein Fokus. Vor ungefähr fünf Jahren machte er sich selbstständig als Coach und konzentrierte sich dann immer stärker auf die Beratung von Führungspersonal und Managern, weil er hier großen Leidensdruck spürte und mit seinen verhaltensorientierten Ansätzen am besten arbeiten konnte. Schaffner hatte das Glück, auf einigen großen Management-Kongressen mit eigenen Workshops auftreten zu können, machte sich einen Namen als begeisterter Anwender von Organisationsaufstellungen und wurde Spezialist für systemische Betrachtungsweise von Klientenproblemen. Er bekam einige bekannte, natürlich streng vertraulich bleibende Firmenbosse als Kunden und wurde in der kleinen Psychoszene Münchens schnell bekannt als Adresse für seriöses Management-Coaching.

Optisch wirkte Schaffner eher unscheinbar, ein kleiner, gedrungen wirkender Mann, mit grauen Stoppelhaaren, kleinen listigen Augen, einem witzigen Schnauzbärtchen und pfiffiger runder Hornbrille, immer in schwarzer Hose und schwarzem Hemd und oft in alten ausgelatscht wirkenden Schuhen. Der 46-jährige Münchner war seit dem Zerbrechen seiner zweiten Ehe überzeugter Single, genoss seine Freiheit und lebte privat vor allem seine Leidenschaft für das Segeln aus – am Wochenende meist am Starnberger See, im Sommer oft beim Hochseesegeln in Griechenland.

Coaching-Aufträge nahm er eigentlich im Augenblick gar nicht mehr an, weil sein Kalender schon übervoll war und die meisten Klienten gar nicht daran dachten, ihn so schnell zu verlassen, wie er sie loswerden wollte. Im Falle des Oliver Seibold machte Schaffner eine Ausnahme, denn diese Ilse Wagner aus Nürnberg war ihm während des Lanzarote-Seminars vor drei Jahren richtig ans Herz gewachsen und ihr Kurzbericht über die Situation dieses unglücklichen Juniors klang wirklich ziemlich dramatisch ...

Coaching-Tagebuch Carsten Schaffner

Klient: Oliver Seibold
Sitzung Nr.: 1
Am: 21. April 2004
In: Praxis München

Der Klient kommt exakt pünktlich um 15 Uhr. Erster Eindruck: krankes, ausgezehrtes Aussehen, dunkle Augenringe, fahrige Bewegungen, hohe Unsicherheit, stellt intelligente Fragen, analysiert blitzschnell, drückt sich aber nicht besonders gut aus, schwache Aura, geringes Selbstbewusstsein? Spielt eigenen Leidensdruck herunter, lässt sich noch nicht in die Karten schauen, scheint noch nicht sicher, ob er Coaching wirklich will, spricht viel vom Vater und der Firma, wenig von sich.

Schlüssel-Fragen/Kurzfassung Klienten-Antwort:

Wofür ist er hier?
  – Klarheit bekommen, was er beruflich wirklich will.
  – Klarheit bekommen, wie er mit dem Vater umgehen soll.

An welchen kleinen Zeichen würde er erkennen, dass Coaching wirkt?
  – Er würde wieder besser schlafen.
  – Er würde inspiriert an die Arbeit gehen.
  – Er würde nicht ständig an den Vater denken, sondern mehr an sich.
  – Er hätte bessere Ausstrahlung auf die Mitarbeiter.

Was muss unbedingt passieren?
  – Klar definierte Lebens- und Berufsplanung.
  – Selbsterkenntnis der eigenen Stärken/Schwächen.
  – Analytik der Familiensituation.

Was darf auf keinen Fall passieren?
  – Vertrauensbruch des Coachs in Richtung Vater.
  – Selbst noch instabiler werden.
  – Coaching auf halbem Weg ohne Resultat abbrechen.

Was erwartet er vom Coach?
  – Klar strukturiertes Vorgehen.
  – Nachvollziehbare Analytik.

- Herangehensweise ohne Schablonen.
- Ehrliches Feedback ohne jede Färbung.
- Professionelles Vorgehen.
- Alle Karten offen legen, keine Taktik hintenrum.
- 100 Prozent Vertraulichkeit, keinerlei Info an Familienmitglieder.

Vereinbarter Auftrag des Klienten:
- Coaching über vorerst zehn Sitzungen halbtags in München, Klient wünscht kein Coaching in seiner Privatwohnung in Würzburg. Ein bis zwei Coachings pro Woche.

Coaching-Ziele:
- Klient hat klaren Blick auf seine Lebens-/Arbeitssituation (abgeglichen mit Feedback und Fremdbild des Coachs).
- Klient erkennt die hinter seinen Problemen stehenden Muster.
- Klient entwickelt mit dem Coach Handlungsalternativen.
- Klient bekommt mehr Kraft, Zuversicht und Selbstvertrauen, sein Leben selbst in die Hand zu nehmen und zu gestalten.

Bezahlung:
Privat durch den Klienten (monatliche Abrechnung).

Anmerkungen:
Sieht nach massivem Vater-Sohn-Drama aus, Klient ist vom Vater seit seiner Kindheit auf die Nachfolgerrolle getrimmt worden und hat bis jetzt daran geglaubt. Unter Realitätskonfrontation zusammenbrechende Lebenskonstruktion verbunden mit depressiven Momenten und Schuldgefühlen. Vater hatte letzte Woche schweren Zusammenbruch, liegt nach Infarkt in Reha, Klient kämpft mit Schuldgefühlen gegenüber Vater und Mutter. Zusammenbruch des Vaters entstand beim ersten Versuch des Klienten, sich (Muster überwindend) ihm gegenüber zu behaupten. Gesamtes Familiensystem ist zu berücksichtigen! Möglicherweise Ausweitung des Coachings auf gesamte Familie vorsehen. Nach erstem Zögern und Taktieren hat Klient schnell aufgemacht und gegen Ende der Sitzung bereits intensiv mitgearbeitet. Klient reagiert gut auf Fragen, Klient hat Mühe, Gefühle zu artikulieren.

Zu klären:
- Lässt sich Vater ins Coaching einbeziehen?
- Ist Familie ggf. zu Gesamtsitzung/Aufstellung bereit?
- Klient hochintelligent?
- Klient sozial kompetent?

Nächstes Meeting: 23. April, Praxis München

Machtbalance

Als die Bereichsleiter ihren ersten Schock über den Kollaps ihres Chefs und die „Realitätsflucht" des Juniors (so nannte es Danzig) überwunden hatten, entwickelte sich ein interessanter Kampf um die graue Hierarchie in diesem plötzlich entstandenen Machtvakuum. Danzig und Strickert schlossen sich noch enger zusammen als vorher und versuchten dadurch, ein Stück Hausmacht zu erreichen. Jürgen Müller hatte genau gespürt, welche Wirkung seine kurze Rede auf der Betriebsversammlung ausgelöst hatte, er wurde zum eigentlichen Konkurrenten der alten Hasen Danzig/Strickert, die einfach das Daily Business sauber weiterführen wollten und letztlich die Rückkehr des Alten ersehnten. Der Entwicklungschef machte vor allem durch unkonventionelle Ideen und einen unerschütterlichen Zukunftsglauben Punkte gut. Eigentlich hätte zu diesem Ansatz die enge Zusammenarbeit mit Oliver Seibold gut gepasst, der sich ja inzwischen fulltime mit Zukunftsplanung befasste. Doch Müller hatte spätestens beim Zerfall des Arbeitskreises beschlossen, dass der Junior kein adäquater Partner für ihn war und ihn am Ende mit in die Tiefe ziehen könnte. So ging Müller seinen eigenen Plänen nach, die er aber noch schön für sich behielt. Hansjörg Ruhleder versteckte sich hinter den drei Kollegen so gut es ging, er fühlte sich, herausgehoben wie die Bereichsleiter nun waren, noch unangenehmer wie früher. Als Kontaktperson zu Oliver Seibold etablierte sich Kurt Strickert, der sprach noch am ehesten die „Sprache" des Juniors, in dessen Trakt hatte sich Oliver auch geflüchtet, so dass diese Regelung sinnvoll schien. Die BL-Runde traf sich montags und freitags zu einem Abstimmungsmeeting, wo alle aktuellen Themen durchgearbeitet wurden, manchmal mit Oliver, manchmal auch ohne ihn. Die Arbeit Olivers an den Business-Plänen und Zukunftskonzepten wurden vom Kreis nicht mehr sehr ernst genommen, er war für die BLs klar gescheitert, der Rollenanforderung nicht gewachsen. Nur weil alle wussten, dass der Alte irgendwann wiederkommen würde, wurde der Sohn geduldet. Keiner der BLs wollte der „Junior-Mörder" werden, aber insgeheim fragten sich alle, wer es dem Chef dann schonend beibringen würde, wie schwach die Vorstellung des Nachfolgers in den letzten Tagen war.

Die BL-Runde musste schnell unpopuläre Maßnahmen treffen, Kurzarbeit in einem Produktionszweig anordnen, mehrere Mitarbeiter entlassen, Sparmaßnahmen im gesamten Unternehmen verkünden etc., etc.

Alles dies gelang erst nach langen Diskussionen, die immer nach dem-
selben Schema liefen: Danzig und Strickert brachten gemeinsam vor-
abgestimmte Ideen ein, Müller zerlegte sie in der Diskussion, Danzig
attackierte dann Müller, Strickert versuchte, zu moderieren, Ruhleder
sagte gar nichts und am Ende versuchte man, aus den verschiedenen
Positionen einen Konsens zu schaffen. Dieser Konsens wurde dann Oli-
ver vorgelegt, der formal dann den „GF-Segen" erteilte.

Über allen Anordnungen und Maßnahmen lag aber immer ein Hauch
von Unverbindlichkeit, die theoretische Möglichkeit der Rücknahme,
denn Arno Seibold hatte ja seinen Segen noch nicht gegeben. So wusste
Danzig zum Beispiel genau, dass der Chef große Vorbehalte gegenüber
dem Aufbau einer Produktion im Osten hatte. Oliver und Müller mein-
ten aber, genau dies sei der einzige Weg, wieder in die Ertragszone zu
kommen ... Ob sich der Sohn dann beim Vater durchsetzen konnte, war
zumindest fraglich, und so erfüllte Danzig die Hausaufgabe Olivers eher
pflichtgemäß, nicht aber mit Begeisterung. Auf diese Weise verzögerten
sich die großen Entscheidungen, wertvolle Zeit verstrich ...

Telefongespräch Michaela Wagner/Oliver Seibold
22. April 2004, 21.00 Uhr

Michaela: „Mein Gott Oliver, wie geht's dir? Hab mir solche Sorgen um
   dich gemacht, als wir an Ostern bei Vater waren, konnten wir ja nicht
   offen reden, aber du sahst so schlecht aus."

Oliver (mit belegter Stimme): „Stimmt, da ging's mir auch ziemlich mies.
   Du, aber erst mal Danke für die besprochene Kassette, das war eine
   tolle Idee, hat mir in meiner Tiefphase sehr gut getan. Du musst dir
   vorstellen, mein Streit mit Dad löste direkt ..."

Michaela (unterbricht ihn energisch): „... Bild dir doch das nicht ein,
   Oliver. Vater ist zusammengeklappt, weil er seit zwei Wochen seine
   schwere Bronchitis völlig missachtet hat ..."

Oliver: „Trotzdem ist es für mich schwer, da keinen Zusammenhang zu
   sehen. Ich wollte endlich mal was durchsetzen bei ihm ... sonst hab
   ich ja letztlich immer eingelenkt ... aber dieses Mal meinte ich, so
   starke Argumente zu ..."

Michaela: „Bei dem Dickkopf kommst du doch mit Argumenten nicht
   weiter. Der sieht nur, was er sehen *will.*"

Oliver: „Aber das, was ihm passiert ist, hat er trotzdem nicht verdient. Es war verrückt, an diesem Montag kam wirklich alles zusammen, Mutter nimmt mir mein Verhalten glaube ich immer noch übel."

Michaela: „Das ist das Schlimmste, sie steht immer auf der Seite von Vater. Das war bei mir damals schon so, ich fühlte mich plötzlich völlig allein …"

Oliver: „Kann ich jetzt nachvollziehen, so geht's mir auch. Wer sich gegen Vater stellt, bekommt auch Mutter zum Feind … nein, stimmt eigentlich nicht, Feind ist das falsche Wort … der macht Mutter traurig. Sie will halt Harmonie …"

Michaela: (zynisch): „… und übersieht ganz, wer die Harmonie in der Familie eigentlich gefährdet. Du kannst es nicht ändern, ich sag dir, ich habe Jahre darunter gelitten wie ein Tier und keinen anderen Weg gefunden, als mich total zurückzuziehen und es mit mir alleine auszumachen."

Oliver: „Da bin ich gerade massiv dabei, vielleicht bin ich im Vergleich zu dir einfach ein Spätzünder." (Lacht verkrampft.)

Michaela: „Ich hab dir's so nicht gewünscht, Oliver, aber mir war immer klar, dass es irgendwann so weit kommt. Vater kennt nur sich selbst auf diesem Planeten. Glaubst du, der hat sich um dich, um *dich* Oliver wirklich mal Gedanken gemacht? Der hat sich in deiner Kindheit schon ein Bild gemacht von dir als seinem Nachfolger. Ob das Bild mit *dir* was zu tun hat, das war ihm immer völlig egal. Ich hatte ihm das Zeug hingeworfen und da bliebst *du* eben übrig."

Oliver: „Ist das nicht etwas zu hart gesehen?"

Michaela: „Musst du selbst bewerten, Oliver, ich seh's eben so. Aber sag, wie geht's mit dir jetzt weiter, du bist als zweiter Geschäftsführer jetzt allein in diesem Hühnerstall. Lassen sich die Leute denn von dir was sagen?"

Oliver (stöhnend, voller Schmerz): „Oh Michaela, es ist so schwer für mich. Vaters Zusammenbruch … die Firmenkrise … überall fragende Gesichter der Mitarbeiter, die irgendwas von mir erwarten … tausend Krisenaktivitäten sind zu fahren … und ich bin an dem Punkt angelangt, dass ich mich frage, ob ich überhaupt hierher gehöre."

Michaela (betroffen): „Oh … meine Güte. Das ging ja doch ziemlich schnell. Du warst doch vor wenigen Wochen noch so zuversichtlich …"

Oliver: „Stimmt, aber ich erkenne immer mehr, dass ich mich zur Führung von Menschen nicht eigne. Ich kann gute Konzepte schreiben, Strategien entwickeln etc. ... Aber ... schau, da mussten wir eine Betriebsversammlung durchführen, die Leute waren scheinbar ziemlich verängstigt. Ich konnte denen zwar sagen, was sachlich jetzt zu tun ist, aber richtig begeistert und aufgerichtet hat sie ein Bereichsleiter. Der hat eine Rede von fünf Minuten gehalten, und du hast gespürt, wie es knistert. Diese Rede, Michaela ..."

Michaela: „... hätte eigentlich von dir kommen müssen ..."

Oliver (kleinlaut): „Ja ... (längeres Schweigen) ... Michaela, ich sag's nur dir, bitte behalt es für dich, ich lass mich seit gestern coachen. Ilse hat mir ..."

Michaela: „Nee, Ilse hat sich wieder eingeschaltet, die ist echt stark drauf ..."

Oliver (verkrampftes Lachen): „Ja, die hat mich irgendwie ins Herz geschlossen und will mir helfen. Jedenfalls hat sie mir einen Coach in München empfohlen. Ich wollte eigentlich nicht, aber gestern war ich dort und ... wie soll ich sagen ... der hat natürlich auch die Lösung nicht parat, aber er stellt intelligente Fragen und hört zu. Scheint von der Materie was zu verstehen, der hat wohl mehr so Kandidaten wie mich schon gehabt. Hätte nie gedacht, dass man mit so was Geld verdienen kann ..."

Michaela (freudig): „Das ist doch toll, Oliver, vielleicht hilft der dir raus aus deinem Loch."

Oliver: „Keine Ahnung. Ich zermartere mir seit Tagen schon das Hirn, wie ich weitermachen soll, im Augenblick ist ja eine Übergangszeit, bis Dad wiederkommt. Aber die Lage der Firma ist so kritisch, dass jetzt Entscheidungen fallen müssen, ohne Dad ... Ich versuche, die Bereichsleiter ganz stark einzubeziehen. Aber wenn Dad dann wiederkommt ... oder erste Infos bekommt ... wird er das alles überhaupt mittragen, was wir dann entschieden haben? Und: Du musst wissen, mein Standing in der Firma ist ziemlich schlecht. Es ist so viel passiert in den letzten Wochen, ich glaub nicht, dass es für mich nochmals einen Neuanfang dort gibt."

Michaela (aufmunternd): „Oliver ... es gibt auf der Welt noch etwas anderes wie Seibold Plastics ..."

Oliver (zynisch): „Ach wirklich?"

Michaela: (neckisch): „Jaaa. Mensch, lass dich doch nicht so vereinnahmen. O.K., du bist jetzt Geschäftsführer, O.K., die Firma hat eine Krise, dann mach halt jetzt den Job so gut du kannst und dann geh deinen eigenen Weg, wenn Dad zurück ist."

Oliver (stöhnt): „Oh Gott, du siehst das ja ziemlich locker."

Michaela: „Ja, tu ich, denn du bist nicht das Eigentum des Arno Seibold, denk daran ..."

Oliver (erleichtert): „Du bist wirklich lieb, dank dir Michaela, das hat mich aufgebaut. Sag mal ... warum haben wir eigentlich in den letzten Jahren so wenig Kontakt miteinander gehabt?"

Michaela (scherzend): „Vielleicht, weil wir in zwei verschiedenen Welten gelebt haben, Mister Master of Business Administration. Aber langsam gleicht es sich an ..."

Oliver (lachend): „Altes Lästermaul, bist ja nur neidisch auf die akademischen Weihen. Tschau."

Bericht Arno Seibold
Donnerstag, 22. April 2004

Hatte heute langes Gespräch mit einem Psychologen, wollte eigentlich nicht, bin diesen Seelenklempnern gegenüber immer schon kritisch eingestellt gewesen. Aber das gehört hier genau wie die Gymnastik zum Gesamtpaket für Infarkt-Nachsorge, also konnte ich mich nicht entziehen. Dieser junge Bursche, vielleicht 30 oder 35 Jahre alt, heißt Andreas Wollenweber und hat mir die ganze Zeit nur Fragen gestellt, hat mich irgendwie genervt. Ratschläge kamen keine, der setzt ganz auf die „Selbsterkenntnis" der Patienten. Natürlich bringen einen Fragen wie: „Was haben Sie in den letzten Jahren für Ihren Körper getan?" oder „Wenn Sie die Arbeit und alles, was damit zusammenhängt, einmal aus Ihrem Leben subtrahieren, ...", zum Nachdenken. Aber selbst wenn etwas dran ist, dass ich mich zu stark reinhänge, was soll ich denn auf die Schnelle an meinem Leben ändern? Habe ja seit Jahren meine Nachfolge geplant und vorbereitet, bin jetzt kurz vor dem entscheidenden Punkt – da nehme ich doch nicht das Tempo raus!

Nach wie vor bekomme ich keinerlei Information aus dem Betrieb und das soll nach dem Willen der Leute hier auch so bleiben. Natürlich könnte ich mir von Hanne ein Handy einschmuggeln lassen, hab auch schon andere Patienten heimlich telefonieren sehen. Aber irgendwie habe ich Angst davor, dann schlechte Nachrichten zu bekommen und es körperlich nicht zu verkraften. Da ist jetzt mental irgendwie ein Hebel umgelegt und ich fühle mich plötzlich nicht mehr unversehrbar. Der Tod hat an die Tür geklopft, aber mein Gott, ich bin überhaupt nicht dafür bereit. Ich habe noch so viel vor mit meinem Leben. Ein neues Flugzeug, endlich einmal die Haute Route mit den Skiern, nach Nepal zum Trekking … Aber für alle diese „Bonbons" gibt es zwei Schlüsselfaktoren: Ich muss gesund und leistungsfähig sein und der Betrieb muss wieder schnurren. Und Oliver muss seine Rolle endlich finden und ausfüllen.

Coaching-Tagebuch Carsten Schaffner

Klient: Oliver Seibold
Sitzung Nr.: 2
Am: 23. April 2004
In: Praxis München

Ziel des Tages: Klient will eigene Situation ergründen und Misserfolge im Unternehmen begreifen.

Schlüssel-Fragen/Kurzfassung Klienten-Antwort:

Thesen: Wo stehe ich im Augenblick
    … im Leben?
        Vielleicht an einem Wendepunkt?
        In einer Sackgasse? Lebe ich wirklich?
    … in der Arbeit?
        Völlig isoliert bei SP. Wirklich geeignet zum GF? Bringe meine PS nicht auf die Straße, werfe mir vor, meine Software-Entwicklung leichtfertig aufgegeben zu haben.
    … Privat?   War da was?

Wenn ich so weitermache wie bisher …
    … mache ich Dad total unglücklich.
    … werde ich bei SP endgültig scheitern.
    … laufe ich voll gegen die Wand.

Energiebilanz:

Wann fließt Energie ab?
    – Bei Streit mit Dad oder in der Familie.
    – Wenn ich in mein neues Büro komme und Karin Dinslage sehe.
    – Wenn ich mit Dad über Unternehmensstrategie rede.

- Wenn ich vor Mitarbeitern den dynamischen Sohn spielen muss.
- Wenn ich es wieder mal nicht schaffe, mein Wissen um Management bei SP einzusetzen.
- Wenn ich selbst spüre, dass ich zweitklassige Arbeit mache (zurzeit oft).

Wann nimmt Energie zu?
- Wenn ich intellektuell arbeiten kann.
- Wenn ich auf dem Mountainbike sitze.
- Wenn ich meine Science-Fiction-Sammlung sortiere.
- Wenn Dad stolz auf mich ist.
- Wenn ich im Joe Peñas Menschen beobachten kann und mich keiner kennt.
- Wenn ich mit Mike zusammen Verrücktes mache.

Bemerkungen:
- Lebenskurve wurde vom Klienten völlig idealisiert gemalt, deutet auf starken Hang zum „Funktionieren" hin, bisher offensichtlich erschreckend wenig Reflexion der eigenen Situation.
- Zusammenbruch des Vaters taucht immer wieder als Problem auf (nächstes Mal bearbeiten).
- Klient ist extrem offen für Analytik, scheut sich aber vor Konsequenzen.
- Klient ist sich eigener Gefühle oft nicht bewusst, sieht alles zuerst aus dem Blickwinkel des Vaters.
- Klient ist sehr kooperativ, will ein Ergebnis erzielen.
- Wo sind Frauen im Leben des Klienten? Verhältnis zur Sexualität?

Nächstes Meeting: 27. April, 15.00 Uhr, Praxis München

Private Folder Oliver Seibold
Samstag, 24. April, 15.00 Uhr

Komme gerade zurück von einem Besuch Dads in Bad Hersfeld. Bin stark verunsichert, wie ich mich ihm gegenüber verhalten soll. Er wirkt, knapp zwei Wochen nach seinem Kollaps, schon wieder einigermaßen stabilisiert, macht Spaziergänge, Kreislauf-Aufbautraining etc., etc. Die Ärzte sagen, es war nur ein leichter Infarkt, es besteht auch im Augenblick keine Notwendigkeit zu einer Operation, sehr wohl aber die Notwendigkeit zu einer durchgreifenden Verhaltensänderung. Hier arbeiten scheinbar auch Psychologen in der Nachsorge, über die Dad sich aber sehr abfällig geäußert hat. Die wollen wohl verhindern, dass er körperlich nochmals den Crash erlebt. Trotzdem ist es eine verblüffende Parallelität, dass Vater und Sohn gleichzeitig in völlig unterschiedlichen

Kontexten über sich selbst nachdenken. Mal sehen, wohin das führt. Schaffner hat in einem Nebensatz erwähnt, dass es sinnvoll werden könnte, die beiden Prozesse von Dad und mir zusammenzuführen, ich habe ihm aber strikt untersagt, ohne meine Einwilligung hier irgendetwas zu machen – das ist eine Bombe!

Mit steigender körperlicher Kraft kommt der Chef in Dad nun wieder zum Vorschein. Heute hat er mir tausend Fragen zur Firma und meiner Arbeit dort gestellt, von denen ich – nach Rücksprache mit dem behandelnden Arzt – keine einzige beantwortet habe. Die halten ihn für höchst anfällig, sofort wieder loszulegen und sich einzumischen, sobald er erste Informationen bekommt. Dad hat also noch keine Ahnung, wo ich in meinem eigenen Denkprozess stehe, er weiß nichts davon, dass ich quasi die Führung abgegeben (oder besser gesagt „nicht angenommen") habe, er weiß nichts von meinem Coaching, nichts von den Vorbereitungen für eine Produktionsverlagerung. Lange können wir die Isolation dieses Mannes nicht mehr beibehalten, noch macht Mom mit und verweigert ihm aus Sorge um seine Gesundheit das Einschmuggeln eines Handys, wie es von vielen anderen Reha-Patienten praktiziert wird. Es kann aber jeden Tag passieren, dass sie schwach wird und sich doch rumkriegen lässt, dann wird Dad innerhalb einer halben Stunde alles wissen, was im Laden läuft und er erfährt es nicht von mir – das wäre das Schlimmste! In der Firma weiß zwar keiner von meinem Coaching, aber allein die Vorstellung, Dad erfährt von Strickert oder Danzig, dass ich aus dem Chefbüro ausgezogen bin und nur noch Hintergrundarbeit mache – der würde explodieren. Weiß Gott, was dann passieren könnte. Viel besser wäre natürlich, dass ich ihm selbst die wichtigen Dinge schonend beibringe, aber was könnte ich ihm heute sagen? Dass ich in einer Identitätskrise bin und mit einem Coach über mich nachdenke? Dass ich nicht mehr an meine GF-Rolle im Unternehmen glaube? Dad wird ausflippen, vielleicht bekommt er seinen zweiten Infarkt … Nein! Nochmals möchte ich nicht der Auslöser für einen Anfall Dads sein.

Mein Verhältnis zu Mom ist seit den Vorgängen ganz schlecht, eigentlich sind wir nach wie vor sprachlos, was die Hintergründe von Dads Infarkt betrifft. Die wenigen Male, wo wir uns gesehen haben, sprachen wir nur über Dads Gesundheit oder irgendwelche banalen Dinge. Keine Ahnung, wie das weitergehen soll.

Bericht Arno Seibold
Montag, 26. April 2004

Ich halte die Ungewissheit langsam nicht mehr aus. Mein Informationsstand ist auf der Höhe vom 14. April, ich weiß, dass wir das Audi-Teil verloren haben, vermutlich ist die Fertigung schon eingestellt, ich kann ausrechnen, was das an sofortigem Umsatzverlust bedeutet ... und ich habe keinen Kontakt zu meiner Firma! Keine Ahnung, was Oliver gerade treibt, ob die Bereichsleiter spuren, wie der Liquiditätsstand ist, wie die Neuteile laufen etc., etc. Die ganze Familie hält dicht, nicht einmal Hanne war bisher zu bewegen, mir endlich das Handy zu bringen.

Beschluss: Ich gebe mir noch diese Woche, mache brav alle Übungen mit und Freitag rufe ich in der Firma an.

Ich kenne mich besser als die Leute hier: Erst wenn ich weiß, dass im Unternehmen alles richtig läuft, kann ich wirklich loslassen und gesund werden. Dann bleibe ich freiwillig auch noch ein oder zwei Wochen hier ...

Coaching-Tagebuch Carsten Schaffner

Klient: Oliver Seibold
Sitzung Nr.: 3
Am: 27. April 2004
In: Praxis München

Ziel des Tages: Verhältnis zu Vater analysieren.

Schlüssel-Fragen/Kurzfassung Klienten-Antwort:

O.-K.-Modell ... ich bin nicht O.K./du bist O.K.
Anmerkung: Intensiver Aufarbeitungsprozess, Klient hält sich (vor allem dem Vater gegenüber) oft für minderwertig, starker Hang, eigene Leistungen abzuwerten. Klient beginnt schmerzhaft zu erkennen, dass er immer wieder versucht, sich selbst an den Maßstäben seines Vaters zu messen. Starker innerer Verarbeitungsprozess ist initiiert.

Wie muss ich sein, damit mein Vater glücklich ist?
(Antworten kommen blitzschnell, Klient stark emotionalisiert, leicht zynisch.)
 – Der Beste im Vergleich zu anderen (Schule, Studium etc.).
 – Trotzdem das machen, was er sagt.
 – Seine Leistungen anerkennen.
 – Tabu-Themen nicht ansprechen (zum Beispiel Michaela).

- Tag und Nacht an Firma denken.
- Die Firma so weiterführen, wie er es begonnen hat.
- Nach außen glänzen und den Status repräsentieren.
- Ihn bestärken, dass ich der richtige Nachfolger bin.

Wie muss ich sein, damit *ich* glücklich bin?
(Anfänglicher Widerstand, die Frage zu beantworten, danach Betroffenheit, Klient wagt kaum, eigene Bedürfnisse zu artikulieren.)
- Intellektuell arbeiten.
- Möglichst wenig mit anderen Menschen kommunizieren.
- Beobachtende Distanz zu den Dingen halten.
- Themen mit hoher Komplexität bearbeiten.
- Eigenen Rhythmus leben.
- Wenn schon Umgang mit anderen, dann mit Professionals.
- Umkehrschluss: Ich brauche keinen Status, ich bin kein Kommunikator, ich bin kein guter Menschenführer, ich hasse langweilige Routine, ich habe mit Technik nichts am Hut.

Konsequenzen:
(Klient ist sehr aufgewühlt, erkennt sofort, welche Konsequenzen diese Aussagen haben, bekommt Angst vor der eigenen Courage.)
- Ich lebe nicht mein Leben.
- Ich entspreche in keiner Weise dem Jobprofil des GF von Seibold Plastics.
- Ich kann meine eigenen Stärken viel zu wenig bei SP einbringen.
- Um Vaters Wunsch zu entsprechen, müsste ich unendliche Energie aufwenden – und bin trotzdem immer defizitär unterwegs.
- Ich werde so nicht glücklich und erfolgreich!

Was hindert mich, die Konsequenzen aus dem Erkannten zu ziehen?
- Ich verliere die Achtung und Liebe meines Vaters.
- Ich habe mich so lange auf diese Rolle vorbereitet.
- Ich zerstöre die Familie vollends (siehe Michaela).
- Ich habe ein Commitment gegeben.
- Ich stehe plötzlich ganz alleine da.
- Ich nehme das Versagen bei SP mit in die nächste Herausforderung.
- Ich schaffe meiner Mutter unendliches Leid.
(Hohe Betroffenheit beim Klienten, Intervention: „Dies ist noch keine Entscheidung, nur eine Option.")

Hausaufgabe:
- Fiktiven Brief an den Vater schreiben, in dem Klient wagt, einmal alles zu sagen, was endlich einmal gesagt werden muss.
- Gespräch mit Mutter über unausgesprochenen Vorwurf in Bezug auf Vaters Kollaps führen.

Nächstes Meeting: 30. April, 16.00 Uhr, in Praxis München

Private Folder Oliver Seibold
Mittwoch, 28. April 2003, 15.00 Uhr

Bin irgendwie total hin und her gerissen von dem Nebeneinander von Coaching-Prozess und meiner Arbeit bei SP. Hätte nicht gedacht, dass mir das so den Boden unter den Füßen wegzieht. Wenn das so weitergeht, kann ich hier in der Company bald nicht mehr arbeiten.

Hier im Unternehmen läuft alles wie ein Film an mir vorbei. Ich sitze den ganzen Tag in dem kleinen Räumchen am Ende von Strickerts Verwaltungsflur und zermartere mir das Hirn über die Unternehmensstrategie. Keiner kann hier verstehen, warum ich das mache, warum ich nicht Arno Seibold spiele, wo ich doch mal dürfte, warum ich nicht in meinem so schön eingerichteten Büro im GF-Trakt residiere. Ich frage mich immer stärker, ob dieses Unternehmen meine Vorgehensweise überhaupt nachvollziehen kann. In wenigen Tagen wird ein Business-Plan für 2003 und 2004 vorliegen, der in der nächstjährigen Planung bereits den Aufbau des neuen Unternehmensbereichs vorsieht. Hier stellen sich Fragen über Fragen:

- Wie viel Prozent Kosten werden wir durch unsere Sparprogramme wirklich drücken können?
- Wie weit wird die Audi-Kampagne „minus 20" wirklich greifen?
- Was kostet der Aufbau neuer Fertigungslinien im Osten? Wird die gesamte Fertigung verlegt oder nur Teilsegmente?
- Wie viel vorhandenes Personal müssten wir rüberschaffen, um die SP-Qualität zu halten?
- Wie viel Investment kostet der Aufbau des neuen Unternehmensbereichs, wann ist der Break-even-Point erreicht, welche Rendite verspricht dieser uns noch nicht bekannte Markt etc.?

Man könnte davor sitzen wie das Kaninchen vor der Schlange, aber es hilft nichts, ich muss mit den Parametern arbeiten, die ich eben habe, doch es sind, ehrlich gesagt, zu viele Unbekannte in der Gleichung, ich würde als Banker das gnadenlos zerpflücken, aber vielleicht haben wir ja Glück.

Ich arbeite jedenfalls weiter an meinem großen Werk, das natürlich nur ein Diskussionspapier ist, über das die Bereichsleiter und Dad herfallen können, aber dann liegt erst mal etwas auf dem Tisch. Doch was für eine

Mühe, was für eine Disziplin kostet es, so ein Werk zu erstellen, wenn man auf der anderen Seite überlegt, wo man im Leben überhaupt steht, welche Fähigkeiten man eigentlich hat, ob man seine Stärken richtig einsetzt und als Nachfolger in einem solchen Unternehmen überhaupt richtig ist. Manchmal sitze ich stundenlang sinnierend über dem Rechner, nicht fähig, auch nur eine Zeile zu produzieren, und denke nur über mein Leben und die Fragen nach, die Schaffner mir so unnachahmlich harmlos stellen kann.

Die wenigen Kontakte mit Karin Dinslage sind von Verachtung ihrerseits geprägt, sie schaut mich immer an in einer Mischung aus Geringschätzung und Amüsiertheit, wie wenn sie mir sagen wollte: „Warte nur, bis dein Vater wieder hier ist und sieht, wie du dich hier um die Verantwortung drückst ..." Manchmal kommt sie nicht drum herum, zu mir zu kommen, um mich Dinge, die mit Dad zusammenhängen, zu fragen. Sie fordert immer drängender Zugang zu Dad, hat wohl wichtige Telefonate bekommen, die sie eigentlich weitergeben müsste. Ich fordere sie immer auf, diese Dinge einfach mir zu geben, macht sie manchmal, aber es scheint bestimmte Vorgänge zu geben, die sie mir überhaupt nicht zeigt, keine Ahnung, ob Dad das angeordnet hat oder ob sie sich einfach wieder etwas herausnimmt. Jedenfalls ist sie total unglücklich und unzufrieden, das merkt man. Ihre Kündigung schwebt immer noch in der Luft, auch wenn wir nie darüber reden.

Heute Abend möchte ich Mom besuchen, mein Coach hat mich dazu stark ermutigt und meint, ich müsse unbedingt mit ihr reden, um den unausgesprochenen Vorwurf der Schuld an Dads Zusammenbruch vom Tisch zu bekommen. Habe Angst vor dem Gespräch, fühle mich selbst mental nicht sehr stabil und darf ihr ja meine eigenen Zweifel gar nicht sagen, weil ich nie weiß, wie viel sie für sich behalten kann.

Küchengespräche

Mutter und Sohn sitzen am kleinen Esstisch in der Küche, Brotzeit steht auf dem Tisch, die Mutter ist sehr distanziert, Oliver aufgeregt und emotional aufgewühlt. Der Sohn musste in einem langen Telefonat intensiv um die Bereitschaft der Mutter zu diesem Gespräch kämpfen, eigentlich wollte sie nicht reden, doch Oliver blieb hartnäckig.

Hanne Seibold (aufgesetzt freundlich): „Oliver, wie geht's dir so alleine in der Firma? Hast du mit Vater telefoniert?"

Oliver Seibold (ernst, schwer): „Mom, ich möchte nicht mit dir über die Firma reden, sondern über den Tag, als Dad zusammengeklappt ist."

Hanne Seibold (abweisend): „Da gibt's doch nichts mehr darüber zu reden, er hat's Gott sei Dank überlebt und wird von Tag zu Tag wieder stabiler. In ein bis zwei Wochen kommt er wieder nach Hause ... Und ... dann wird alles wieder seinen normalen Lauf nehmen. Das ist das Einzige, was zählt."

Oliver Seibold (hartnäckig): „Mom, ich sehe das ziemlich anders. Seit diesem 14. April steht etwas zwischen uns und ..."

Hanne Seibold (unterbricht unwirsch): „... ach, das bildest du dir doch nur ein, Oliver, das habe ich dir doch schon am Telefon gesagt ..."

Oliver Seibold (unbeirrt): „... nein, es steht etwas zwischen uns, Mom, und das weißt du so gut wie ich. Als ich von meinem Spaziergang zurückkam ...

Hanne Seibold (verletzt aufschreiend): „Ich will nicht darüber reden, versteht du denn das nicht ..."

Oliver Seibold (laut werdend): „Aber wir müssen darüber reden, besser jetzt, bevor Dad wieder nach Hause kommt. Auf mir lastet dieser Vorwurf, ich hätte was zu tun mit Dads Kollaps, das spüre ich ganz genau."

Hanne Seibold (weinend, Taschentücher holend): „Also gut, du willst drüber reden, du willst es genau wissen ...?" (Sie wirft die Tempopackung mit zitternden Händen auf den Tisch ...)

Oliver Seibold: „Ja, es bringt nichts, davon wegzulaufen. Also: Sag mir endlich, was du denkst, ich schlafe schlecht seit diesem Tag, ich denke ständig darüber nach, warum du mich damit beschuldigst, nur weil ich *einmal* zu meiner eigenen Meinung gestanden bin und Dad nicht gleich wieder Recht gegeben habe ..."

Hanne Seibold: „Hättest du dir für deine Machtprobe mit deinem Vater nicht einen besseren Tag aussuchen können? Du hast doch genau gespürt, wie schlecht er beieinander war an diesem Tag, er konnte kaum mehr reden vor Husten und Erschöpfung und du hast ...

(weinend) ... immer weitergemacht, du hast nur die Schwäche deines Vaters ausgenutzt, um deine Ansichten durchzusetzen ...“

Oliver Seibold (verletzt): „Das ist völliger Quatsch, wenn du unsere Unterhaltung so schön mitgehört hast aus dem Wohnzimmer, musst du wissen, dass wir zu einer gemeinsamen Meinung kommen *mussten*, denn in wenigen Minuten sollten die Bereichsleiter kommen und ...“

Hanne Seibold: „Es hatte doch in dem Gesundheitszustand alles keinen Sinn ...“

Oliver Seibold (immer lauter werdend): „Genau, es machte keinerlei Sinn, aber wer hat denn diese große Inszenierung veranstaltet, wer kam auf die Idee, die Bereichsleiter nach Hause ans Bett einzuladen, wer kam auf die Idee, nur eine halbe Stunde für das Vorgespräch mit mir einzuplanen, wer hat mich in letzter Sekunde ausgeladen und ist lieber selbst zu Audi gefahren, als seinem Sohn zu trauen. Das waren doch alles die Beschlüsse von Dad!! Er hat mich nicht gefragt, ob ich das gut finde.“

Hanne Seibold (trotzig): „Trotzdem: Du hättest erkennen müssen, dass er sich übernimmt, du hättest ihn schützen müssen, alles absagen ... (weinend) ... ach, was weiß ich. Du warst der Stärkere an diesem Tag und hast Arno im Stich gelassen ... und mich auch, du bist wie ein kleines Kind einfach weggerannt und hast mich mit Vater in dieser Situation allein gelassen.“

Oliver Seibold (stöhnend): „Im Stich gelassen, dass ich nicht lache. Unten hatte es geklingelt, die Bereichsleiter standen vor der Tür, ich musste mir auf die Schnelle was einfallen lassen und als die endlich abgezogen waren, brauchte ich auch mal ein paar Minuten, um wieder einen klaren Kopf zu bekommen.“

Hanne Seibold: „Und du hast nicht gemerkt, in welchem Zustand Arno war?“

Oliver Seibold: „Er hat gehustet und gehustet, das hat er den ganzen Morgen schon, ich war selbst total fertig. Mutter, begreif doch endlich ... wie schwer es für mich ist mit Dad. Mein ganzes Leben laufe ich den Erwartungen von Dad hinterher, hast du dir das schon mal überlegt?“

Hanne Seibold (erschrocken): „Inwiefern, Oliver?“

Oliver Seibold (mit belegter Stimme): „Mutter, mir wird immer klarer, dass ich seit meiner Kindheit immer was darstellen, immer was leisten muss, damit mich Dad anerkennt."

Hanne Seibold (kleinlaut): „Ich weiß, dass Arno streng ist, dass er sehr dominant ist. Aber dein Vater liebt dich über alles, Oliver, glaub mir."

Oliver Seibold (lacht verkrampft auf): „Klar, solange ich *seinen* Plan erfülle, solange ich *seinen* Erwartungen genüge, solange ich in *seiner* Firma arbeite ... so lange werde ich geliebt. Aber stell dir vor, ich komme mal auf eigene Ideen, ich bin plötzlich ..."

Hanne Seibold (nimmt seine Hand, er zieht sie weg): „... Was ..."

Oliver Seibold (fängt an zu schluchzen): „... stell dir vor, ich bin plötzlich Oliver ... (weint leise) ... ihr glaubt, ihr kennt mich ... aber ... ihr wisst vieles nicht ... was ich alles aufgegeben habe für diese verdammte Firma ... ich versuch doch, es Dad recht zu machen ... aber ich spüre ... (weint stark) ... das ist nicht mein Leben ... Dad wird mich nie loslassen, er kann rausgehen oder auch nicht, er wird immer, immer ... von hinten über meine Schulter schauen und bewerten, was ich mache ... (steht auf, geht in die Küche hin und her) ... so war es immer, so habe ich die Schule gemacht ... und das Abitur ... und das Studium ... und den MBA ... immer brav Leistung gebracht ... und jetzt geht's in der Firma in die nächste Runde ... aber etwas hat sich verändert in mir ... (laut werdend) *Ich ertrage das nicht mehr!*"

Hanne Seibold (total erschrocken): „Oliver, du kannst doch jetzt nicht ..."

Oliver Seibold (fällt ihr hart ins Wort): „Doch, ich kann jetzt alles hinschmeißen, wenn ich will, und ich bin kurz davor ..."

Hanne Seibold: „Du weißt, das würde Vater ..."

Oliver Seibold (schreiend, weinend): „Hör doch endlich auf, immer nur auf Dad zu sehen. Du bist doch meine Mutter, aber du hältst nicht zu mir, du hältst nur zu deinem Mann ... du warst nie auf meiner Seite (krümmt sich vor Weinen und steht schwankend auf) ... in Wirklichkeit bin ich ganz alleine, so wie Michaela auch."

Hanne Seibold (stark weinend): „Mir ist das zu viel ... ich wollte doch immer nur ..."

Oliver Seibold (an der Tür, die Jacke anziehend): „Eine harmonische Familie ..."

Hanne Seibold (weinend aufstehend, dem gehenden Sohn nachlaufend): „... Lass mich doch nicht allein ... ich ... wir alle machen Fehler ... aber es kann doch alles wieder gut werden, wenn wir ... zusammenhalten."

Oliver Seibold (schon auf der Außentreppe, etwas gefangen): „Ich weiß es nicht, Mom. Ich werde bald mit Dad reden müssen ... ich muss mir noch klar werden ... aber dann werden wir sehen, wie viel Liebe er für mich hat ... Machs gut, tut mir Leid, wenn ich dich gekränkt habe ... aber das musste mal raus." (Steigt ins Auto, fährt ab, die weinende Mutter stehen lassend.)

E-Mail-Protokoll

```
28.04.2004, 23.30 Uhr
Absender: Oliver.Seibold@t-online.de
Empfänger: Mike.Köhler@rsm-media.de
Anlagen:
```

```
Hi Mike, sorry, dass ich so lange nicht mehr gemailt habe,
aber hier in der Company und bei mir privat spitzen sich die
Dinge unglaublich zu. Lasse mich seit einigen Tagen coachen
von einem Typ in München, bringt mich viel weiter, als ich ge-
dacht hätte, aber macht das parallele Weiterarbeiten fast un-
möglich. Komme gerade von einer wahnsinnig emotionalen Aus-
sprache mit meiner Mom, kannst du dir vorstellen, wir beide,
auch ich (!!) haben geweint. Es ging um den Vorwurf, ich sei
mit schuld an Dads Kollaps. Und dann brach aus mir alles Mög-
liche raus, hab sie weinend stehen lassen und bin direkt zu
Joe Peñas gefahren, um mich voll laufen zu lassen. Bin ich auf
dem richtigen Weg mit dieser Offenheit? Übermorgen geht's
schon wieder nach München, ich hab das Gefühl, in einem
Schnellzug zu sitzen, der in einen langen Tunnel fährt ...
Worauf läuft das alles hinaus?
```

E-Mail-Protokoll

```
29.04.2003, 18.32 Uhr
Absender: Mike.Köhler@rsm-media.de
Empfänger: Oliver.Seibold@t-online.de
```

```
Hi Oliver, sag mal, was geht denn da ab bei dir in Würzburg?
Du solltest dich eigentlich auf deinen Job konzentrieren,
```

154

aber ich hab das Gefühl, du bist immer stärker auf einem anderen Trip. Vielleicht war's ja fällig, aber für deine Arbeit
als GF ist das sicher nicht hilfreich, pass auf, dass du das
Ding bei SP nicht vermasselst. Ich weiß aus eigener Erfahrung:
Solche Veränderungsprozesse in einem konservativen Laden zu
etablieren, das fordert einen voll. Wenn man dann gleichzeitig auf dem Egotrip ist, sein ganzes Leben und sein privates
Umfeld in Frage stellt, kann das nur zum Crash führen. Auf der
anderen Seite ist es für dich vielleicht wirklich an der Zeit,
aus dem Schatten deines „Über-Vaters" zu treten. So oder so:
Good luck, meine Bude in Frankfurt ist immer offen für einen
Obdachlosen ...

Telefongespräch Peter Danzig/Kurt Strickert
29. April 2003

Kurt Strickert: „Hallo Peter, das ist ja eine Überraschung, wie geht's dir denn so in Tschechien?"

Peter Danzig (scherzend): „Ach, super, ich mache auf Firmenkosten Urlaub, kurve von einem Fertigungsbetrieb zum nächsten und säge lustvoll an meinem eigenen Stuhl."

Kurt Strickert: „Was?"

Peter Danzig: „Na hör mal, du kannst doch sicher zu Ende denken, worauf das hier alles hinausläuft ... Aber erst mal sorry, dass ich dich am Feiertag störe. Aber wie du merkst, gehen mir da so ein paar Ideen durch den Kopf, über die ich mit dir reden muss."

Kurt Strickert: „Nur zu, sitze gemütlich auf der Terrasse und hab Zeit für dich. Also, lass mal raus, du klingst ja etwas eigenartig.

Peter Danzig: Gerade bin ich in xxxxxx, hier gibt's einen großen Automobilzulieferer. Hatte das Glück, über die Handwerkskammer an den Chef von dem Laden heranzukommen. Die haben ihr Headquarter in Wetzlar und vor zwei Jahren das Werk hier gebaut – natürlich auch nur aus Kostengründen. Er hat mir Mut gemacht, die haben scheinbar keinerlei Qualitätsprobleme und die Behörden machen viel weniger Ärger wie bei uns. Das Lohnniveau hier liegt tatsächlich nur bei 30 Prozent unseres Niveaus. Noch!"

Kurt Strickert: „Das bestätigt ja voll das, was Oliver meint."

Peter Danzig: „Eben. Und ich hab mir jetzt Folgendes überlegt: Wenn ich Oliver diese positiven Meldungen bringe, wird er sich voll bestätigt fühlen und das Projekt massiv forcieren. Und wenn wir Pech haben, kommt der Alte gerade dann zurück, wenn es finanziell wirklich kriselt, und wird dann vielleicht Oliver zähneknirschend machen lassen …"

Kurt Strickert: „Könnte sein, wir laufen tatsächlich in massive Probleme. Unser Versuch, die Außenstände schneller einzutreiben, greift nicht, die Abrufe von Daimler sind auch noch zurückgegangen, dann der Umsatzausfall mit Audi, die Kostenexplosion bei uns intern … im Augenblick läuft alles gegen uns."

Peter Danzig: „Das heißt doch: Unabhängig von Olivers Plänen muss so oder so was geschehen."

Kurt Strickert: „Definitiv, so geht's nicht weiter."

Peter Danzig: „Aber höre, Kurt. Mir geht die ganze Zeit durch den Kopf: Warum soll ich eigentlich so verrückt sein, meine eigene Versetzung nach Tschechien zu unterstützen. Dir ist doch klar: Wenn wir die Fertigung wirklich verlagern, dann bin ich entweder raus aus dem Spiel oder sitze hier irgendwo in der Prärie. Und das ist der Arsch der Welt, da bringen mich keine zehn Pferde hin, das kann ich dir sagen!"

Kurt Strickert: „Hm … so würde es kommen, da hast du Recht."

Peter Danzig: „Du Glücklicher würdest natürlich in Würzburg bleiben, es wäre wie bei unseren Freunden in Wetzlar: Verwaltung und Vertrieb bleiben in Deutschland, die schwere Fertigung geht rüber …"

Kurt Strickert: „… und die bräuchten dich natürlich vor Ort, um das Ganze ins Laufen zu bringen …"

Peter Danzig: „Na klar. Kannst du dir vorstellen, was Sabine dazu sagt, die würde nie mitkommen …"

Kurt Strickert: „Jetzt beruhige dich mal, das ist ja alles noch nicht entschieden …"

Peter Danzig: „Eben … und ich frage mich, ob ich an der Entscheidung nicht noch etwas drehen kann …"

Kurt Strickert: „Was willst du denn machen, Kurt? Mach dir nichts vor: Das entscheiden am Ende Arno und die Banken, da sind wir völlig raus."

Peter Danzig: „Aber sie werden auf meinem Bericht, auf meinen Zahlen aufbauen. Warum soll ich eigentlich so loyal sein, denen auch noch Munition zu liefern, wenn es voll gegen meine Interessen geht?"

Kurt Strickert: „Du willst doch nicht etwa …?"

Peter Danzig: „… die Situation hier etwas ‚zurückhaltender' darstellen, als sie ist. Na und?"

Kurt Strickert: „Die merken das doch sofort, vermutlich haben die Banken selbst Vergleichswerte von anderen Unternehmen, die rübergegangen sind."

Peter Danzig: „Vielleicht hast du Recht, aber was können wir dann tun, diesen Wahnsinn zu verhindern? Stell dir vor, was diese Veränderung für uns alle bedeutet, auch für dich, Kurt!"

Kurt Strickert: „Ich glaube einfach nicht, dass Arno das machen wird. Du kennst ja seine Abneigung gegen die ganze Idee mit den Ostländern."

Peter Danzig: „Aber Oliver würde keine Sekunde zögern."

Kurt Strickert: „Vergiss doch Oliver, Peter. Der hat in den letzten Tagen total abgebaut, hat bei allen inzwischen verloren. Wenn der Alte merkt, wie sich Oliver hier verdrückt hat, wird der ausrasten, davon kannst du ausgehen."

Peter Danzig: „Na und, du glaubst doch nicht etwa, Arno wird Oliver aus der GF nehmen?"

Kurt Strickert: „Das sicher nicht, aber er wird ihn total an die Kette legen und selbst wieder voll das Kommando übernehmen. Ich persönlich meine, Oliver wird uns nicht mehr gefährlich. Schau den Müller an, der hat sich bereits voll von Oliver abgesetzt."

Peter Danzig: „Aber denk es zu Ende, Kurt, wenn Arno die Produktionsverlagerung nicht wagt, was dann. Das ist ja noch keine Lösung, er muss dann anderweitig von den Kosten runter."

Kurt Strickert: „Klar, die Banken werden nicht frisches Geld reinpumpen ohne Perspektive … dann … muss er massiv Leute hier entlassen, oder der Vertrieb muss ganz schnell neue Kunden finden."

Peter Danzig: „Die sind doch unfähig, das kannst du vergessen. Die haben die letzten Monate keinen einzigen Neukunden geholt."

Kurt Strickert: „Wir bräuchten einen eigenen Trumpf in der Hand, den wir dann auf den Tisch legen könnten, wenn Arno den Ernst der Lage erkennt und versucht, die ihm verhasste Produktionsverlagerung doch noch abzuwenden."

Peter Danzig: „Was hältst du von einem freiwilligen Lohnverzicht der ganzen Belegschaft?"

Kurt Strickert: „Was?"

Peter Danzig: „Stell dir vor, wir schaffen es, Arno ein Konzept vorzulegen, wie wir die Kosten um 20 bis 30 Prozent drücken können, ohne die Fertigung verlagern zu müssen. Was wird er dann tun?"

Kurt Strickert: „Dann frisst er natürlich das kleinere Übel. Aber wie willst du das schaffen?"

Peter Danzig: „Einfach ein wenig zündeln. Ich heize die Gerüchte über die Fertigungsverlagerung, die sowieso schon da sind, noch etwas an, bitte dann den BR zu Geheimverhandlungen und versuche, denen klar zu machen, welche Optionen sie haben. Vielleicht klappt es ja, dass die die Belegschaft überzeugen."

Kurt Strickert (frotzelnd): „Und alles, nur weil du nicht nach Tschechien willst."

Peter Danzig: „Quatsch, weil die Verlagerung das Ende des Unternehmens bedeutet, das wir beide kennen und lieben. Keiner von uns weiß, in welchem Zustand Arno zurückkommt und ob wir letztlich vielleicht doch länger auf den Junior angewiesen sind, als uns lieb ist. Wenn wir jetzt nicht handeln, kommen wir nie mehr aus der Defensive.

Kurt Strickert: „Kann schon sein, Oliver und Müller arbeiten jedenfalls dran."

Peter Danzig: „Also, sollen wir es wagen? Unterstützt du mich?"

Kurt Strickert: „Ich hab ein mulmiges Gefühl. Wie würden wir es denn anstellen mit dem Zündeln."

Peter Danzig: „Ganz einfach: Ich schick Oliver eine E-Mail mit ein paar harmlosen Infos aus Tschechien und aus Versehen ist ein BR-Mitglied aus meiner Fertigungstruppe im Verteiler … Ich nehme dann alles auf meine Kappe, hab einfach in Outlook eine falsche Taste gedrückt und es ist passiert."

Kurt Strickert: „Oh mein Gott, damit setzen wir eine Lawine in Bewegung … Aber die Strategie könnte vielleicht funktionieren. Der BR wird sicher alles tun, um die Verlagerung zu verhindern. Da würden ja massiv Arbeitsplätze verloren gehen."

Peter Danzig (listig): „Klar, vor allem, wenn ich Oliver noch melde, dass ich herausgefunden habe, wie leicht man hier in Tschechien an hoch qualifizierte Fachkräfte rankommt."

Kurt Strickert: „Wusste gar nicht, dass du so raffiniert sein kannst."

Peter Danzig: „Wenn's ums Überleben geht ..."

Kurt Strickert: „Lass uns nochmals eine Nacht drüber schlafen. Mir graut vor den Konsequenzen."

Zurück in der Realität

Noch war die Reha-Klinik in Bad Hersfeld ruhig an diesem Freitagmorgen, der Mai hatte mit Stürmen und Regen begonnen in diesem Jahr und so fiel der gemeinsame Frühlauf für Arno Seibold aus und er saß mit seiner „Lerngruppe" beim Frühstück, las die Zeitung und ärgerte sich über die schlechten Wirtschaftsdaten, die sicher auch für sein Unternehmen nichts Gutes zu bedeuten hatten. 15 Tage war der Unternehmer nun schon in dieser Klinik – eine unvorstellbar lange Zeit ohne jeden Kontakt zur geschäftlichen Außenwelt. An einer Revision seines Weltbilds war Arno Seibold trotz der vielen Gespräche mit dem Psychologen nicht interessiert, warum auch? Er hatte eine schwere Krankheit gehabt, er war geheilt worden und nun sollte es auch so schnell wie möglich wieder losgehen. So war es die klarste Sache der Welt, dass Arno Seibold mit niemand über den Streit mit seinem Sohn geredet hatte, der das letzte Quäntchen Stress zu viel war an jenem 14. April. Das waren persönliche Angelegenheiten, bei deren Lösung er sich nie und nimmer vorstellen konnte, die Hilfe eines Psychologen in Anspruch zu nehmen. Nein, Arno Seibold wollte nicht zurückblicken, sondern, wie es sich für einen guten Unternehmer gehört, nach vorne schauen. Er rüstete sich seit Tagen für seine Rückkehr in die Firma, hatte Checklisten erstellt und Prioritäten gesetzt. Seine Mitarbeiter, seine Bereichsleiter und auch sein Sohn sollten spüren – hier kam kein Kranker zurück, hier war kein Schonprogramm verordnet. Stattdessen wollte er das Steuer herumreißen und mit einem harten Krisenprogramm durchstarten. Er hatte ja genug Zeit zum Überlegen gehabt, hatte verschiedene Vorgehensweisen erwogen – auch die von Oliver! Aber er war zu dem Schluss gekommen, dass das Unternehmen jetzt schnelle, beherzte Maßnahmen braucht. Entlassung unfähiger Verkäufer, Reduzierung des Personals in der Fertigung, Beschleunigung der Rüstzeiten an den Maschinen, Trennung von unrentablen Teilen, Er-

höhung der Wertschöpfung – die Liste war lang und er würde sie mit harter Hand umsetzen. Schluss mit den Strategiedebatten, Kreativrunden, mit unkalkulierbaren Geldausgaben für neue Unternehmensbereiche, mit Investorensuche. Alle diese Ansätze von Oliver waren gut gemeint, aber der falsche Weg. Oliver würde es ertragen müssen, dass sein Vater andere Schwerpunkte setzte, noch war Arno Seibold am Ruder und er würde seinem Sohn zeigen, wie er solche Herausforderungen zu lösen gedachte: nicht mit Konzeptpapieren, sondern mit schnellen, mutigen Maßnahmen und der nötigen Durchsetzungskraft. Wenn das Unternehmen dann erst einmal wieder auf sicherem Boden stand, konnte Oliver durchaus die eine oder andere seiner Ideen durchziehen, bis dahin aber würde er die Politik vorgeben. Letztlich war er auch den Gesellschaftern gegenüber verantwortlich!

... solche Gedanken kreisten in Arno Seibold, als er, im Liegestuhl die herrliche Parklandschaft betrachtend, eine Frauengestalt näher kommen sah, zielstrebig auf ihn zugehend. Der Park war weitläufig und die Dame, es war eine Dame, das war sofort am Gang zu erkennen, musste einige Hundert Meter zu ihm zurücklegen und je näher sie kam, umso bekannter schien ihm der Gang ... die Haltung. Bis Arno Seibold schlagartig klar wurde, dass niemand anders als Karin Dinslage mit eleganter Aktentasche auf ihn zukam. Karin! Das Unternehmen! Informationen! Arnos Herz schlug pochend schnell, er war über den unangemeldeten, unerlaubten Besuch so aufgeregt, dass er beim abrupten Aufstehen sein Wasserglas umschüttete.

Die Situation war Karin Dinslage außerordentlich fremd und peinlich, sie hatte tagelang damit gerungen, ob sie es wagen sollte, ihren Chef zu besuchen oder nicht. Karin Dinslage fühlte sich seit Wochen total abgeschoben, saß völlig allein zwischen zwei leeren Chefzimmern, durfte ständig zwischen Oliver und den Bereichsleitern hin- und herlaufen, um die Anrufer, die eigentlich ihren Chef wollten, einigermaßen zu befriedigen. Doch manches war so delikat, brauchte eine baldige Entscheidung von Arno persönlich, dass sie an diesem Freitag den Schritt wagte. Ihr war klar, dass es möglicherweise riskant war, den Genesungsprozess von Arno Seibold zu gefährden, aber bei manchen Vorgängen in ihrer Aktentasche war sie sich sicher, dass er sie später massiv angegriffen hätte, wenn sie die Dinge einfach liegen gelassen hätte. Nun gab es keinen Weg zurück mehr, sie sah ihren Chef total aufgeregt und aufgewühlt auf sie zueilen, eine Sekunde war unklar, ob sich beide nur die Hand geben oder doch in den Arm nehmen sollten, Chef und Sekretärin entschieden sich für Letzteres und schon war die Beklommenheit überwunden. Stolz erzählte Karin Dinslage, wie sie die Zugangsbarrieren in der Klinik überwunden hatte, sie hatte sich als Schwester von Arno ausgegeben, die extra aus Hamburg angereist war, um ihren kranken Bruder zu sehen. Niemals hätte eine Mitarbeiterin Zutritt zu ihm bekommen, so war es aber sehr leicht geglückt. Und in ihrer Aktentasche hatte Karin Dinslage den Stoff, nach dem sich der Unternehmer so sehnte: die aktuellste G&V, die Fertigungszahlen, den Projektstatus der Neuprojekte, die wichtigsten Anrufe etc., etc. Was Arno Seibold zu sehen bekam, bestätigte seine Sorgen, war aber Gott sei Dank noch nicht die befürchtete große Katastrophe. Sicher, man würde mit den Banken reden müssen, mehr Kontokorrent musste her, vielleicht auch eine größere Geldspritze, der Herbst machte Sorgen, die Auslastung stimmte nicht. Aber das war mit den von Arno Seibold schon konzipierten Maßnahmen in einem halben Jahr zu schaffen. Die wirkliche Bombe schlug erst gegen Ende des Gesprächs ein. Natürlich konnte Arno der Versuchung nicht widerstehen, die Sekretärin nach den Aktivitäten des Sohns zu fragen. Darauf hatte sich Karin Dinslage innerlich so eingestellt, dass sie dazu überhaupt kein einziges Wort sagen wollte. Sie wollte ihren Chef nicht mit der Erkenntnis belasten, dass sich sein Sohn erbärmlich verkrochen und die ganze Verantwortung den Bereichsleitern überlassen hatte. Doch ihre Geringschätzung von Oliver, vielleicht auch ein gewisses Rachegefühl für die Schmach, sie allein sitzen zu lassen, waren letztlich stärker und nach mehrmaligem Nachbohren des Unternehmers brachen die Dämme und die Sekretärin vergaß jede Rücksicht und Diplomatie ...

Private Folder Oliver Seibold
Samstag, 1. Mai 2004, 04.00 Uhr

Oh, verdammt, es ist ziemlich früh am Samstag, kann nicht schlafen, bin völlig fertig. Setze mich jetzt an meinen Rechner, hab ne Tasse Pfefferminztee in der Hand, zittere am ganzen Körper und versuche, meine Gedanken und Gefühle zu sortieren. Ich stecke in der totalen Krise, das ist die schrecklichste Erfahrung meines Lebens!!

Keiner von uns hat das Geschehen mehr im Griff, es ist, als ob alles ins Rutschen kommt. Ich fühle mich emotional total instabil und durch die

Mangel gedreht. So viel ist in den letzten 24 Stunden passiert ... Gestern Vormittag hat alles noch ziemlich normal begonnen, ich saß wie immer an meinem improvisierten Schreibtisch, arbeitete an der Firmenstrategie, führte Telefonate, um Marktinformationen der neuen Zielmärkte zu bekommen. Um die Mittagszeit startete ich wieder Richtung München, niemand in der Firma wusste, was ich da mache, für die bin ich in letzter Zeit einfach öfters weg. Auf dem Weg nach München, so kurz vor Augsburg, klingelte mein Handy und ... Dad war dran ... er telefonierte nicht aus Bad Hersfeld, sondern aus der Firma!! Er brachte kein Wort der Erklärung, warum er seine Reha abgebrochen hatte, sondern schrie mich an (scheinbar wieder bei bester Gesundheit), wo ich eigentlich sei, ob ich ihm nichts zu sagen hätte, was ich hier für ein Irrenhaus hinterlassen hätte ... und so weiter. Dad befahl im Militärton, ich solle sofort in die Firma kommen, hier wären unglaubliche Dinge passiert und ich solle ihm umgehend Bericht erstatten. Ich wagte nicht, ihm zu sagen, dass ich auf dem Weg zum Coaching war, auch davon wusste er ja nichts, und ich wollte es ihm in einer anderen Grundstimmung berichten. In aufkommender Panik drückte ich einfach bei meinem Handy auf den Off-Knopf. Ich sehe mich noch im Zug sitzen, zitternd, völlig unklar, was eigentlich vorgefallen war. Ich musste in kürzester Zeit eine Entscheidung fällen, das war klar. Dad würde sofort wieder versuchen, anzurufen und auf meine Mailbox laufen. Vielleicht, so dachte ich, war das im Augenblick auch besser. Ich war kurz vor Augsburg, es würde locker drei Stunden dauern, wenn ich dort aussteigen und den Gegenzug zu erreichen versuchte. Aus irgendwelchen Gründen fuhr ich weiter, an Augsburg vorbei, das Handy ausgeschaltet. Panik überkam mich, das Gefühl drohenden Unheils und eine völlige Einsamkeit. Noch nie war mir so bewusst wie in diesen Minuten, wie allein ich in diesem Unternehmen war. Ich brauchte dringend Informationen aus der Firma ... In meiner Not entschied ich mich dafür, Strickert anzurufen, in größter Angst, dass Dad zufällig neben ihm stehen könnte. Doch es ging keiner dran, vermutlich hatte Dad, panisch, wie er war, gleich alle Bereichsleiter zu sich gerufen, Danzig war vielleicht noch unterwegs, wollte eigentlich erst abends von seiner „Ostland-Reise" zurückkehren. Ich war wie besessen davon, von dritter Seite irgendwas zu erfahren, was im Unternehmen vor sich ging, also rief ich Müller an ... und der war sofort am Telefon. Gab mir den Rat, lieber nicht zu kommen, denn mein Vater sei in völliger Raserei, alle hätten Sorge, er würde gleich wieder umkippen. Was ich dann erfuhr, verschlug mir den Atem. Ganz offensichtlich waren mehrere unglaubliche Dinge passiert. Karin Dinslage hatte wohl Dad besucht (eine Frechheit, gegen alle Verbote, dieser verdammte Drachen!), Dad kam daraufhin scheinbar wutschnaubend nachmittags ins Unternehmen und versuchte, sich in kürzester Zeit einen Überblick zu verschaffen, was während seiner Abwesenheit alles „falsch gemacht" worden war. Er suchte mich und erfuhr nur, dass ich mit unbekanntem Ziel weggefahren war. Dad wurde durch seinen unangekündigten Auftritt in kürzester Zeit mit tausend Dingen konfrontiert, natürlich auch mit meiner veränderten Situation im Unternehmen. Alles, was ich ihm schonend in geeigneter Stimmung vermitteln wollte, lag plötzlich als riesiger, ungeordneter Knoten vor ihm – die Enttäuschung muss riesengroß gewesen sein. Doch damit nicht genug: Dad kam gar nicht groß zum Nachdenken, warum sein Sohn so grandios versagt hatte, denn schon wenige Minuten nach dem Eintreffen wurde er mit einer ganz bescheuerten Situation konfrontiert. Ungefähr eine Stunde vor Dads Ankunft in der Firma war plötzlich ein riesiger Terror im Unternehmen entstanden, weil Danzig von seiner Reise aus offensichtlich eine E-Mail an Strickert und mich geschickt hatte mit Informationen über seine Gespräche in Sachen Produktionsverlagerung. Und diese E-Mail ging aus Versehen (!!) als Kopie noch an einen Techniker aus Danzigs Bereich, der zu allem Übel auch noch Betriebsratsmitglied war (so ein Wahnsinn, Danzig macht damit alles kaputt, wie kann so etwas Dilettantisches passieren mit so sensiblen Informationen). In wenigen Minuten ging scheinbar ein unglaublicher Zinnober los, Brenner versuchte, mich dringend zu sprechen, ich war aber weg, hatte zu dem Zeitpunkt auch das Handy ausgeschaltet und keiner wusste, wie er mich erreichen konnte. In dieser Notsituation trafen sich dann die BLs mit Brenner, Danzig war noch auf dem Rückweg. Der BR-Vorsitzende Brenner warf mir in Abwesenheit vor, hinter dem Rücken des Betriebsrats den Ausverkauf des Unternehmens voranzutreiben, forderte ultimativ den sofortigen Zugang zu allen geheimen Papieren und Planungen etc., etc. Strickert ging notgedrungen in die Offensive, erläuterte dem Betriebsrat, wie schlecht es um das Unternehmen stand, dass so oder so schmerzhafte Maßnahmen ergriffen werden mussten und dass die Verlagerung der Produktion deshalb geprüft würde. Ohne Abstimmung mit den anderen Kollegen machte Strickert dann den überraschenden Vorschlag, der BR könnte ja die Belegschaft dazu bringen, befristet auf einen Teil der Einkommen zu verzichten, um damit einen Beitrag zum Erhalt der Arbeitsplätze in Würzburg zu leisten. Der BR verließ darauf wütend und völlig überrumpelt den Sitzungsraum und zog sich zu eigenen Beratungen zurück. Ungefähr zu dieser Zeit kam Dad ins Unternehmen und es dauerte keine halbe Stunde, bis das Gerücht im ganzen Betrieb durch war, Arno Seibold sei wieder aufgetaucht und würde wie ein Verrückter durch den Betrieb rasen. Als der BR von der Anwesenheit des Inhabers erfuhr, bat Brenner natürlich sofort um eine Audienz bei Arno Seibold … Dad fiel aus allen Wolken, und ließ sofort ermitteln, wie es zu der Reise von Danzig gekommen war. So hat er vermutlich erfahren, dass ich das angeordnet hatte etc., etc. Müller meinte dann noch, es gehe das Gerücht um, Dad habe Danzig sofort angerufen und noch am Telefon entlassen … Müller erzählte alle diese Details fast genüsslich, deutlich war ihm anzumerken, wie froh er war, in dieser ganzen Katastrophe der lachende Dritte zu sein. Der ganze Ärger von Dad würde sich auf mich konzentrieren, er hatte inzwischen ja zwangsläufig herausgefunden, dass ich aus dem Büro ausgezogen bin, dass ich nicht, wie von ihm gedacht, die Führung übernommen habe … Enttäuschung und Wut auf der ganzen Linie. Mit dieser Kurzinformation über den ganzen Wahnsinn bei SP bin ich dann in München angekommen und stand eine Weile unentschlossen auf dem Bahnhof herum, unfähig, eine Entscheidung zu treffen. Alles war mir entglitten, alles, was nur schief gehen konnte, war schief gegangen. Unabhängig von den Ergebnissen meines persönlichen Prozesses im Coaching kam nun sowieso die Stunde der Wahrheit mit Dad, das war mir klar. Der hatte sicher auch mit Mom telefoniert und möglicherweise hat sie ihm auch von meiner Auseinandersetzung mit ihr erzählt. Wie auch immer, ich bekam plötzlich so eine fatalistische Haltung, es schien mir gleichgültig, ob ich gleich zurückfuhr in den Streit oder erst am späten Abend erschien. Das schien immer noch den kleinen Vorteil zu haben, den Coach als Unterstützung in diesem Irrsinn zu nutzen. So fiel die Entscheidung, das Handy erst einmal auszuschalten zu lassen und zu Carsten Schaffner zu fahren.

Der hat sofort gespürt, dass etwas nicht stimmt, und wir haben die ganzen vier Stunden nur aufgearbeitet und emotional sortiert, was da so gelaufen ist, wo meine eigenen Verfehlungen sind und welche Problemanteile bei anderen liegen. Das war wahnsinnig gut und hilfreich, bin Carsten Schaffner zu großem Dank verpflichtet, der hat sich voll professionell verhalten, hervorragend die Distanz gewahrt und mich trotzdem aufgefangen. Ergebnis des Tages war für mich, dass in einer objektiven Betrachtung meine eigenen Problemanteile ziemlich gering sind. Dagegen muss Dad aus seinem Blickwinkel heraus mein Verhalten als das totale Scheitern betrachten und mein Problem ist nun, dass ich es fast nicht schaffe, die Brille von Dad abzusetzen und bei ihm den Schuldanteil zu lassen, der seiner ist. Das scheint mein eigentliches Problem zu sein: mich für alles, was Dad oder Mom aus der Bahn wirft, emotionell verantwortlich zu fühlen. Schaffner rät mir hier, immer wieder ganz klar und eindeutig herauszuarbeiten, wo ich persönlich Fehler mache und was bei anderen liegt.

Fazit von Carsten Schaffner war, dass meine eigenen Anteile an der ganzen Misere gering sind, aber was nützte mir das schon in meiner Lage?

Gott sei Dank spürte Schaffner, dass *ich* in diesem Zustand nicht mit Dad zusammentreffen durfte und dass es auch für *Dad* gefährlich wäre, nach diesem für ihn unglaublich stressigen und gefährlichen Tag noch eins draufzusetzen. Ich war sowieso in größter Sorge, ob und wie er den Wahnsinn überstand, direkt aus der totalen Ruhe der Klinik ins Chaos bei SP zu wechseln. Während wir noch diskutierten, wie es nun eigentlich weitergehen soll, klingelte mein Handy und meine Mutter war dran – mit absolut panischer Stimme herrschte sie mich an, wo ich mich denn eigentlich herumtriebe. In aufkommender Panik und Hilflosigkeit legte ich auf und fragte Schaffner, was ich tun sollte. Der hielt meinen Zustand offenbar für so kritisch, dass er mich um Erlaubnis fragte, selbst rangehen zu dürfen. Als ich nach ein paar Minuten von der Toilette zurückkam, legte er tröstend seine Arme um meine Schulter … er brachte mir schonend bei, dass Dad soeben in der Firma wieder einen Kreislaufzusammenbruch bekommen hatte. Er war über so viele Stunden erregt im Unternehmen rotiert, dass es einfach zu viel war. Er sackte wohl mitten in einem Betriebsratsmeeting zusammen. Meine Mutter wollte scheinbar von mir wissen, warum ich für Dad nicht greifbar war, wo er mich so stark gebraucht hätte (schon wieder diese Vorwürfe), und wollte mich informieren, dass Dad wieder im Würzburger Uni-Krankenhaus zur Untersuchung liegt. Damit war für mich der Faden endgültig gerissen, ich wollte nur noch weg, raus aus der Praxis, einfach laufen, laufen, laufen. Ohne das übliche Review am Schluss verließ ich Hals über Kopf meinen Coach, er rief mir irgendwas hinterher, was ich nicht mehr richtig mitbekam, und schon stand ich draußen im Großstadtgetriebe. In meinem Kopf drehten sich die Gedanken wie in einem verrückten Karussell. Wieder ein Zusammenbruch von Dad, an dem bei mir ein Stück Schuld klebte! Wieder war ich wie durch eine heimliche Systematik beteiligt an der Dynamik der Ereignisse, wieder war ich nicht zur Stelle, als es darauf ankam. Aber auf der anderen Seite hatte ich doch gar nichts forciert, ich wollte den Tag ganz normal gestalten und wähnte Dad gut aufgehoben in Bad Hersfeld. Sicher, er hatte mir durch sein unangekündigtes Auftreten keinerlei Chance einer Vorbereitung gegeben. Er hatte sich wieder mal gegen den ausdrücklichen Willen seiner Ärzte selbstständig gemacht. Doch erst einmal angekommen im Betrieb, musste es aus seiner Warte aussehen wie das totale Chaos. Ich ausgezogen aus dem neuen Büro, versagt in der Führung des Unternehmens, schlecht angesehen bei den meisten Führungskräften, gegen den erklärten Willen Dads die Verlagerung der Produktion vorantreibend und dann noch im Rahmen dieser Aktion der irre Fehler von Danzig, der genau am Tag von Dads Rückkehr den Betrieb verrückt machte. Da war ein neuerlicher Zusammenbruch von Dad mehr als verständlich. Aber, schon merke ich – wieder formuliere ich alles aus seiner Warte! Warum wird eigentlich *mein* guter Wille, *meine* positive Absicht, *mein* Arbeitseinsatz nie gesehen und gewürdigt. Alles, was ich mit größter Kraft voranzutreiben versuche, wird ins Gegenteil verkehrt! Solche Gedanken schossen mir durch den Kopf und wollten sich nicht zu einem schlüssigen Bild zusammenfügen, es war alles völlig verwirrend. Kopflos lief ich durch endlose Straßenzüge, landete in einem großen Park, vermutlich der Englische Garten, und lief mit rasenden Gedankenkaskaden längere Zeit ungeplant herum, bis mich Schaffner auf dem Handy aus meiner Verwirrtheit erlöste. Er hat ein super Gefühl, was im jeweiligen Moment notwendig ist, ließ sich einfach durchgeben, wo ich gerade stand, und war zehn Minuten später mit seinem alten Jaguar zur Stelle. Ohne viel zu fragen, fuhr er mit mir zu einer typisch bayrischen Kneipe und bestellte – nachdem ich wohl immer noch völlig apathisch war – Essen und Trinken für uns beide. Nach dem Schweinsbraten und zwei gierig hinabgestürzten Bieren begann meine Anspannung etwas zurückzugehen. Als Schaffner merkte, dass ich langsam wieder klar wurde, drückte er mir aufmunternd meine Hände und führte mich dazu, die Fakten zu sortieren. Mir wurde schnell klar, dass ich unverzüglich zurückfahren musste. Es machte keinen Sinn, vor den Realitäten zu fliehen. Mom war wieder mal allein mit der Situation, Dad hatte einen neuen Schuss vor den Bug bekommen, ich hatte noch keinerlei Infos, ob es eher ein harmloser Crash oder eine vielleicht sogar lebensbedrohende Sache war. Im Unternehmen hatte Dads cholerische Bestandsaufnahme der „Verhältnisse" sicher mein letztes Renommee gekostet. Und durch das Telefonat mit dem Coach wusste zumindest meine Mutter nun definitiv, dass ich mich coachen ließ und konnte sich wohl ausrechnen, dass dies große Veränderungen bedeuten würde. Schaffner empfahl mir, mit Dad und der Mutter nur in Anwesenheit eines Coachs zu dem entscheidenden Gespräch zusammenzukommen. Zu viele Emotionen, zu viel gesundheitliche Gefährdung bei Dad! Mein Coach meinte damit durchaus nicht unbedingt sich selbst, er ließ völlig offen, ob möglicherweise auch der bisher behandelnde Psychologe von Dad in diese Rolle schlüpfen könnte, war aber Gott sei Dank auch selbst bereit, nach Würzburg zu kommen. Ich wusste dazu in München noch nichts zu sagen, mir war nur klar, dass meine ganze Situation wieder eine neue Eskalationsstufe erreicht hatte. Gegen 23 Uhr kam ich in schrecklichem körperlichen und seelischen Zustand in meinem Apartment an und wurde durch die zornige Stimme meines Vaters auf dem Anrufbeantworter daran erinnert, dass dies alles nicht nur ein böser Traum war. Er hat mich im Laufe des Tages auf allen Kanälen versucht zu erreichen und konnte offenbar nicht fassen, dass ich die Stirn hatte, mich ihm zu verweigern und nicht in Büßerhaltung vor ihm auf die Knie zu fallen. Trotz der späten Uhrzeit rief ich Mom an, obwohl ich mir eigentlich fest vorgenommen hatte, erst eine Nacht zu schlafen und dann in Ruhe die nächsten Schritte zu überlegen. Ich erreichte sie kurz vor Mitternacht am Handy. Sie war inzwischen zu Hause, Dad ging's wohl nicht allzu schlecht, es schien „nur" ein leichterer Kreislaufkollaps zu sein, nach ersten Erkenntnissen wohl kein neuer Herzinfarkt, aber ein weiteres deutliches Warnzeichen. Die Ärzte aus seiner Klinik waren wohl total ausgeflippt, als sie gehört hatten, was sich zugetragen hatte, und haben sich mit den Kollegen in der Würzburger Uni-Klinik sofort kurzgeschlossen. Finde ich super! Mom sagte, wenn keine Herzoperation etc. notwendig wird, geht's wieder zurück in die Reha. Und die Ärzte waren in ersten Stellungnahmen sicher: Dad wird nun nicht mehr so schnell rauskommen, denn einen weiteren Herzinfarkt würde er wohl nicht überleben. Doch wollten sie ihn einsperren? Man hat ja gesehen, sobald sich Dad wieder einigermaßen gestärkt fühlt, ist er nicht zu halten. Keine Ahnung, wie es die Ärzte schaffen wollen, ihn nochmals vier Wochen ruhig zu stellen, gerade jetzt, wo er weiß, was im Betrieb aus seiner Sicht alles aus dem Ruder läuft ...

Mom war total eisig zu mir, das Verhältnis ist jetzt schon, vor der großen Aussprache, kaputt – ich fühle es genau. Sie gibt mir wieder die Schuld an allem, es ist genau das gleiche Muster wie vor zwei Wochen. Inbrünstig hat Mom versucht, mich dazu zu bewegen, mit ihr gemeinsam morgen Vormittag zu Dad ins Krankenhaus zu fahren, um „alles aufzuklären". Die hat Vorstellungen! Meint sie im Ernst, es handelt sich nur um ein paar kleine Missverständnisse und nach deren schneller Klarstellung ich Dad dann in den Armen liege? Wo lebt diese Frau eigentlich? Merkt die immer noch nicht, dass ich in einer totalen Lebenskrise stecke? Es ist zum Verzweifeln, sie deckt das System meines Vaters perfekt, von ihr bekomme ich keine Unterstützung, das ist mir inzwischen wirklich klar. Verdammt, Michaela, musst du denn immer Recht haben?

Coaching-Tagebuch Carsten Schaffner

Klient: Oliver Seibold
Sitzung Nr.: 4
Am: 30. April 2004
In: Praxis München

Ziel des Tages:
Ursprüngliche Coaching-Inhalte konnten aufgrund akuter, extremer Konfliktsituationen des Klienten nicht bearbeitet werden. Aufgrund plötzlichen Auftauchens des Vaters in der Firma des Klienten spitzten sich die Konflikte bedrohlich zu. Klient kam völlig orientierungslos in die Praxis. Gesamte Lebenskonzeption gerät ins Wanken, Klient hat größte Ängste, wie seine Schwester nun auch selbst den Vater und damit auch die Mutter (die offensichtlich immer auf der Seite ihres Mannes steht) zu verlieren. Trotz des Alters von 32 scheint Klient immer noch ungewöhnlich stark vom Vater abzuhängen, pubertärer Ablösungsprozess möglicherweise gestört verlaufen. Klient reagiert endlich auch emotional durch heftiges Weinen und Erbrechen. Keine konkreten Anzeichen auf Suizidgefahr. Vater hat – vorzeitig aus der Reha fliehend – nach Konfrontation mit Problemen im Unternehmen einen weiteren Kreislaufzusammenbruch bekommen. Starke Schuldgefühle beim Klienten, auch Schuldvorwürfe von Mutter an Sohn. Klient weiß, dass er die Erwartungen seines Vaters in keiner Weise erfüllt hat, er steht extrem unter Druck. Vater scheint jede offene Aussprache zu meiden, seine Herzprobleme werden möglicherweise nun als Druckmittel instrumentalisiert, das die gesamte Familie zwingt, notwendige Aussprachen zu unterdrücken.

Weiteres Vorgehen:
Empfehlung an Klienten ausgesprochen, keinesfalls ohne psychologische Betreuung in eine Aussprache mit dem Vater zu gehen. Sobald klar ist, wie und wo Vater behandelt wird … *Kontaktaufnahme mit behandelndem Arzt und Psychologen. Ziel: Familienkonferenz mit allen Beteiligten und externer Moderation.*

Letzte Anweisungen

Als Arno Seibold im Krankenwagen wieder zu sich kam, fühlte er nur noch Leere und Stille, alles um ihn herum schien wie in Zeitlupe abzulaufen, der Sanitäter, der alle möglichen Schläuche und Kabel an ihm befestigt hatte, versuchte, mit ihm zu sprechen, Arno nahm das alles durch einen dicken Nebel wahr und schloss verzweifelt die Augen. Irgendwo weit, weit entfernt wusste er, dass „draußen in der Welt" eine riesige Last an Problemen auf ihn wartete, aber das starke Beruhigungsmittel gab ihm trotzdem eine wohlige, gleichgültige Grundstimmung. Am Rande nahm er wahr, dass er aus dem Wagen gehoben, in einem Krankenhaus herumtransportiert und irgendwann in ein Bett gelegt wurde. Dann endlich konnte er das tun, wonach er sich mit jeder Faser seines kranken Körpers sehnte – schlafen.

Am nächsten Morgen – mehr als zwölf Stunden hatte Arno wie bewusstlos geschlafen – wachte er bei der Visite durch einen ihm unbekannten Arzt auf. Erst nachdem dieser alle Werte auf den verschiedenen Überwachungsgeräten sorgfältig geprüft und mit der Nachtschwester getuschelt hatte, entschloss sich der Arzt zu einem offenen Gespräch mit dem Patienten. Er malte dem Unternehmer in wenigen, gnadenlos präzisen Pinselstrichen ein Bild seiner Lage: Ersten Infarkt vor knapp drei Wochen gehabt – Reha zuwider jeder ärztlichen Expertise abgebrochen – höchste nervliche Belastung im Unternehmen gesucht – neuerlicher Kreislaufzusammenbruch ohne direkte Infarktdiagnose – nun höchste Gefahr eines zweiten Infarkts mit möglicherweise tödlichem Ausgang bei neuerlichem Abbruch der Reha … Jeden Einwand des nach dem langen Schlaf und den vielen Medikamenten relativ stabilen Patienten wischte der Arzt vom Tisch. Aus Sicht des Krankenhauses gab es für Arno Seibold nur einen Weg: Sobald sein Zustand so stabil sei, dass er entlassen werden konnte, direkt zurück nach Bad Hersfeld, wo die Ärzte und Psychologen schon auf ihn warteten. Und dieses Mal „drohte" eine bedeutend längere Auszeit von sicher zwei bis drei Monaten, wenn Arno nicht mutwillig mit seinem Leben spielen wollte. Stöhnend vor Gram und Verzweiflung ließ sich der Unternehmer, der weit nach vorne im Bett aufgerichtet mit höchster Aufmerksamkeit das Statement des Arztes aufgenommen hatte, in die Kissen fallen. Inzwischen war die gesamte Problemlast wieder transparent, sein Kopf einigermaßen klar. Olivers vollständiges Scheitern, die heimtückisch in seiner Abwesenheit eingefädelte Produktionsverlagerung, die rote Karte des Betriebsrats, die desolate Führung durch seine Bereichsleiter, die katastrophale Stimmung bei den Mitarbeitern ... alles das sollte er stehen und liegen lassen und mit diesem Scherbenhaufen dann in eine monatelange Rehabilitation gehen ...?? Glaubten die Ärzte, allen Ernstes, dass ein Unternehmer angesichts der drohenden Vernichtung seines Lebenswerks ruhig und gelassen Atemübungen und Spaziergänge weit entfernt in einer Kurklinik machen konnte? Auf der anderen Seite machte sich Arno keine Illusionen mehr über seinen Gesundheitszustand. Er spürte selbst, dass er solchen Belastungen, wie sie nun anstanden, wenn er zurück in die Firma ging, im Augenblick nicht standhalten konnte und hatte nicht wenig Angst um sein Leben. „Zeit gewinnen, ich muss einfach ein paar Wochen Zeit gewinnen", schoss es ihm durch den Kopf, er redete sich ein, vielleicht nach ein paar Wochen mit gutem Heilungsverlauf doch aus der Reha entlassen zu werden. Es war natürlich nur ein Strohhalm, an den er sich verzweifelt klammerte, doch das schien ihm der einzig mögliche Weg. Natürlich mussten während dieser Wochen seiner Abwesenheit trotzdem schnelle Entscheidungen fallen und so entwarf Arno Seibold mit zitternden Händen einen Brief an seinen Sohn, der minutiöse Anweisungen für die aus seiner Sicht anstehenden Aktionen enthielt und keinerlei Widerspruch duldeten. Einen weiteren Brief schrieb der Unternehmer im Krankenbett an Carsten Hensler, den Geschäftsführer der Hausbank, und bat ihn, bis zu seiner Genesung und seiner Rückkehr ins Unternehmen dem Unternehmen eine Erhöhung des Kontokorrentkredits zu gewähren und damit die Liquiditätskrise der nächsten Wochen zu decken. Ob der Banker auf seine Bitte eingehen würde ...? Arno Seibold war so „altmodisch", nach mehr als 20 Jahren Kundenverhältnis dieses Entgegenkommen für möglich zu halten. Zuletzt fiel dem Unternehmer noch ein weiterer Adressat eines Briefes ein – der Betriebsratsvorsitzende sollte von ihm nochmals schriftlich versichert bekommen, dass es keinen von ihm autorisierten Geheimplan zur Verlagerung der Produktion gab. Erleichtert von seinen schnellen Aktivitäten, überreichte er die drei Briefe der Krankenschwester, die angesichts des Arbeitseifers dieses sichtlich unglücklichen Menschen, der gestern noch halb im Koma eingeliefert worden war, nur den Kopf schütteln konnte. Trotzdem erfüllte die Schwester den Wunsch des Patienten und brachte die Briefe zur Post. Arno Seibold wiederum hatte zumindest das Gefühl, die Dinge wieder ein wenig selbst zu bewegen, und fiel auf der Stelle wieder in einen tiefen, erschöpften Schlaf.

Brief von Arno Seibold an Oliver Seibold
Geschrieben am 1. Mai 2004,
zugestellt am Montag, den 3. Mai 2004

Lieber Oliver,

du weißt sicher inzwischen, was passiert ist, ich liege in der Uni-Klinik, nachdem ich durch das von dir und den Bereichsleitern angerichtete Chaos einen Rückfall und Zusammenbruch erlitt. Ich werde wieder nach Bad Hersfeld in die Reha kommen, sobald ich das Krankenhaus verlassen kann. Die Ärzte meinen, es kann zwei bis drei Monate dauern, bis ich wieder zurückdarf, ein weiterer Zusammenbruch oder gar Infarkt könnte mein letzter sein. Ich werde natürlich versuchen, so schnell wie möglich zurück in die Firma zu kommen, um alle aufgehäuften Probleme anzupacken und zu lösen.

Dass ich maßlos von dir enttäuscht bin, dürfte klar sein. Ich kann mit dir über die Konsequenzen all dessen im Augenblick nicht reden und möchte im Augenblick auch kein Telefonat und keinen Besuch von dir. Wenn ich wieder stabiler bin, wird der Tag kommen, wo wir beide über all das sprechen, was vorgefallen ist. Jetzt zählt nur, dass wir das Unternehmen stabilisieren, bis ich wieder zurückkomme.

Ich habe hier am Krankenbett die wichtigsten Entscheidungen für die nächsten Wochen getroffen und bitte dich, in deiner Funktion als Geschäftsführer diese sofort ohne jede Korrektur, ohne jeden Zeitverzug umzusetzen:

1. Sofortige Freistellung von Peter Danzig
Wegen Geschäftsschädigung. Du begleitest ihn zu seinem Schreibtisch, er packt seine Sachen und kann gehen. Bitte lass unseren Firmenanwalt die rechtliche Situation prüfen, gib ihm alle Informationen über die Aktivitäten und deine Anweisungen.

2. Sofortiger Stopp aller Pläne einer Produktionsverlagerung
Unsere Großkunden können machen, was sie wollen, noch bin ich der Unternehmer und ich will diesen Weg nicht gehen, auch wenn er noch so viele Sparpoten-

ziale bringt. Du hättest mich und meine Abneigung gegenüber diesen Dingen kennen müssen und hättest Danzig nie in diese Richtung losschicken dürfen.

3. Jürgen Müller wird zum kommissarischen Technischen Leiter ernannt
Er ist mir zwar mit seiner ständigen Kritik und Profilierungssucht ein wenig suspekt, aber er hat ohne Zweifel die größte Ahnung von den Abläufen und Verfahren und ist bei Mitarbeitern und Führung anerkannt. *Er soll die volle disziplinarische Führung der Leute bekommen.* Wenn er nicht sofort bereit ist, müsst ihr ihn überzeugen, er ist unsere einzige Trumpfkarte!

4. Gespräch mit dem Betriebsrat
Ich habe Horst Brenner von meinem Krankenbett aus einen Brief geschrieben und mich – auch in deinem Namen – für das Chaos entschuldigt und jede Form der Betriebsverlagerung verneint. Rede bitte gemeinsam mit Strickert und Müller nochmals mit dem BR, ich möchte, dass die Jungs wissen, wo sie dran sind und im Betrieb wieder gute Stimmung machen.

5. Gespräch mit Carsten Hensler
Auch ihm habe ich einen Brief geschrieben und ihn um Kreditaufschub während meiner Abwesenheit gebeten. Er wird sich gut überlegen, einem so guten Kunden in einer so dramatischen Situation den Hahn zuzudrehen. Ruf ihn an, beziehe dich auf meinen Brief und mach die Sache klar.

6. Stopp für alle strategischen Überlegungen
Ich habe gehört, dass du weitreichende strategische Pläne entwickelt hast, die mit mir in keiner Weise abgestimmt sind. Aus meiner Sicht hilft das unserem Unternehmen im Augenblick gar nicht, ich möchte, dass du alle diese Überlegungen zurückstellst und dich um das operative Krisenmanagement kümmerst.

7. Signal der Führung setzen
Du ziehst mit sofortiger Wirkung von deinem kleinen Kabuff in mein Büro (auch nicht in deines, sondern bewusst in meines) und zeigst Flagge als Geschäftsführer, auch wenn dir die Muffe noch so geht. Hast du geglaubt, du kannst dich in einer solchen Situation verdrücken und die Bereichsleiter Chef spielen lassen? Ich erwarte von dir deine rückhaltlose Präsenz und Loyalität, während ich weg bin. Begrabe auch deinen Streit mit Karin Dinslage, bis ich komme, du brauchst ihre Insider-Kenntnisse, während ich weg bin. Nach meiner Rückkehr werden wir dann über alles Weitere reden.

8. Sparprogramm entwickeln
Nachdem wir das Audi-Teil endgültig verloren haben und von dort mit weiteren Preisreduktionen erpresst werden, müssen wir unsere Kosten so schnell wie möglich senken. Ich erwarte bis zu meiner Rückkehr einen detaillierten Plan, wo, wie und wann das geht. Nimm Strickert zu deiner Unterstützung, bringe aber

172

vor allem deine eigenen Vorschläge zu Papier. Und bitte: keine strategischen Theorien, sondern schnell umsetzbare Maßnahmen! (Der freiwillige Lohnverzicht von Mitarbeitern, der von Strickert als Idee eingebracht wurde, ist das letzte Mittel, so weit sind wir aber bei weitem nicht, dass wir diese Schmach eingehen müssen, sehe schon, wie die Presse genüsslich über unsere Firmenkrise schreiben würde ...)

9. Außerordentliche Betriebsversammlung
Führt so schnell wie möglich eine Versammlung durch, informiert die Leute über alle meine (Entschuldigung: „unsere") Beschlüsse, informiert über die Personalentscheidung in der Technik etc. Ich möchte wieder Ruhe im Unternehmen haben, sonst verlassen uns noch die besten Leute.

10. Vertrieb forcieren
Bring die Vertriebsleute auf Vordermann, wir brauchen Futter für unsere Maschinen, die müssen deutlich mehr Akquisition machen. Mach ihnen die Wichtigkeit ihrer Arbeit für das Überleben des Unternehmens deutlich.

PS: Es tut mir sehr Leid, Oliver, dass alles so gekommen ist und ich – an dir vorbei – wieder so hart durchgreifen muss. Ich verstehe bis jetzt nicht, warum *du* nicht alles Notwendige getan hast! Wie gerne hätte ich in der Reha erfahren, dass im Betrieb alles prima läuft und du die Dinge gut im Griff hast. Aber der kurze Bericht von Karin und ein paar Telefonate haben mir dann gezeigt, dass das wohl alles Träume eines „blinden" Vaters waren. Du wirst mir einiges zu erklären haben, wenn die Zeit gekommen ist. Bis dahin wünsche ich dir eine glückliche Hand beim Umsetzen der Entscheidungen. Enttäusche mich bitte nicht nochmals!!!

Dein Vater

Gespräch Danzig/Strickert
2. Mai 2004
Ort: Juliusspital Würzburg

Nach Peter Danzigs überhasteter Rückkehr am Samstag und einigen Telefonaten mit verschiedenen Mitarbeitern kam es zu einem spontanen Treffen der beiden Bereichsleiter in einer stillen Nische des bekannten Würzburger Weinlokals. Beide Bereichsleiter waren aufs höchste alarmiert und bestürzt über die Situation im Unternehmen.

Kurt Strickert (deprimiert): „Ich hätte nie gedacht, dass deine Idee, Peter, ein solcher Rohrkrepierer wird. Wir sind ..."

Peter Danzig (aufbrausend): „... wir sind von Arno ganz fies behandelt worden, der soll doch froh sein, dass wir uns Gedanken um das Wohl des Unternehmens machen! Flieht aus der Reha, kommt völlig unangemeldet ins Unternehmen, rast wie eine Furie durch die Büros und macht alle Leute verrückt. Wer hat den denn mit Insider-Informationen versorgt?"

Kurt Strickert: „Keiner weiß es, aber wir alle vermuten, er hat bei Karin einfach angerufen und sich informiert."

Kurt Strickert (kleinlaut): „Wie wir nun dastehen! Weißt du, dass wir sauber zwischen den Stühlen sitzen? Oliver hat sich verdrückt mit seinen Plänen und Ideen und Arno will alles wieder drehen, hat aber die Kraft nicht dafür. Hab mit seiner Frau telefoniert, scheinbar geht's ihm wieder einigermaßen, aber er wird für Wochen, vielleicht sogar für Monate ausgeschaltet sein. Wie soll es denn dann mit dem Unternehmen weitergehen? Wir wissen ja überhaupt nicht mehr, was wir eigentlich dürfen und tun sollen ..."

Peter Danzig (zornig): „Und ich Arsch fahre eine Woche lang durch die Prärie und versuche Connections für Olivers Pläne aufzubauen! Und was macht der Typ – anstatt dass er vor seinem Vater um seine Ideen kämpft, verkriecht er sich! Stattdessen werde ich in Abwesenheit abgewatscht wie ein Idiot. O.K., das mit der E-Mail hat natürlich eingeschlagen wie eine Bombe, aber das war ja so geplant, das war meine Idee. Aber ich sag dir, das hätte auch gegriffen, wenn Arno nicht alles durcheinander gebracht hätte. Der BR wäre garantiert eingeknickt. So aber ist das Chaos perfekt. Keiner weiß, was gilt."

(Längere Pause, beide starren gedankenverloren in die Ferne.)

Peter Danzig (zynisch): „Wo steckt eigentlich unser dynamischer Jungunternehmer?"

Kurt Strickert (unwirsch): „Keine Ahnung, der ist ganze Halbtage weg, den Rest der Zeit hat er sich eingeschlossen und entwickelt seine Pläne, die inzwischen sowieso Makulatur sind. Der hat überhaupt keine Bodenhaftung mehr, der schwebt irgendwo über den Dingen. Es gehen Gerüchte herum, Oliver würde irgendeinen anderen Job machen und sich für SP überhaupt nicht mehr interessieren."

Peter Danzig (lacht): „Der und anderer Job, wer kann denn mit einem solchen Theoretiker was anfangen? Vielleicht hat er einfach eine neue Freundin und macht sich schöne Nachmittage, was wissen wir ... Der hatte riesiges Glück, dass er Freitagnachmittag nicht da war, als Arno kam. Der hätte ihn vor uns allen zerlegt. So schäumend hab ich Arno überhaupt noch nie gesehen."

Kurt Strickert (besorgt): „Wir haben ja gesehen, wo das hinführt, Arno ruiniert seine Gesundheit mit dieser ganzen Sache."

Peter Danzig (böse): „Er hätte diesen Versager nie als GF einstellen dürfen. Ist dir klar, dass der Krieg der beiden dieses Unternehmen kaputtmacht, wenn das noch eine Weile so weitergeht?"

Kurt Strickert (sinnierend): „Ich sage dir, Peter ... wir sollten keine Anweisungen von Oliver mehr annehmen ... ich meine ... am Freitag ist doch eines zumindest klar geworden ..."

Peter Danzig (setzt Gedankenfaden fort): „... Oliver hat kein Vertrauen seines Vaters mehr. Das bedeutet ..."

Kurt Strickert: „... wir führen nur noch das operative Geschäft, so gut es geht, und mit allen Zukunftsentscheidungen warten wir, bis Arno zurückkommt."

Peter Danzig (grinsend): „Und wenn Oliver wider Erwarten seine eigene Linie fortsetzen will ..."

Kurt Strickert (listig): „... bitten wir ihn, sich in dieser Sache zuerst einmal mit seinem Vater abzustimmen. Dadurch wird für das Unternehmen in den nächsten Wochen natürlich gar nichts gelöst, aber wir sind aus dem Schneider ..."

Private Folder Oliver Seibold
Sonntag, 2. Mai 2004, 00.30 Uhr

Bin heute Morgen nach meinen Aufzeichnungen nochmals eingepennt und gegen zehn Uhr in schrecklichstem Zustand aufgewacht. Hatte rasende Kopfschmerzen, muss so eine Art Migräne sein, konnte mich kaum bewegen, musste mich nach wenigen Minuten übergeben und legte mich dann wieder hin. Kein Zweifel – jetzt reagiert mein Körper auf den Problemdruck! War den ganzen Vormittag weder in der Lage zu telefonieren noch etwas zu essen, rauszugehen etc. Dämmerte nur völlig apathisch auf meinem Sofa rum, die Gedanken drehten sich in wahnwitzigem Tempo immer um die Themen Dad/Mom, Firma und eigenes Leben. Ich hatte wohl Fieber bekommen und stellte mir vor, diese drei Bereiche seien große Magnete und meine kleinen Gedanken und Sorgen und Ideen würden von diesen um eine Umlaufbahn gezwungen, die aber nicht stabil war, sondern die drei Magnetfelder beeinflussten sich chaotisch gegenseitig, so dass man nach einer Umkreisung nie wissen konnte, wo es als Nächstes hinging ... Und jeder Versuch, einen Bereich zu optimieren, zerstörte die jeweils anderen beiden Felder. Die Quadratur des Kreises! War das schon das Vorstadium zum Wahnsinn? Ich muss wohl Stunden so sinnierend und stöhnend vor Schmerzen dagelegen haben, bis ich mich endlich aufraffen konnte, eine große Kanne Pfefferminztee und darin eingetunkten Zwieback zu verdrücken und danach ging es mir etwas besser, so dass ich zwei Gelonidas einwerfen konnte. Dann schlief ich nochmals ein und erwachte dann gegen 15 Uhr nachmittags deutlich frischer. Der Anrufbeantworter blinkte ungehalten, der Rechner zeigte viele eingegangene E-Mails und auch die automatische Mailbox-Benachrichtigung setzte sich in Gang, als ich das Handy einschaltete. Alle Welt wollte Oliver sprechen, aber Oliver wollte die Welt nicht mehr sehen, Oliver war ausgebrannt, war „vorübergehend außer Betrieb".

So verging auch der Nachmittag mit lähmender Bewegungslosigkeit, hatte nicht einmal Lust, bei dem herrlichen Frühlingswetter aufs Bike zu steigen, war einfach nur fertig. Dann die große Überraschung: Gegen 18 Uhr klingelte es an meiner Tür und ... Michaela stand mir gegenüber!! Noch nie hatte sie mich besucht und jetzt ... ich war so überwältigt und emotionalisiert, dass ich noch an der Tür weinend in ihren Armen lag. Uhh, peinlich! Und meine kleine Hütte war gar nicht aufgeräumt und auf Besucher eingerichtet, überall lagen Essensreste, Perry-Rhodan-Hefte, Computerausdrucke rum. Ich schämte mich, wollte sie kaum reinlassen, aber Michaela war nur auf mich fixiert. Sie hatte von Mom von den Vorgängen gehört, die sich natürlich auch ganz negativ über mich geäußert hatte. Michaela berichtete, wie sie sich zwingen musste, sich nicht am Telefon mit Mom anzulegen, die nur um ihren Mann, aber gar nicht um ihren Sohn besorgt war. Das alles hatte die Schwester so beunruhigt, dass sie sich spontan zu dem Besuch entschied. Ach, wie haben mir die Stunden mir ihr gut getan! Ein Geschenk des Himmels, wir waren durch meinen Schmerz und meine Erfahrungen nun endgültig eine Schicksalsgemeinschaft geworden. Sie hatte – leider – Recht gehabt vor einem viertel Jahr und es war genau so gekommen, wie sie vorhergesagt hatte. Aber was soll's, ich hatte damals das Gefühl, es zu packen, und bin eben gescheitert. Wir haben Stunden über mein Dilemma mit den drei verschiedenen Rollen diskutiert und Michaelas Rat war nur, endlich

Verantwortung für *mich* zu übernehmen, auf *mich* und meinen Körper zu hören, ohne ständig irgendwelchen Erwartungen von anderen hinterherzulaufen. Und so habe ich irgendwann am späteren Abend die Entscheidung getroffen und endgültig Abschied genommen, ein *guter Sohn* und ein *guter Geschäftsführer* zu sein. Nach nochmaligem Abwägen sehe ich keine Perspektive, für das Unternehmen das zu tun, was ICH kann und was jetzt notwendig ist. Ich muss davon ausgehen, spätestens nach dem letzten Auftritt von Dad im Unternehmen die letzte Autorität verspielt zu haben. Deshalb: Egal, was mein Vater denkt, meint, will: *Ich werde das Unternehmen sofort verlassen* und nie mehr zu Seibold Plastics zurückkehren.

Oh mein Gott, steh mir bei in den nächsten Tagen.

Abschiedsgruß von Michaela an Oliver
Gefunden in der Küche am 2. Mai 2004 um 9.30 Uhr

Lieber Oliver,

ich kann dir gar nicht sagen, wie schön das Gefühl ist, wieder einen Bruder zu haben. Bei allem Leid, was nun vor dir, vor uns liegt, ist doch etwas Neues zwischen uns beiden entstanden, das auch mich ein wenig mit meiner Vergangenheit versöhnt und mir nochmals deutlich zeigt, wie richtig und wichtig mein damaliger Schritt weg von Vater war. Nun gehst *du* diesen Schritt und ich werde dich nach Kräften unterstützen, bei all dem, was nun von Vater und Mutter auf dich zukommt.

Ich wollte mich nicht groß von dir verabschieden, du hast gestern dann noch ziemlich viel getrunken, es sei dir gegönnt in deiner Situation. Ich lag die ganze Nacht wach und habe mich mit unserer ganzen Familiengeschichte gequält. Ich weißt nun, was *ich* tun muss, denn eine Sache ist auch von meiner Seite noch offen – das Gespräch mit Mutter. Sie verhält sich zu dir so unmöglich, wie sie sich damals auch zu mir verhalten hat. Und ich bin nicht länger bereit, das stillschweigend zu akzeptieren. Wenn du diese Nachricht liest, sitze ich vermutlich schon mit Mutter zusammen, alles kommt auf den Tisch, es ist mir jetzt wirklich egal, was passiert.

Bis bald
Michaela

Die Abrechnung

Hanne Seibold bereitete mit fahrigen Bewegungen Kaffee für den Über-
raschungsgast, sie war vom Besuch ihrer Tochter am Sonntagmorgen
gegen neun Uhr völlig überrumpelt worden. Michaela hielt sich nicht
lange mit Begrüßungsformalitäten auf, sondern stürmte in aufgekratzter,
aggressiver Stimmung ins Haus. Die Mutter hatte ihre Tochter schon seit
über einem halben Jahr nicht gesehen und freute sich im ersten Moment,
weil sie meinte, Michaela sei extra zu einem Krankenbesuch von Arno
angereist, was eine neue, schöne Geste der Tochter gewesen wäre. Umso
größer die Enttäuschung und Panik der Mutter, als sie merkte, worum es
bei dem Besuch eigentlich ging ...

Mutter (verwirrt): „Michaela ... wo kommst du denn her, das ist ja
   schön, dass du kommst, jetzt, wo Arno wieder in der Klinik liegt."

Tochter (gepresst): „Ich hab's nicht mehr ausgehalten, Mutter. Weißt du,
   wo ich herkomme? Von Oliver, dem geht's wirklich dreckig."

Mutter (kalt): „Ja, Oliver hat Vater schön hängen lassen, das musst du
   dir mal anhören, was für ein Chaos Vater vorgefunden hat, als er zurückkam."

Tochter (erregt): „Hör zu Mutter, ich bin durchaus nicht von Ulm her-
   gefahren, um Arno zu besuchen."

Mutter (fassungslos): „Aber Michaela ..."

Tochter (unterbricht sie erregt): „Ich bin gekommen, um mich um meinen Bruder zu kümmern, der unter dem Druck zerbricht, den ihr
   beide ... ja auch *du* ... seit Jahren auf ihn ausübt."

Mutter (zornig): „Dies ist nicht der Zeitpunkt, die alten Sachen wieder
   herauszuholen, Michaela. Dein Vater hat Oliver eine wirkliche
   Chance gegeben, der hat ihn sogar viel früher zum Geschäftsführer
   gemacht, als geplant, aber als es drauf ankam ..."

Tochter (steht auf, geht unruhig im Zimmer hin und her): „Ich kann es
   einfach nicht fassen, Mama. Warum siehst du immer alles durch
   Vaters Brille, bild dir doch mal deine eigene Meinung. Soll ich dir was
   sagen: Oliver war zu dem Job nie wirklich geeignet, Vater hat ihn systematisch dazu genötigt, seit dem Moment, als er gemerkt hat, dass
   ich nicht zur Verfügung stehe."

178

Mutter (trotzig): „Aber Oliver hat doch Ja gesagt, er hat die ganze Ausbildung gemacht, er kam freiwillig früher als geplant aus den USA zurück, er hat aus freien Stücken tolle strategische Konzepte gemacht,
die alle begeistert haben."

Tochter (wird lauter): „Freiwillig? Wo lebst du eigentlich, Mutter? Vater
hat ihn systematisch abgerichtet für die Rolle."

Mutter (laut): „Das ist nicht fair, das zu beurteilen steht dir nicht zu."

Tochter (hysterisch lachend): „Oh doch, wenn es jemand zusteht, das zu
beurteilen, was da abläuft, dann bin ja wohl *ich* es. Ich glaube, es ist
sehr wohl nötig, die alten Sachen nochmals rauszuholen, denn schau
mich an, ich bin genauso ein Opfer von Vater geworden."

Mutter (unter beginnendem Weinen): „Dir geht's doch gut in Ulm."

*Tochter (wird immer aggressiver, setzt sich hin, schiebt ihre Kaffeetasse so
heftig zur Seite, dass der Inhalt verschüttet wird, schreit):* „Jetzt reicht's
mit dem Schauspiel. Du verdrängst die Wahrheit, Mama. Du willst immer Harmonie, aber in dieser Familie herrscht schon lange keine Harmonie mehr. Ich habe mit 18 mein Elternhaus verloren, nur weil ich
mich nicht ‚planmäßig‘ darauf vorbereiten wollte, in der verdammten
Firma von Vater zu arbeiten, ich wurde wie eine Aussätzige behandelt,
du hast mir damals nicht geholfen, bist heimlich zu mir gefahren, anstatt dich mit Vater anzulegen. Du hast dich weggeduckt und zugelas-
sen, dass Vater mich verstößt, das werde ich dir nie verzeihen."

Mutter (schuldbewusst): „Aber ich wollte doch nur …"

Tochter (fast schreiend): „… keine Konflikte haben, was? Bloß keinen
Ärger mit deinem Mann, klar. Wann merkst du endlich, dass es nicht
nur um uns Kinder, sondern auch um dich geht, Mutter? Bist denn *du*
glücklich mit Vater? Der macht auf dich doch denselben Druck wie
auf Oliver!"

*Mutter (wirft entnervt den Kaffeelöffel auf die Untertasse, weint stark,
mit zitternder Stimme):* „Das steht dir nicht zu, Michaela."

Tochter (gnadenlos): „Und ob mir das zusteht. Einer muss dir doch mal die
Wahrheit sagen. Schau an, was in dem Vierteljahr aus Oliver geworden
ist. Es ist zum Erbarmen! Wenn du's genau wissen willst …" (beißt sich
auf die Lippen, am liebsten hätte sie der Mutter jetzt in dieser Situation
gesagt, dass ihr Bruder alles hinschmeißen wird, aber im letzten Moment bremst sie sich und erkennt, dass sie Oliver diese Aussage nicht

vorwegnehmen darf) „… wenn du's genau wissen willst, glaube ich, er wird dasselbe Schicksal erleiden wie ich. Oliver hat sich mir heute Nacht unter Tränen und in höchster Verzweiflung anvertraut. Rate mal, warum er in seinen Nöten nicht zu *dir* kommt?"

Mutter (hysterisch weinend, schreiend): „*Du* hetzt ihn gegen Vater auf, *du* streust Gift, weil *du* nicht willst, dass …"

Tochter (unterbricht die Mutter unbeirrt, gnadenlos): „… dass er erfolgreich ist, dass ich nicht lache. Glaubst du das wirklich? Sei doch einmal ehrlich mit dir. Glaubst du, Oliver ist als Nachfolger von Vater glücklich? Glaubst du das?"

Mutter (verzweifelt, weinend): „… es schien doch immer alles klar, er hat doch am Anfang alle in der Firma überzeugt, ich verstehe bis heute nicht, warum er dann plötzlich … er hat Vater in der wichtigsten Situation im Stich gelassen … und mich auch …" (schmerzhaftes Schluchzen).

Tochter (leiser werdend): „Tja, Mama, vielleicht ist er eben nicht der starke Mister Supermann, als den ihr ihn immer gesehen habt. Ihr habt euch von Noten und Zeugnissen täuschen lassen! Schaut in seine Wohnung, dann seht ihr den echten Oliver, der steckt lieber hinter seinem Rechner und seinen Science-Fiction-Heften, als dass er Menschen führt. Oliver kann sicher tolle strategische Konzepte entwickeln, aber mit Menschen arbeiten, das hat er nicht drauf, das ist die Wahrheit. Aber die wollte niemand sehen, das hätte ja die schöne Rechnung von Vater durcheinander gebracht!"

Mutter (trotzig, gehässig): „Warum setzt du dich eigentlich auf einmal so für ihn ein, Michaela. Du hast dich doch die ganzen Jahre nicht um ihn gekümmert?"

Tochter (leise): „Weil ich jetzt erst gemerkt habe, dass das ein Mensch aus Fleisch und Blut und *kein* aalglatter Manager ist …" (gerührt) „… und ich spüre jetzt, dass wir zusammengehören in unserem Schicksal …" (wieder lauter und aggressiver werdend) „… weil keiner mit Vater zusammenarbeiten kann. Keiner wird es ihm recht machen als Nachfolger, das ist die Wahrheit."

Mutter (depressiv, flehend): „Aber schau doch mal, wie es Vater geht, Oliver kann ihn doch jetzt nicht hängen lassen."

Tochter (vordergründig cool, innerlich aber bebend): „Das muss Oliver selbst entscheiden. Aber … was ich dir heute sagen will …" (steht auf und macht sich bereit zum Gehen, Mutter läuft mit Taschentuch in der Hand hinter der Tochter her, die schon an der Haustür steht und sich nochmals umdreht) „... die verdammte Firma hat deine beiden Kinder verschlissen und ihr steht bald alleine da, wenn *du* nicht endlich auch mal *unsere* Position bei Vater vertrittst. Nichts anderes erwarte ich von dir. Es wird in den nächsten Wochen zu harten Auseinandersetzungen um Oliver kommen. Wenn du zulässt, dass jetzt auch Oliver von Vater verstoßen wird ... Mama ... wenn du das zulässt ... bist du für mich endgültig gestorben."

Der Schlussstrich

Karin Dinslage erschien auch diesen Montag wie immer pünktlich um acht zur Arbeit, Zuverlässigkeit und Disziplin waren ihre wichtigsten Tugenden – Eigenschaften, die sie über die Jahre zur unverzichtbaren Büroleiterin ihres Chefs gemacht hatten. Doch nun war eine Zäsur eingetreten, die die Sekretärin durch eigene Schuld zu verantworten hatte. Das ganze Wochenende hatte sie keinen Schlaf gefunden und sich schlimmste Selbstvorwürfe gemacht. Karin Dinslage hatte am Freitag fassungslos mitverfolgen müssen, welche unvorhergesehenen Auswirkungen ihr kurzer Besuch in Bad Hersfeld zur Folge hatte. Ihr Chef war zusammengebrochen, lag wieder in der Klinik! Warum hatte sie ihm auch von Olivers Situation berichten müssen, wo sie sich doch so klar vorgenommen hatte, diesen sensiblen Punkt diplomatisch zu umschiffen. Wie sie sich für diese „Undiszipliniertheit" hasste!! Es waren nicht mehr als fünf Minuten gewesen, in denen sie ihrem Chef zu diesem Thema berichtet hatte, doch diese wenigen Informationen bestätigten dessen schlimmste Befürchtungen. Danach war der Geist aus der Flasche, es half keine Beschwichtigung, kein Mahnen, kein Hinweis auf seine Gesundheit – Arno Seibold wollte sofort in seine Firma fahren, den Sohn zur Rede stellen und die schlimmsten Fehlentwicklungen zurechtrücken. Ohne sich bei den Ärzten abzumelden, ohne sein Köfferchen aus dem Zimmer zu holen, hatte sich der Unternehmer herausgeschlichen, seine völlig entsetzte Sekretärin in ihr Auto geschoben und sich nach Würzburg chauffieren lassen. Auch heute an diesem denkwürdigen Montag verfolgten die Sekretärin die Szenen vom Freitag, mit der ersten Tasse Kaffee und zitternden Händen lehnte sie an der offenen Tür zum leeren Chefzimmer. Warum nur war dieses Unheil geschehen? Was hätte sie anders machen können? Hätte sie überhaupt nach Bad Hersfeld fahren dürfen? Alles war anders gekommen, als sie gedacht hatte. Arno Seibold hatte sich selbst überholt am Freitag. Der spontane Entschluss, aus der Reha zu fliehen ... der unheilvolle Überraschungsbesuch in der Firma ... seine hektischen Kurzauftritte in verschiedenen Abteilungen ... die sich steigernde Wut auf Oliver ... das kurze böse Telefonat mit ihm ... die parallel entstehende Verwirrung um Danzigs E-Mail ... die plötzliche Kreislaufattacke ... die hereinstürmenden Notärzte ... der überstürzte Abtransport in die Klinik ... die völlig konsterniert zurückbleibenden Mitarbeiter und Führungskräfte ... ihr schrecklicher Anruf bei seiner Frau ... der spontane gemeinsame Kneipenbesuch mit den Augenzeugen, um das Geschehen zu verarbeiten ... dazwischen das Wochenende voller Zweifel und Gram. Und jetzt ein neuer Tag, ohne Chef, aber mit einem Berg von zu fällenden Entscheidungen. Und mit dem „Thema Oliver", über das die Sekretärin besonders lange nachgedacht hatte am Wochenende. Wie sollte sie ihm gegenübertreten? Selbstbewusst? Schuldbewusst? Überheblich? Mitleidend? Es fiel ihr schwer, angesichts ihres eigenen Handelns, ihres eigenen Fehlverhaltens die alte Vorwurfshaltung gegenüber dem Junior aufrechtzuerhalten. Doch sie sollte nicht mehr dazu kommen, sich in dieser ruhigen ersten Stunde des Montags dazu eine Meinung zu bilden, denn schon beim ersten eingehenden Telefonat hatte sie einen aufgekratzten, aggressiven, hoch emotionalisierten Oliver in der Leitung. Er rief an, machte ihr größte Vorwürfe, die ganze Situation verursacht zu haben. Ihr Besuch in Bad Hersfeld sei eine unglaubliche Einmischung in Familienangelegenheiten gewesen, sie habe den Vater bewusst und gezielt gegen ihn aufgehetzt etc., etc. Auch wenn der Junior in gewisser Weise ihre eigenen Schuldgefühle ansprach, so wurde die Sekretärin doch von Sekunde zu Sekunde zorniger über seinen frechen Ton, über seine völlig überzogenen Vorwürfe. Und dann meldete sich der Bengel auch noch krank, wo der ganze Betrieb Kopf stand nach dem öffentlichen Zusammenbruch seines Vaters. Noch nie wäre Oliver als Geschäftsführer so dringend gebraucht worden, aber er hatte es eben nicht drauf, er war ein jämmerliches Weichei ... dies war für Karin Dinslage nun der letzte Beweis der Unfähigkeit von Oliver und in ihrem Zorn und dem immer aggressiver werdenden Telefongespräch war ihr plötz-

lich alles egal und sie gab ihm genau dieses Feedback. Das Ganze endete dann ziemlich schnell mit der mündlich ausgesprochenen Kündigung durch den Junior, eine bleiche, vor Wut und Erregung zitternde Sekretärin zurücklassend. Karin Dinslage musste nicht lange überlegen, irgendwie war es ihr seit Wochen klar gewesen, dass es so kommen musste, nur dem Chef zuliebe hatte sie die bereits ausgesprochene Kündigung ja nochmals rückgängig gemacht. Aber nun war es zu Ende. Die Sekretärin packte alle angehäuften, entscheidungsreifen Vorgänge und unterschriftsreifen Schriftstücke zusammen, brachte alles zu Kurt Strickert ins Büro, der als offizieller Stellvertreter von Arno Seibold nun zur Kenntnis nehmen musste, dass in der schwierigsten Unternehmenssituation der Chef in der Klinik lag und danach, für Wochen ausgeschaltet, Reha machen würde, der Junior als zweiter GF krank spielte, aber offensichtlich immer noch gesund genug war, die wichtigste Koordinatorin aller Vorgänge in der Geschäftsführung auf der Stelle zu kündigen. Karin Dinslage ließ sich durch die flehenden Bitten von Strickert, die nächsten Wochen doch noch zu bleiben, nicht mehr beirren, sie packte ihre Sachen, schrieb einen langen Brief an Arno Seibold, den dieser erst in zwei Wochen lesen sollte, einen kurzen an Oliver, der bereits am folgenden Tag in seinem Briefkasten landete, weinte sich bei ihrem Lebenspartner Bernhard Sand kurz aus (wo sie aber nicht frei sprechen konnte) und strebte dann schnellen Schrittes zum Ausgang. Auf der lang gezogenen Außentreppe hielt sie dann doch nochmals inne, drehte sich um, betrachtete deprimiert das Unternehmen, in dem sie so viele Jahre verbracht hatte und das nun – da war sie überzeugt – eine ganz schwierige, ungewisse Zukunft haben würde. Sie bedachte die lange schöne Zeit mit Arno Seibold und die kurze schreckliche Zeit mit Vater und Sohn, schüttelte den Kopf und stieg dann fast schon wieder gefasst in ihren Wagen.

E-Mail-Protokoll

03.05.2004, 18.32 Uhr
Absender: Mike.Köhler@rsm-media.de
Empfänger: Oliver.Seibold@t-online.de

Hi Oliver, ich bin völlig fassungslos. Du willst alles hinwerfen? Nach dieser kurzen Zeit? In dieser kritischen Unternehmenssituation? Mit der Option, bald 15 Prozent des Unternehmens als „Geschenk" zu erhalten? Mann, du hast vielleicht

Nerven. Dein Dad liegt in der Klinik und du hättest freie Bahn, der kommt doch so schnell nicht mehr auf die Beine, du bist GF und könntest jetzt deine Nummer durchziehen, keiner der Gesellschafter könnte dir als Unternehmensretter dreinreden. Aber was soll's, du hast offensichtlich eine echte Lebenskrise, kann mir vermutlich gar nicht vorstellen, wie mies es dir geht, alter Junge. Aber so was soll vorkommen. Jetzt lass dich nicht hängen, zieh die „leave it"-Option durch und dann *blick nach vorn!!* Kannst jederzeit zu mir rüberkommen, bin zwar diese Woche ziemlich busy, aber für dich ist immer ein Plätzchen. Wenn's geht, besuch ich dich gegen Ende der Woche mal in Würzburg. Also: Trink nicht so viel! Arbeite an deinen Perspektiven!

Take care

Mike

Protokoll: Krisenmeeting Bereichsleiterkreis

Teilnehmer:	Kurt Strickert
	Peter Danzig
	Jürgen Müller
	Hansjörg Ruhleder
Meeting:	3.Mai 2004

1. Ausgangslage

Der Kreis wurde von Kurt Strickert einberufen und über die neuesten Entwicklungen informiert. Nachdem nun beide Geschäftsführer auf unabsehbare Zeit fehlen und auch die Chefsekretärin mit dem gesamten Insiderwissen der GF-Vorgänge von Oliver Seibold entlassen und vom Dienst suspendiert wurde, stellte der Kreis eine akute Führungskrise fest. In dieser Krise soll die Geschäftsführung bis zur Wiederaufnahme der Geschäfte durch Arno und/oder Oliver Seibold durch das Bereichsleitergremium kommissarisch gemeinschaftlich durchgeführt werden. Kurt Strickert in seiner Eigenschaft als offizieller Stellvertreter und Prokurist stellte klar, dass er seine Funktion nur im Außenverhältnis ausüben und sich loyal an das Votum des Kreises halten werde.

2. Aktuelle Krisenherde

Nach längerer, teilweise kontroverser Diskussion stellte der Kreis folgende Krisenherde im Unternehmen fest:
  – **Unklare strategische Ausrichtung:** Alle angedachten Pläne von Oliver Seibold werden auf Eis gelegt, bis es einen endgültigen Be-

schluss der GF gibt. Dies gilt für die Projekte „Going East", „Investoren-Suche" und „Neues Produkt". Der von Oliver Seibold aufgestellte operative Business-Plan für 2003/2004 wird allerdings als Geschäftsgrundlage verwendet.

- **Verwirrung und Ängste der Mitarbeiter:** Im Unternehmen herrscht eine extrem unsichere, ängstliche Stimmung. Dem soll mit einer sofortigen außerordentlichen Betriebsversammlung am heutigen Nachmittag begegnet werden, auf der die Mitarbeiter so offen wie möglich durch das gesamte Gremium informiert werden.
- **Liquiditätssituation:** Kurt Strickert berichtete von einem Anruf von Carsten Hensler, dem Geschäftsführer der Hausbank. Dieser hat am heutigen Tag ganz offensichtlich einen bisher nicht bekannten Brief von Arno Seibold erhalten, in dem dieser vom Krankenbett aus eine zeitlich befristete Erhöhung des Kontokorrents erbat. Hensler bedauerte, ohne einen klaren, gültigen Business-Plan und daraus erkennbare Restrukturierungsmaßnahmen mit berechenbaren Ergebnissen keine offizielle Krediterhöhung geben zu können, sagte aber zu, die Überziehung des Kreditrahmens durch das Unternehmen in den nächsten drei Wochen stillschweigend zu tolerieren. Beschluss: Kurt Strickert und Jürgen Müller prüfen den Plan von Oliver Seibold und legen dem Gremium bis KW 20 einen konkreten Vorschlag zur Beschlussfassung vor. Der Plan soll massive Sparmaßnahmen im Fertigungsbereich enthalten. Mit dem Betriebsrat soll über eine freiwillige Erhöhung der Arbeitszeit diskutiert werden. Wird von Kurt Strickert und Peter Danzig geklärt.
- **Offene Vorgänge GF:** Kurt Strickert informierte den Kreis über eine Reihe von bisher geheimen Vorgängen, die Karin Dinslage ihm vor dem Verlassen des Unternehmens übergab. Dazu gehören bisher nicht bekannte, unterschriftsreife Maschineninvestitionen in Fertigungslinie 3, eine neue CAD-Technologie und die Planung eines neuen Logistikzentrums. Der Kreis zeigte sich entsetzt, dass diese Planungen entgegen früheren Beteuerungen von Arno Seibold an allen direkt Verantwortlichen vorbei vorangetrieben worden waren. Aufgrund der schlechten Finanzdaten des Unternehmens wurden alle diese Investitionspläne auf Eis gelegt.
- **Zusammenarbeit mit dem Betriebsrat:** Die erhebliche Verunsicherung des BRs während der Ost-Reise von Peter Danzig soll in einem persönlichen Gespräch des Gremiums mit Horst Brenner bereinigt werden. Peter Danzig legte großen Wert auf die Feststellung, dass diese Reise keineswegs aus eigenen Ambitionen, sondern nur auf Weisung von Oliver Seibold erfolgte und der E-Mail-Irrläufer ein bedauerliches Versehen seinerseits gewesen sei. Peter Danzig stellte in diesem Zusammenhang dem Gremium die Vertrauensfrage. Ergebnis: Bis auf Jürgen Müller, der sich der Stimme enthielt, sprach der Kreis Peter Danzig das volle Vertrauen aus.

Coaching-Tagebuch Carsten Schaffner

Klient: Oliver Seibold
Sitzung Nr.: 5
Am: 4. Mai 2004
In: Praxis München

Ausgangslage:
Klient hat nach massiven inneren Konflikten und Kämpfen nach Gespräch mit der Schwester die Entscheidung gefällt, sein Engagement im elterlichen Unternehmen sofort zu beenden und dieses Haus nie mehr zu betreten. Klient wirkt extrem belastet, leidet trotz klarer eigener Analyse und Selbsterkenntnis unter Schuldvorwürfen, den Vater zu enttäuschen und zu verlassen. Klient leidet auch unter körperlichen Symptomen, starkes Erbrechen, keinerlei Appetit, Alkohol ... sucht Bestätigung für seine Entscheidung, scheint noch nicht so weit, proaktiv eine neue Lebensperspektive zu suchen.

Wofür sind Sie hier?
„Möchte innere Ruhe finden."
„Möchte mich vorbereiten auf das Gespräch mit Vater."
„Möchte mein Scheitern im Unternehmen verarbeiten."

Wie stark stehen Sie zu Ihrer gefassten Entscheidung?

0% _____ 100%

Welche Konsequenzen im Positiven und Negativen wird diese Entscheidung Ihrer Meinung nach haben?

Positiv
(Anfänglicher Widerstand des Klienten, dann nach einiger Überlegung)
- Schluss mit dem Vorspielen einer falschen Identität.
- Ich kann meine Kraft für Projekte einsetzen, die mir wirklich Spaß machen.
- Ich werde endlich unabhängig von Vater ... ich werde endlich erwachsen.

Negativ
- Ich enttäusche den Menschen, der am meisten an mich glaubt.
- Ich verliere meine Eltern, werde möglicherweise verstoßen wie meine Schwester.
- Ich nehme diesen Misserfolg ein Leben lang mit.
- Ich „verschenke" 15 Prozent Anteile am Unternehmen, mein Vater wird mich garantiert enterben.
- Ich weiß nicht, wie ich das auf mich zukommende Gespräch mit Vater und Mutter durchstehen soll.

186

Welche Ressourcen haben Sie, um das durchzustehen, was vor Ihnen liegt?
(Zuerst Ratlosigkeit, dann ...)
- Michaelas Liebe und Unterstützung (Klient weint).
- Ilse wird mich stützen.
- Mike steht zu mir.
- Mein Coach.

(Hinführung zu inneren Ressourcen, starke Ratlosigkeit und Verzagtheit, dann ...)
- Meine Verbissenheit, mein Trotz.
- Meine Sehnsucht nach Unabhängigkeit vom Vater.
- Meine Wut über Vater.

Eine „gute Fee" schenkt Ihnen drei Fähigkeiten, die Sie in den nächsten Wochen brauchen können. Was wählen Sie?
- Gelassenheit
- Selbstvertrauen
- Mut

Stellen Sie sich vor, heute Nacht geschieht ein Wunder und diese Fähigkeiten sind in Ihnen. An welchen kleinen Anzeichen würden Sie das gleich morgen erkennen?
- Ich könnte einfach locker meine Mutter anrufen, um mit ihr über den Gesundheitszustand von Vater zu reden.
- Ich würde ins Unternehmen gehen und mich sauber von allen wichtigen Mitarbeitern verabschieden und ohne beschissenes Gefühl meine Sachen packen.
- Ich würde wieder besser schlafen und bräuchte keinen Alkohol, um über die Runden zu kommen.

Zurückführung in die Kindheit, Unterstützung des Klienten bei der Suche von eigenem Mut und eigener Stärke

Private Folder Oliver Seibold
4. Mai 2004, 22.00 Uhr

Bin müde und zerschlagen, aber etwas positiver gestimmt als in den letzten Tagen. Es ist richtig und konsequent für mich, das Handtuch zu werfen. Dazu stehe ich auch noch nach einigen Nächten Abstand. Der unsägliche Brief von Dad, den er im Krankenbett geschrieben haben muss, hat mich in der zu diesem Zeitpunkt ja längst getroffenen Entscheidung bestätigt. Geärgert und getroffen hat er mich dennoch, die pure autoritäre Anordnung. Dass ich eigenständiger Geschäftsführer bin, ignoriert er inzwischen scheinbar total und behandelt mich als dummen Jungen.

Ich habe den Brief im ersten Ärger in tausend Schnippsel zerrissen, ein paar Stunden später dann mühsam wieder zusammengeklebt, weil ich dachte, dieses Dokument vielleicht doch nochmals zu brauchen. Nun hat es eine zumindest optisch interessante Aufwertung bekommen! Vater wird ausflippen, wenn nichts von dem, was er da anweist, von mir umgesetzt wurde, wenn er im Gegenteil erfährt, dass meine letzte Handlung als GF die Kündigung seiner Sekretärin war. Er kann sie ja wieder einstellen, aber das war ich mir schuldig. Die Dinslage hat definitiv Vaters zweiten Zusammenbruch auf dem Gewissen, das allein schon rechtfertigt alles! Ach was soll's, ich mach mich jetzt nicht mehr verrückt, ich bin für Dad sowieso schon längst gestorben, da kommt's auf diese Verfehlung nun nicht mehr an. Heute Abend während der Heimfahrt von München ist mir nochmals bedrückend klar geworden, wie lange der letzte persönliche Kontakt zu Vater schon zurückliegt: Es war der 26. April, als ich ihn „rein privat" in Bad Hersfeld besucht hatte. Doch eigentlich war der Faden zu ihm schon vorher gerissen, ich denke, es war meine plötzliche Ausladung beim Audi-Besuch, diese unsäglich peinliche Szene, wie er mich quasi vor den Bereichsleitern an dem Morgen aus dem abfahrbereiten Auto aussteigen ließ und selbst „an die Front fuhr", wofür er ja von seinem Körper die gerechte Strafe bekommen hat. Wie auch immer ich es wende, vermutlich hat Michaela Recht und es hatte so kommen müssen. Schlimm ist nur, dass ich aus Vaters Blickwinkel nie Recht bekommen werde, nie rehabilitiert sein werde. Ich muss das alles mit mir selbst ausmachen!

Doch ich bin nicht allein. Zu den wirklich bewegenden Erlebnissen dieser Tage gehört die plötzliche Solidarität von Michaela, die toll mit mir und für mich kämpft, Mike mit seinen aufmunternd offensiven Ratschlägen und Ilse, die erst gestern Abend stundenlang mit mir telefoniert hat und nach einem ersten Schock sehr gefasst auf meine Entscheidung reagiert hat. Sie hatte es ja von Anfang an befürchtet und von daher sieht sie sich mit ihrer Sorge voll bestätigt.

Die Dinge sind im Fluss, noch ist Ruhe vor dem Sturm und ich kann in meinem Apartment rumsitzen und nachdenken. Doch bald wird Vater wieder in Bad Hersfeld sein und das Gespräch mit ihm und Mutter kommt näher. Und in die Firma muss ich mindestens noch einmal zurück, um meine Sachen zu holen und mich zu verabschieden. Da kann ich mich nicht davor drücken, so schmerzlich die Szene auch werden wird. Strickert hat sich heute Vormittag kurz gemeldet, die haben jetzt eine Art Task-Force gebildet, in der alle Bereichsleiter sitzen. So wollen sie die Zeit bis zu Vaters Rückkehr als Kollektiv überbrücken! Allzu viel werden sie nicht entscheiden, die wissen besser noch wie ich, dass Vater sowieso wieder alles umschmeißen wird, wenn er wieder gesund ist.

Agenda-Eintrag Arno Seibold
5. Mai 2004, 18.00 Uhr

Bin soeben in Bad Hersfeld angekommen, die haben mich in der Uni-Klinik endlich entlassen! Ich konnte diese dämlichen täglichen Untersuchungen, dieses an den Schläuchen hängen nicht mehr ertragen. Die überbewerten meinen Zusammenbruch völlig, haben mich von jeder Kommunikation abgeschnitten. Da kam man nicht mal aus dem Zimmer raus, ohne dass eine Krankenschwester hinter einem herrannte. Sicher, die waren um meine Gesundheit besorgt, aber man kann's auch übertreiben. Gestern besuchte mich Hanne nochmals und brachte mir meine Agenda, endlich kann ich wenigstens meine Gedanken aufschreiben.

Nun also bin ich wieder da gelandet, wo ich vor einigen Tagen ausgebrochen bin, die geben einem hier das Gefühl eines Schwerverbrechers, wenn man so was macht wie ich. Die haben ja keine Ahnung, was es bedeutet, ein Unternehmen zu führen, und dann noch in einer solch kritischen Situation mit einem Sohn als Nachfolger und Geschäftsführer, der sich plötzlich als völlig unfähig herausstellt. Der hat scheinbar so Schiss vor mir, der hat sich nicht einmal gemeldet in den letzten Tagen!! Unglaubliche Enttäuschung!! Ich kann bis jetzt noch nicht verstehen, warum das alles so entgleist ist. Müller war auf seiner Seite und hat sich abgewendet, Strickert ist zu loyal, als dass er mir eine ehrliche Meinung sagt, Danzig hält ihn für ein Greenhorn, der nichts von unserem Geschäft versteht. Das alles wäre ja noch zu verkraften gewesen, aber dass Oliver an mir vorbei die Produktionsverlagerung nach Tschechien plant und mit Danzig dann so bescheuert in die Wege leitet, dass der ganze Betrieb Kopf steht, das ist die Höhe. Und als ich nach dem ersten Infarkt ausfiel, hat er sich verkrochen, anstatt zu zeigen, was in ihm steckt. Meine Sekretärin hat er nicht genutzt, sondern boykottiert. Nein, ich bin maßlos enttäuscht. Vielleicht muss ich ja doch die Ochsentour machen, die viele befreundete Inhaberkollegen anderer Betriebe auch gemacht haben: den Jungen einige Jahre an die Hand nehmen und Stück für Stück einführen. Ich habe mir eingebildet, Oliver wäre so gut, dass er das alleine schafft. Das war ein schwerer Irrtum, das muss ich heute zugeben. Aber man soll noch nicht die Flinte ins Korn werfen, auch ich habe ja wohl einige Fehler gemacht. Werde ein ruhiges Gespräch mit ihm führen, sobald ich hier rauskomme. Hoffentlich hat er dann wenigstens meine Anweisungen aus dem Brief umgesetzt und kann mir ein paar Erfolgsnachrichten bringen, das wäre ja schon ein Anfang.

Musste dem Klinikchef Dr. Wanuschka bei der heutigen Einweisung das Wort geben, dieses Mal das Programm hier wirklich bis zu Ende durchzuziehen und mit meinem Therapeuten – es wird wieder der Wollenweber – offen über den Vorfall und seine Hintergründe zu reden. Werde ich auch, möchte mit dem Gefühl zurückkommen, mich endlich wieder voll belasten zu können, die Firma braucht mich nicht im Schongang, sondern im Turbo-Modus, das steht fest. Vier Wochen haben sie mir verordnet, eine wahrlich harte Probe meiner Geduld. Also wieder autogenes Training, progressive Muskeltherapie, Gesprächskreise, Belastungstrainings etc., etc. Dabei liegen so viele Vorgänge auf Eis, so viele Termine sind umzulegen, da wird Karin eine Menge zu tun haben.

Die Durchblicker

Carsten Schaffner fand in diesen Tagen keine innere Ruhe. Der „Fall Seibold" beschäftigte ihn mehr, als er sich anfangs zugeben wollte. Oliver hatte wirklich sein Mitgefühl, auch wenn das für einen Coach vielleicht schon zu viel an emotionaler Nähe bedeutete. Aber unter Coachs war es auch ein Stück Wahrheit, dass man nicht zu jedem Klienten eine gleich tiefe Schwingung aufbaut. Die wirklich ungewöhnliche Zuspitzung der Ereignisse, in deren Mittelpunkt dieser unglückliche junge Mann stand, der mit allen Mitteln versuchte, sowohl seinem Vater als auch sich selbst gerecht zu werden und doch erkennen musste, dass beides nicht gelingen konnte, diese schmerzhafte Identitätssuche, der Wunsch nach Geborgenheit und wertfreiem Geliebtwerden in der Familie – dies alles rührte so-

gar den erfahrenen Coach. Alptraumhaft, welchen Druck der Vater seit der Kindheit auf diesen Menschen ausgeübt hatte, schrecklich, wie sich die Mutter für die Lebensziele ihres Mannes instrumentalisieren ließ. Kein Zweifel, Oliver ging einen schwierigen Weg und brauchte die Unterstützung von ihm dringend. Sorge machte dem Coach auch der inzwischen suchtartige Umgang Olivers mit Alkohol und Beruhigungsmitteln. Natürlich wollte er sich so ein Stück befreien vom Druck, der auf ihm lastete, doch der Preis dafür war sehr hoch. Wenn dies alles für ihn durchgestanden sein sollte, würde er auch noch eine belastende Entziehung/Entwöhnung machen müssen. Aus dem Eindruck, den Schaffner bei den beiden letzten dramatischen Sitzungen bekommen hatte, entschloss er sich zu einem ungewöhnlichen Schritt – er nahm in eigener Regie Kontakt mit dem begleitenden Therapeuten des Vaters in der Rehabilitation auf, um eine Familienkonferenz zu organisieren. Nach mehreren erfolglosen Telefonaten hatte Schaffner seinen Kollegen Wollenweber am Telefon, der sich zuerst leicht befremdet, dann aber immer offener für die Idee einer gemeinsamen Intervention zeigte. Beide Therapeuten gaben sich in diesem ersten Gespräch aus Gründen der Vertraulichkeit natürlich nur oberflächliche Andeutungen der Sachverhalte, die für die beiden Profis aber genügten, einen ersten Blick hinter die Kulissen des Gesamtsystems zu werfen. Für Wollenweber entstand ein völlig neuer Zugang zur Erkrankung seines Patienten, zu dem er bisher eine ziemliche Distanz gespürt hatte. Der Unternehmer hatte die Arbeit mit ihm bisher komplett abgelehnt und ihm das Gefühl eines lästigen „Psycho-Onkels" gegeben. Für Wollenweber war Arno Seibold bisher einer dieser typischen ignoranten Manager, die brachial ihren Weg gehen und dabei den eigenen Körper, die Familie und das gesamte Sozialsystem so lange ausbeuteten, bis ihnen ihr Körper unerbittlich die Grenzen zeigt, worauf sie nicht selten in Wehklagen und Depression verfallen. Wollenweber willigte in den Vorschlag Schaffners ein, beide Klienten offiziell zu befragen, ob sie für einen befristeten Zeitraum kollegial arbeiten durften, um zu einer Lösung für die gesamte Familie und nicht nur für einen Einzelnen zu kommen. Schaffner schwebte eine gemeinsam moderierte Familienkonferenz vor, die Oliver den Rahmen bieten konnte, die notwendigen Klärungsprozesse mit Vater und Mutter in einem geschützten Umfeld vorzunehmen. Wollenweber holte sich mit einiger Mühe die Erlaubnis von Arno Seibold, der zuerst völlig verstört und ungehalten reagierte. Erst als der Therapeut ihm den schrecklichen Zustand seines Soh-

nes andeutete, willigte der Unternehmer zähneknirschend ein, selbst spü-
rend, dass auch er nicht in der Lage wäre, das Gespräch mit dem Sohn
ohne emotionales Chaos zu führen. Oliver Seibold dagegen zeigte sich
unendlich erleichtert von der Idee, das Setting gab ihm das Maß an
Sicherheit, das er offensichtlich brauchte, um aus sich herausgehen zu
können und dem Vater gegenüber zum ersten Mal Offenheit zu wagen.
Beide Therapeuten entschieden, mit der Familienkonferenz noch zwei
Wochen zu warten, um dem Vater noch körperliche Erholung vor dem
sicherlich belastenden Moment zu ermöglichen. Die Klinik in Bad Hers-
feld bot als Ort sowohl einen ruhigen, geschützten Rahmen als auch alle
medizinischen Notfalleinrichtungen, wenn der Vater wieder kollabieren
sollte. Wollenweber versicherte Schaffner, alles zu versuchen, den Patien-
ten in der Zwischenzeit von jeder Kommunikation mit dem Unterneh-
men abzukoppeln, damit der Vater, der ja bisher nichts vom Entschei-
dungsprozess des Sohns wusste, nicht vorher schon „hintenherum"
informiert wurde. Mutter und Schwester erklärten sich auf Nachfragen
sofort zu der Teilnahme an der Konferenz bereit und eine weitere Fami-
lienangehörige, die Schwester des Vaters und gleichzeitig besorgte Men-
torin des Sohns wurde auch noch mit einbezogen, so dass am 19. Mai alle
direkt und indirekt Betroffenen beteiligt waren, als die große Familien-
konferenz in Bad Hersfeld begann.

Die Familienkonferenz

Carsten Schaffner war bereits am Vortag angereist und hatte sich mit sei-
nem Kollegen Wollenweber zum Abendessen getroffen, um das Design
dieses für die Beteiligten so bedeutenden Tages abzustimmen. Beide Kol-
legen verstanden sich mäßig, Wollenweber hatte bisher immer einen Vor-
behalt gegenüber diesen „Hobbypsychologen" gehabt, wie er die Coachs
gerne bezeichnete. Im Falle des Münchners musste sich Wollenweber
nach dem Abend aber eingestehen, dass der Mann sowohl über gute
theoretische Grundlagen als auch einen riesigen Erfahrungsfundus ver-
fügte und mit seinem systemischen Ansatz die für diesen Fall genau rich-
tigen Modelle griffbereit hatte. Nach dem dritten Bier im gemütlichen
Restaurant des Hotels Sternen waren sich die Kollegen klar über die Vor-

gehensweise und mögliche Eskalations- beziehungsweise Deeskalations-
strategien.

Am anderen Morgen richteten die Therapeuten den Raum her, sie hatten den großen Gruppenraum ausgesucht, groß genug, dass die fünffache
Personenmenge Platz gehabt hätte, so konnten sich alle bewegen, man
konnte unproblematisch Teilgruppen gründen, Raumskulpturen erstellen
und einfach spielerisch arbeiten. Als Erster betrat Arno Seibold den Raum,
inzwischen wieder hervorragend aussehend, braun gebrannt, keine Spur
von Krankheitsaura. Er bemühte sich auch täglich, allen Gesprächspart-
nern das Gefühl zu geben, dass er eigentlich hier gar nicht hergehöre und
nur auf besonderen Wunsch des Klinikchefs „zur Sicherheit" noch ein
paar Tage unter Beobachtung stand. Der Unternehmer ging direkt auf
Schaffner zu, stellte sich vor und markierte sofort seine Position:

„Aha, Sie sind also der Coach, dem mein Sohn in den letzten Wochen
sein Herz ausgeschüttet hat. Seine Leistungen als Geschäftsführer sind
dadurch leider nicht besser geworden. Offen gesagt, es wäre mir lieber
gewesen, mein Sohn hätte mit mir selbst gesprochen, Herr Schaffner."
Schaffner ließ sich nicht auf die offenkundige Provokation des Vaters ein:
„Es freut mich, Sie persönlich kennen zu lernen, lassen Sie uns bitte das
Gespräch erst nachher führen, wenn alle Beteiligten da sind."

Arno Seibold knurrte etwas Unfreundliches und verließ den Raum
nochmals für einen kurzen Spaziergang. Als Nächstes betrat Oliver den
Raum, er war separat von den anderen angereist, sah elend und unausgeschlafen aus, er hatte eine kleine Collegemappe dabei, er legte sie vor-
sichtig, fast liebevoll auf einen der Stühle und reservierte damit seinen
Platz. Man sah, wie es in dem jungen Mann innerlich rumorte. Nachdem
er sich etwas unsicher im Raum umgeschaut hatte, bemerkte er erst
Schaffner, der hinter einem Flip-Chart noch Vorbereitungen machte. Verlegen lächelnd ging er auf seinen Coach zu und begrüßte ihn herzlich,
fast innig. Schaffner musste sich beherrschen, ihn nicht in den Arm zu
nehmen, wollte aber gerade an diesem Tag seine Distanz wahren. Schaffner stellte seinen Klienten dem Kollegen vor, Wollenweber reagierte
freundlich und besorgt auf Oliver, er hatte dessen Geschichte ja gestern
im Detail von seinem Coach berichtet bekommen und empfand Mitgefühl und Sympathie für ihn.

Als Nächstes betrat Michaela den Raum, schaute prüfend in die
Runde, entdeckte Oliver düster an der Tür zum großen Garten lehnend,
in dem weit hinten Arno Seibold seine Runde ging. Wortlos nahm sie ih-

ren Bruder in den Arm, der stöhnte leise, versuchte, sich dann aber wieder zu fangen. „Jetzt ist es so weit, Oliver. Nur keine Bange, hier sind viele Menschen im Raum, die dich unterstützen. Vater weiß noch nichts von seinem Glück, oder?" Oliver zuckte fatalistisch mit der Schulter. „Oh Michaela, wenn es nur schon Abend wäre ...", sagte er mit deutlichem Frosch im Hals. Danach erst dachte Oliver daran, seine Schwester den beiden Therapeuten vorzustellen.

Ganz zum Schluss kamen – in einem PKW gemeinsam angereist – die Mutter von Oliver und seine Tante Ilse Wagner. Die Mutter ging unsicher auf Oliver zu, wusste nicht, ob sie ihn in den Arm nehmen sollte oder nicht, beschränkte sich dann darauf, seine Hand zu nehmen. „Mein Gott, Junge, du siehst schrecklich aus. Musste denn dieses riesige Brimborium hier sein? Wir hätten doch einfach auch zu Hause bei uns in der Familie reden können ...!" Ilse lachte gepresst auf: „Glaubst du das wirklich, Hanne? Die Unterhaltung hätte sicher nicht lange gedauert." Die Mutter winkte beleidigt ab und setzte sich unsicher und mit spürbarer Abneigung in den Kreis, während Ilse zu Oliver ging und ihn intensiv drückte. Oliver nickte nur, ging wieder zum Türstock und schaute Richtung Vater. Sein Coach ging zu ihm und flüsterte ihm ins Ohr: „Sie können ruhig zu ihm rausgehen, ihn draußen begrüßen und reinbitten, jetzt, wo alle da sind ..." Oliver nickte schwer und ging hinaus. Man sah vom Gruppenraum aus die beiden weit entfernt stehen, kurz reden und dann gemeinsam zurückgehen. Sie kamen mit einer gewaltigen Spannung in den Raum, die sich augenblicklich auf die Teilnehmer übertrug, und setzten sich weit entfernt voneinander in den Kreis.

Wollenweber und Schaffner begrüßten die Teilnehmer und machten die Geschäftsordnung durch einige Flip-Charts klar. Während sie noch dabei waren, die Regeln der Gesprächsführung darzulegen, unterbrach sie Arno Seibold brachial: „Also, wir sind hier doch auf keinem Psycho-Seminar, mein Gott, machen Sie es doch nicht so kompliziert. Es gibt zwischen meinem Sohn und mir einige Themen und Konflikte, die wir sicher auch zu zweit hätten austragen können, aber es sprach ja wohl etwas dafür, dies hier von Ihnen moderiert zu machen. Warum Sie hier so eine Art Theater inszenieren und meine Tochter und meine Schwester auch noch hinzugezogen haben, ist mir völlig schleierhaft, sie haben damit ja nun wirklich nichts zu tun." Die Tochter lachte hell auf: „Das glaubst du doch nicht wirklich, Vater. Meine Geschichte soll damit nichts zu tun ..." Schaffner unterbrach aufgebracht und autoritär die sich an-

bahnende chaotische Diskussion, in der Ilse, Oliver und die Mutter durcheinander sprachen: „So nicht, genau so werden wir nicht miteinander umgehen! Herr Seibold, bei allem Respekt, aber Sie bestimmen hier nicht die Regeln. Sind Sie bereit, sich der Gesprächsführung von mir und Ihrem Therapeuten unterzuordnen?" Wollenweber rutschte, überrascht von der plötzlichen Schärfe seines Kollegen, unruhig auf seinem Stuhl hin und her, nickte aber zustimmend. Schaffner setzte – nun schon wieder etwas leiser – nach: „Wir haben einen schwierigen Auftrag für diesen Tag, es müssen Dinge ausgesprochen und angeschaut werden, die so vermutlich in diesem Familienkreis noch nie diskutiert wurden. Bitte vertrauen Sie uns Therapeuten, und lassen Sie sich von uns durch den Tag führen." Hanne drückte beschwichtigend den Arm Ihres Mannes, als er etwas erwidern wollte, er besann sich anders, nickte knurrend und lehnte sich demonstrativ gelassen zurück im Stuhl.

Nach diesem Intro war beiden Therapeuten klar, wie schwer es werden würde, eine Atmosphäre der Offenheit und des Zulassens von Emotionen zu schaffen. Sie befragten als Erstes jeden Teilnehmer nach seinen eigenen Zielen für den Tag:

Vater: „Oliver soll sagen, was los ist, Oliver soll erklären, warum es ihm so schwer fällt, die Rolle des Geschäftsführers auszufüllen, Oliver soll berichten, was er in den letzten Tagen gemacht hat, um das Unternehmen zu stabilisieren."

Mutter: „Der Tag soll dazu dienen, dass in der Familie endlich wieder Frieden herrscht und offen miteinander gesprochen wird."

Tochter: „Minimalziel: Oliver soll in einer fairen, ruhigen Atmosphäre seine Anliegen äußern dürfen. Maximalziel: Tabus der Familie, die seit Jahren totgeschwiegen werden, kommen auf den Tisch."

Schwester: „Die Fremdbestimmung von Oliver muss ein Ende finden. Arno darf Oliver auf keinen Fall das antun, was er damals mit Michaela gemacht hat, sonst wird diese Familie zerstört."

Oliver: „Ich möchte Erkenntnisse, die ich in den letzten Wochen über mich gewonnen habe, offen äußern dürfen, ohne deshalb abgewertet zu werden."

Bereits während die Ziele genannt wurden, gab es kleine nonverbale Kommentare der Beteiligten, von genervtem Aufstöhnen über abruptes Kopfschütteln bis hin zu lautem Auflachen. Die Therapeuten übergingen diese Wertungen und fassten die verschiedenen Ziele zusammen. Ganz offensichtlich standen Oliver und der Vater im Mittelpunkt des Pro-

zesses, die Therapeuten allerdings widmeten den Tag nicht den einzelnen Menschen, sondern der Familie *als Ganzem und führten aus, dass es aus ihrer Sicht einen inneren Zusammenhang zwischen den Erkrankungen des Vaters und des Sohnes gab, so unterschiedlich die „Krankheitsbilder" auch sein mochten. Zwischenruf des Vaters, an Oliver gewandt: „Ich weiß bis heute noch nichts von einer Erkrankung, was ist denn mit dir los?" Der Sohn antwortete darauf nicht, musste nur in einer plötzlichen Anwandlung aus dem Raum, kam wenige Minuten später aber wieder zurück. Während der Abwesenheit des Sohns trat absolute Stille ein, die Therapeuten warteten in Ruhe sein Zurückkommen ab. Schaffner fragte Oliver, ob er als sein Coach den Teilnehmern etwas zu seinem Krankheitsbild sagen durfte, fatalistisches Nicken und Schulterzucken. Schaffner sagte dann: „Oliver leidet seit der Zuspitzung der Ereignisse in der Firma und mit der Familie unter einer schweren Depression, ist außerdem zunehmend abhängig von Alkohol und Beruhigungsmitteln. Fassungslosigkeit beim Vater, entsetzter Aufschrei der Mutter: „Oliver, warum hast du mir nie davon erzählt", aggressive Einmischung der Tochter: „Siehst du Mutter, vielleicht glaubst du mir jetzt langsam." ... Wollenweber beruhigte die Teilnehmer und wies darauf hin, wie wichtig allein schon der Tabubruch sei, diese Informationen der Runde zu offenbaren. Schaffner machte deutlich, dass die Krankheitsbilder Olivers nicht das Problem, sondern nur das Symptom darstellten und dass sie nicht der Auslöser und die Motivation für die Aufnahme des Coachings gewesen seien. Wollenweber ging daraufhin auf das Krankheitsbild des Vaters ein, hob hervor, dass man sich nicht davon täuschen lassen dürfe, wie gesund sein Patient heute wirke, denn die eigentliche Erkrankung sei ebenfalls eine psychische (lautstarker Protest des Vaters, der erregt aufgesprungen war). „Darüber haben wir nie gesprochen, Herr Wollenweber, was erlauben Sie sich!" Wollenweber erwiderte, ebenfalls etwas erregt: „Mit Verlaub, Herr Seibold, darüber versuche ich mit Ihnen seit dem ersten Tag Ihrer Einlieferung zu reden, aber Sie ignorieren diesen Tatbestand völlig. Ihre Flucht aus der Klinik in Ihre Firma ... ich mache mir große Sorgen um Workaholic-Tendenzen in Ihrem Verhalten." Der Therapeut fügte seine Einschätzung hinzu, dass die beiden Zusammenbrüche des Vaters jeweils im betrieblichen Kontext in besonderen Stressmomenten geschehen wären, auch diese Zusammenbrüche wurden von Wollenweber als Symptome bewertet, der eigentliche körperliche Zustand des Vaters sei sogar ziemlich gut für sein Alter. Während dieser*

Statements seines Therapeuten war Arno Seibold erregt aufgestanden und im Raum hin und her gegangen. Schaffner fragte ihn, was bei ihm gerade gefühlsmäßig passiere, daraufhin gab es einen gewaltigen emotionalen Ausbruch. Der Vater beschimpfte die Therapeuten, sie wollten ihn nun, wo seine körperliche Gesundung unverkennbar sei, psychisch für krank erklären, nur weil er sich Sorgen um die Firma mache, die ganze Veranstaltung sei eine Farce etc., etc. Schaffner äußerte Verständnis für diese Gefühle und bat den Vater, nur zur Sicherheit, sich selbst die Rahmenbedingungen nochmals klar zu machen, in denen seine beiden Zusammenbrüche geschehen seien. Der Vater ging widerstrebend darauf ein, schilderte beide Situationen rein sachlich und wurde von Schaffner, der raffiniert Wollenwebers Rolle übernommen hatte, auf den Zusammenhang zu Oliver hingewiesen, der vom Vater völlig ausgeblendet worden war. Der erste Zusammenbruch des Vaters geschah nach der ersten wirklichen Konfrontation durch den Sohn am Krankenbett zu Hause, der zweite Zusammenbruch bei dem missglückten Versuch, den Sohn per Telefon herzuzitieren. Wollenweber übernahm den Faden und stellte die These auf, die körperlichen Zusammenbrüche wären nur das Symptom für eine grundlegende Vater-Sohn-Störung. Jedes Mal, wenn der Sohn aus Sicht des Vaters nicht richtig „funktioniert" habe, sei es zu solch drastischen körperlichen Reaktionen gekommen. Schaffner setzte den Gedankenfaden fort, inzwischen habe sich dieser Mechanismus schon so weit verselbstständigt, dass der Sohn im Vorfeld bereits mit Angstgefühlen und Schuldvorwürfen reagiere, wenn er Dinge plane, die den Bestrebungen des Vaters zuwiderliefen. Völlige Verblüffung beim Vater, deutliche Zustimmung von Oliver und Michaela, nachdenkliches Nicken der Schwester, entschiedener Widerspruch der Mutter, die langsam spürte, dass diese Zusammenkunft an die Wurzeln ging, und zunehmend Angst bekam, dass Dinge aufgedeckt wurden, die sie vor Jahrzehnten schon zugeschüttet hatte.

Oliver war bis zu diesem Punkt der Ereignisse noch gar nicht dazu gekommen, seine Gedanken und Beschlüsse darzulegen, spürte aber, dass der unglaubliche Druck, unter dem er seit Wochen und ganz besonders in den letzten Tagen gelitten hatte, wie durch ein Wunder kleiner geworden war. Auch er war ja ein Pragmatiker und hatte nie viel Verständnis für Psychologie gehabt, aber der Argumentation der beiden Therapeuten war eine bestimmte Logik nicht abzusprechen. Aus diesem Blickwinkel hatte er jedenfalls seine Situation bisher noch nie betrachtet.

Wollenweber fragte den Vater, ob er an diesem Punkt noch etwas sagen möchte, dieser überspielte seine augenblickliche Verwirrung aber, indem er verächtlich von „Psycho-Spielchen" sprach, die nur das eigentliche Problem zudecken sollten, dass Oliver schlicht und ergreifend gravierende Management-Fehler gemacht hatte, zu denen er jetzt einfach stehen solle ...

Kopfschütteln bei Oliver, böse Zwischenrufe der Tochter, Ermahnung durch die Schwester, die deutlich auf der Seite Olivers stand. Schaffner ignorierte die Provokation des Vaters, beruhigte alle Beteiligten wieder und bat nun den Sohn, im Zusammenhang zu berichten, wie es ihm ging und was er den Anwesenden zu sagen hatte. Gespannte Stille im Raum, alle spürten, dass nun der entscheidende Moment kam. Michaela, die neben ihm saß, drückte aufmunternd seine Hand. Und Oliver selbst ... fühlte nun, da der Moment gekommen war, vor dem er wochenlang gebangt hatte, plötzlich eine unheimliche Ruhe in sich aufsteigen, eine Ruhe, nicht ausgelöst durch ein Beruhigungsmittel, sondern durch den bislang gelaufenen Prozess in diesem Raum und die zunehmende Klarheit in sich selbst. So begann er zu reden, vergaß die vielen Blicke, die auf ihn gerichtet waren. Olivers eigener Blick ging nach innen, in seine Geschichte, in seine Wahrheit, die er sich in den letzten Wochen so hart erkämpft hatte. Der Sohn spannte den Bogen von der Kindheit, wo er den Vater als großes Vorbild und die Schwester als Rivalin gesehen hatte, über die Ausbildung, wo er sich fest auf Kurs wähnte, vom Vater systematisch aufgebaut für den „Beruf" als Nachfolger, bis zum Einstieg ins Unternehmen. Aus großer Distanz schilderte er sein Vorgehen, machte seine eigenen Fehler und Versäumnisse deutlich. Unaufhaltsam näherte er sich in seinen Schilderungen den dramatischen Begebenheiten der letzten Wochen und damit auch der überfälligen, noch nie ausgesprochenen Kritik am Vater. Olivers Ruhe ging dahin, als er sich direkt an den Vater wandte.

„Vater, ich war so glücklich, als du mir im März das Vertrauen geschenkt hast, mich früher, als ich je zu hoffen gewagt hatte, zum Geschäftsführer zu machen." ... Der Vater nickte ihm begütigend zu, offenbar hoffend, dass sein Sohn ihn in der folgenden Rede um Verzeihung für seine Fehler bitten würde. Fragende Blicke der Schwester, die befürchtete, ihr Bruder würde angesichts des Drucks, der auf ihm lastete, nun vielleicht doch noch „umfallen". Oliver setzte fort: „Doch als ich anfangen wollte, die Dinge im Unternehmen zu gestalten, hast du mir ...",

198

starke Emotion beim Sohn, konnte kaum weiterreden, „... in einer un-
glaublichen Art und Weise den Boden unter den Füßen weggezogen.
Sicher, du wolltest, dass ich was unternehme, dass ich was ändere ... aber
es durfte nur das sein, was du selbst vorgedacht hattest." Der Vater
wollte intervenieren, wurde aber von allen Beteiligten gebremst, die
spürten, dass nun die wichtigen Dinge ausgesprochen wurden. „Erinnere
dich an den Think Tank, wie hast du dich lustig gemacht über diese Idee,
neue Produkte, neue Strategien, das hat dich überhaupt nicht interes-
siert. Du wolltest, dass ich deine Art der Führung fortsetze. Doch das,
Vater ...", Sohn kämpft mit den Tränen, „... das kann ich nicht, wir sind
grundverschieden ... ich hab in der einen Woche Ende März, als wir zum
ersten Mal wirklich zusammengearbeitet haben ... da hab ich gemerkt,
wie anders du bist. Du hast dich für meine eigene Art auch nie interes-
siert. Dass ich nicht der Typ bin, der eine Sekretärin braucht ...", Vater
wollte eingreifen, wurde von Schaffner zurückgehalten, „... und dass ich
mit deiner ... diesem Drachen ... niemals klarkommen werde, hast du
völlig ignoriert, du hast gar nicht gemerkt, wie ich in diesem schreck-
lichen Büro, das du für mich eingerichtet hast, gelitten habe." Der Vater
rückte beleidigt mit dem Stuhl weit vom Sohn, dieser sprach aber unge-
rührt weiter: „Aber der schlimmste Tag mit dir, das war das Erlebnis mit
dem Besuch bei Audi ..." Nun wurde der Sohn immer emotionaler in
seiner Rede, zeigte starken inneren Schmerz: „Ich hatte dort wirklich
etwas bewegen wollen, du warst krank, ich wollte mir und dir beweisen,
dass ich mit meinem Stil auch Erfolg haben kann. Die ganze Nacht hatte
ich Charts gebastelt, ich wollte denen bei Audi mal unternehmerisch
kommen und was machst du? Kommst morgens einfach vom Kranken-
bett aus in die Firma, übernimmst das Kommando ... kümmerst dich
einen Dreck darum, was ich vorhatte, lässt mich vor den Bereichsleitern
aus dem abfahrbereiten Auto aussteigen und im Hof stehen ..." Sohn be-
ginnt zu schluchzen, die Mutter schaut fassungslos von ihrem Sohn zu
ihrem Mann, die Schwester schüttelte nur traurig den Kopf, der Vater
wendete sich ab, fühlte sich missverstanden. „Ich wollte doch nur ...",
begann er seine Rechtfertigungsrede, wurde aber vom Sohn unterbro-
chen: „... ja, ich weiß. Du wolltest doch nur bei deinem Kunden deine
Show abziehen. Das ist dir auch wahrlich gelungen. Dass du dabei
deinen Sohn komplett demontiert hast, ist dir gar nicht aufgefallen ..."
Der Sohn setzte ganz leise werdend nach: „... wie ich dich gehasst habe
in diesem Moment ..." Die Mutter begann zu weinen, die gesamte Stim-

mung im Raum wurde langsam bedrohlich. „An diesem Tag beschloss ich, mich von dir so nicht mehr behandeln zu lassen und mich mit dir offensiv anzulegen. Doch als ich meine kleine erste Stärke, dir auch mal Kontra zu geben, zum ersten Mal ausprobierte …", Sohn begann wieder zu schluchzen, „… das war bei unserem Streit an deinem Krankenbett … da bist du danach kollabiert und du Mutter …", der Sohn wandte sich der Mutter zu, „hast mir nur Vorwürfe gemacht, wie ich so mit Vater umgehen kann …" Die Mutter weinte nun stärker, die Tochter rutschte unruhig auf ihrem Stuhl hin und her und hielt es kaum mehr aus. Oliver setzte nach einer Weile seine Gedanken mit der Rede an seinen Vater fort: „Ich hab mir solche Vorwürfe gemacht, schuld zu sein an deinem Infarkt, auf der anderen Seite wusste ich, dass im Unternehmen schnell was passieren musste, du hast mir die Dramatik der Situation verheimlicht, Vater! Mit diesem verdammten Dilemma kam ich einfach nicht mehr klar, handeln zu sollen, aber bitte so, wie du es getan hättest! Ich war auch nicht in der Verfassung … im Unternehmen nach deinem ersten Infarkt den Chef zu spielen und die Leute mitzureißen … ich wusste selbst nicht, wo ich stehe, wie sollte ich da Orientierung geben? Ich hab mich einfach eingeschlossen, bin von meinem großen Büro und den vorwurfsvollen Blicken deiner Sekretärin in das kleine Kabuff bei Strickert geflüchtet … Ich weiß … in dieser Situation bin ich als Geschäftsführer gescheitert … aber ich hab einfach erkannt, das bin nicht ich. Ich hab's versucht, ein paar Wochen lang hab ich mir eingeredet, ich sei der Chef, aber ich war nur …", Schluchzen, „… eine Lachnummer."

Im Raum war es völlig still, der Vater war depressiv auf seinem Stuhl zusammengesunken, langsam erkennend, wie weit der Sohn inzwischen von ihm entfernt war. „Ich hab gelitten, das kannst du dir nicht vorstellen, gelitten, weil ich dich nicht enttäuschen wollte, du hast auf mich gebaut seit Jahren, du hast mir die ganze Ausbildung finanziert … das weiß ich alles … ich hab auch Angst gehabt, dass es mir genauso gehen könnte wie Michaela … die hast du aus der Familie ja quasi ausgeschlossen, weil sie …", Vater wollte eingreifen, Wollenweber hielt ihn aber zurück, „dir mit deinen Plänen einen Korb gegeben hatte. Aus diesem Dilemma kam ich nicht raus, ich konnte nicht mehr schlafen, trank immer mehr Alkohol, nahm Beruhigungsmittel, bis Ilse mit der rettenden Idee kam, einen Coach zu nehmen …" Der Vater warf einen stillen, hasserfüllten Blick auf seine Schwester, die darauf reagierte: „Irgendjemand musste dem

Jungen ja helfen, ihr beide", sie schaute vor allem auf Hanne, „ihr beide habt ihn ja völlig hängen lassen."

Oliver setzte fort, wollte die Sache zu Ende bringen, war inzwischen aufgestanden und ging beim Sprechen unruhig hin und her: „Mit meinem Coach hab ich erkannt, dass ich die Wahl habe zwischen:

1. ein guter Sohn zu sein und ein Leben lang eine Rolle zu spielen, die nicht meine ist, die ich auch nicht ausfüllen kann oder

2. meinen eigenen Weg zu gehen, das zu tun, was meine Stärke ist, und dabei möglicherweise meinen Vater" ... „vielleicht sogar mein Elternhaus zu verlieren."

Alle hielten den Atem an, die Dramatik war nicht mehr zu steigern. „Als du, Vater, vor drei Wochen aus heiterem Himmel wie ein Verrückter im Unternehmen aufgetaucht bist, weil dich deine Sekretärin gegen mich aufgehetzt hat ...", der Vater hielt den Kopf in den Händen, blickte depressiv zu Boden und murmelte etwas Leises vor sich hin, „... und du mich gesucht hast, um mich zur Rede zu stellen, saß ich gerade im Zug zu meinem Coach. Vielleicht war es auch gut so, du hättest meine Argumente sowieso nicht gehört ... und ich wäre an diesem Tag zu schwach gewesen, dir die Wahrheit zu sagen ... Aber die Art, wie du dich da mir gegenüber verhalten hast, wie du Mitarbeiter ausgefragt hast nach meinen Aktivitäten ... spätestens da ist mir klar geworden, dass ich mit dir nicht mehr arbeiten kann. Ich hab die Entscheidung noch ein paar Tage verdrängt, aber dann bei einem Besuch von Michaela ..." Vater brauste auf: „Michaela, wie konntest du dich da nur einmischen." Michaela gab bitterböse zurück: „Ein Opfer in der Familie reicht ja wohl, oder?" Die Therapeuten ließen diesen Schlagabtausch zu, weil sie instinktiv fühlten, dass er zur Klärung der Situation diente. Oliver war mit seiner Rede aber noch nicht fertig: „... ja Vater, stell dir vor, deine beiden Kinder reden wieder miteinander und ...", Oliver nahm demonstrativ Michaelas Hand, „... verstehen sich plötzlich, weil sie eine ähnliche Geschichte haben." Die Mutter hielt es kaum mehr aus, die Therapeuten fragten sie, ob sie eine Auszeit wolle, sie verneinte und Oliver machte ungerührt weiter, er setzte sich nun wieder auf seinen Stuhl, den er so drehte, dass er Vater und Mutter gleichzeitig sehen konnte. „Also, Vater, Mutter, beim Besuch von Michaela am 2. Mai habe ich unwiderruflich beschlossen, ich werde das Unternehmen nie wieder betreten, ich werde die mir zugedachte Rolle des Nachfolgers nicht übernehmen. Es war ... ein ... Irrtum. Ich kann es nicht ... ich würde daran zerbrechen ..." Der Vater schüttelte ungläubig den Kopf, die Schwester und die Tochter waren erleichtert. Oliver kam zum Schluss: „Deinen Brief mit den vielen Anweisungen habe ich zerrissen ... nichts davon wurde von mir umgesetzt, du musst wissen ... ich war selbst krank seit dem Tag meiner Entscheidung." Oliver war unendlich erleichtert, dass alles ausgesprochen war, und hatte nun sogar den Mut, in die betroffene Stille im Raum dem Vater noch die letzte Grausamkeit zu bereiten: „Ach ja, eine Entscheidung habe ich doch gefällt, Vater. Ich habe ... in meiner Eigenschaft als Geschäftsführer ... Karin Dinslage letzte Woche entlassen und mit sofortiger Wirkung vom Dienst freigestellt." Der Vater sprang auf: „Du hast was??", und kam bedrohlich auf den Sohn zu, die Therapeuten hielten ihn zurück. In diesem Moment wandte sich die Mutter erstmals gegen ihren Mann: „Arno, jetzt reicht's. Lass Oliver in Ruhe, siehst du nicht, wie er leidet, denk lieber an deine eigenen Fehler, die du gemacht hast, und bete zu Gott, dass er dir vergibt. Ich hab vieles heute erst begriffen ..." Die Mutter ging weinend zu ihrem Sohn, nahm ihn in den Arm, worauf beide schluchzend vereint im Schmerz längere Zeit verharrten, während der Vater dumpf in den Raum starrte. Auch Michaela hatte – ganz gegen ihre Art – nun zu weinen begonnen und die Therapeuten brauchten einige Zeit, um die Runde so weit wieder zu beruhigen, dass Oliver zu Ende reden konnte. „... Karin Dinslage hat deinen zweiten Zusammenbruch auf dem Gewissen, sie hat sich gegen jede Anordnung hier in die Klinik geschlichen, dich mit Halbinformationen aus dem Unternehmen versorgt ... und überhaupt ... alles getan, uns beide auseinander zu bringen. Ich habe sie gebeten, alle offenen Vorgänge an Kurt Strickert zu übergeben, der gemeinsam mit den anderen Bereichsleitern das Unternehmen führt, bis du wiederkommst ..." Oliver kramte aus seiner Collegemappe einen dicken Berichtsband hervor und streckte ihn mit zitternden Händen dem Vater hin. „Damit meine Arbeit bei Seibold Plastics nicht ganz vergebens war, habe ich dir Vater ..." Der Vater hatte mit der ganzen Veranstaltung, mit seinem Sohn, mit seiner Frau, mit der ganzen Welt innerlich schon abgeschlossen und hörte nur mit einem Ohr, dass der Sohn ihm noch etwas geben wollte. „... habe ich dir Vater meine Strategien und Empfehlungen für dein Unternehmen hier nochmals zusammengestellt. Vielleicht kannst du was damit anfangen."

Arno Seibold nahm völlig abwesend, ohne jede Rührung, das Papier

in die Hand, drehte sich um und verlies ohne jedes weitere Wort mit lang-
samen Schritten den Raum.

Manöverkritik

Die beiden Therapeuten waren am Nachmittag, als alle gegangen waren,
in ihrer eigenen Manöverkritik bei mehreren Gläsern Pils nur mäßig zu-
frieden mit ihrer Arbeit. Sicher – der Sohn hatte den entscheidenden Be-
freiungsschlag geschafft und erstmals ausgesprochen, was er wirklich
dachte und wünschte – ohne dass der Vater kollabierte. Auch dass die
Mutter musterüberwindend zum ersten Mal seit Jahrzehnten dem Mann
die Grenzen gezeigt hatte, war ein Erfolg. Aber die Freude über diese
Fortschritte war letztlich doch überschattet durch die Tatsache, dass es
nicht gelungen war, Arno Seibold im Prozess zu halten. Er war nicht ein-
fach nur aus dem Raum gegangen, sondern ohne jede Verabschiedung,
ohne Abmeldung und die üblichen Formalitäten aus der Klinik mit unbe-
kanntem Ziel abgereist und hatte damit zum zweiten Mal seine Rehabili-
tation abgebrochen. Die Therapeuten hatten die Konferenz nach dem
Abgang des Vaters erst einmal unterbrochen, hatten noch versucht, Arno
Seibold am Gehen zu hindern, aber es war vergebens, der Mann konnte
offensichtlich seine Gefühle nicht einbringen und wollte mit seiner Ent-
täuschung und Lebenslektion alleine sein. Als dieses klar war, schlossen
die Therapeuten ohne den Vater die Konferenz mit Schlussfeedbacks ab.
Die Stimmung hatte sich aber immerhin seit dem Vormittag deutlich
gedreht. Hanne war durch diesen einen ausgesprochenen Satz Teil der
Gruppe geworden, die „Rest-Familie" begann sich bereits neu zu formie-
ren und die Frage, wie es nun weitergehen sollte, stand quälend im
Raum. Die Mutter hatte nach der Konferenz den größten Leidensdruck,
während Oliver eine Zentnerlast genommen war. In den Schlussfeed-
backs äußerte die Mutter die Sorge, wie sie mit Ihrem Mann nach diesen
Stunden weiterleben sollte, sie fühlte sich aber zu ergriffen und ge-
schwächt, um sofort etwas zu unternehmen. Ilse, die deutlich abgeklärter
war, erklärte sich bereit, ihm nachzufahren, ihn zu suchen und mit ihm
zu reden. Sie schien auch eine geheime Ahnung zu haben, wo sie ihn in
einer solchen Situation finden konnte. Nach Ilses schnellem Aufbruch

saß die Runde noch unentschlossen herum, jeder hing ein paar Minuten seinen Gedanken nach. Michaela, die ganz offensichtlich trotz des schrecklichen Abgangs des Vaters glücklich zu sein schien, regte ein gemeinsames Essen an, Oliver stimmte dem begeistert zu und die beiden Kinder schoben die völlig abwesende und verunsicherte Mutter aus dem Gruppenraum. Olivers Demission war bereits kein Thema mehr, sondern von allen verbleibenden Familienmitgliedern akzeptierte Tatsache. So schnell können sich Kontexte verändern ...

Die 20 wichtigsten Führungsfehler bei der Unternehmensnachfolge

Fehler 1
Die gegenseitigen Erwartungen zwischen der alten und jungen Generation werden nicht wirklich abgeglichen

Das Problem:

Im Vorfeld der Unternehmensnachfolge wird zwischen den Generationen über vieles gesprochen, nur oft nicht über das wirklich Wichtige! Während über steuerrechtliche, erbschaftsrechtliche, gesellschaftsrechtliche Fragen meist – unter Einbeziehung der Fachberater – ein intensiver Gesprächsaustausch gepflegt wird, der dann zu Lösungsmodellen führt, werden gerade die emotional orientierten Themen oft ausgeblendet. Beide Generationen wagen sich nicht an offene Feedbacks, an das Aufarbeiten vergangener Verletzungen, an das offene Ansprechen von Ängsten, Vorbehalten und Wünschen heran, nicht selten mit der Ausrede, der/die Alte(n) würden ja sowieso bald gehen. Dies erweist sich schon bei den ersten Belastungen des Kontakts in der Übergangsphase als fatal. Wenn die Beteiligten merken, dass die im Vorfeld gefundenen Lösungen auf der emotionalen Ebene nicht tragfähig sind, beginnt der „Psycho-Krieg". Verlierer sind alle Seiten und das gesamte Unternehmen.

Lösungsansätze:

1. Offene Feedbacks zwischen den Generationen nach der Formel: „Du wirkst auf mich … Das bewirkt in mir … und ich wünsche mir."
2. „Ich-Botschaften" senden wie zum Beispiel: „Ich habe mich gefreut …" „Mich hat verletzt …" „Ich möchte von dir …" „Mein Ziel ist …"
3. Ängste, Sorgen, Widerstände bei sich selbst erkennen und den Mut haben, diese Themen offen auszusprechen.
4. Eine von einem externen Moderator/Coach geleitete Familienkonferenz mit allen Beteiligten durchführen, bei der rechtzeitig vor der Übergabe die gesamte emotionale Plattform für die Nachfolge gebaut wird.
5. Wenn die Fachberater (Steuerberater, Anwälte etc.) während der Arbeit spüren, dass die eigentliche Problematik auf der emotionalen Ebene liegt, sollten sie ihre Klienten unverzüglich an einen geeigneten Berater/Coach „überweisen" und keinesfalls selbst auf diesem unbekannten Terrain herumlaborieren.

Praxis-Tool „Feedback"

Die Feedback-Formel „Du wirkst auf mich... das bewirkt in mir... und ich wünsche mir von dir..." sieht auf den ersten Blick völlig harmlos aus, entpuppt sich bei ersten Anwendungs-Versuchen aber als geradezu unheimlich wirksames Kommunikations-Tool. Dem anderen offen zu sagen, wie sein Verhalten wirkt und welche Gefühle es bei mir selbst auslöst – ein heilsamer Tabubruch in unserer oft verlogenen, harmoniegespülten Erwachsenenwelt. Dieses Tool ist immer dann angesagt, wenn Gefühle und Wahrnehmungen zwischen Menschen ungleich sind und abgeglichen werden müssen...

Feedback-Geber	Feedback-Empfänger
• Die Feedback-Formel: Du wirkst auf mich... ... das bewirkt in mir... ... und ich wünsche mir von Dir...	• Höre genau zu und kläre Missverständnisse • Verzichte auf Argumentieren und Verteidigen
• Beziehe Dich auf konkrete Einzelheiten und Beispiele, die Du selbst beobachtet hast.	• Bedanke Dich für das Feedback und überdenke es kritisch
• Gib Dein Feedback beschreibend, nicht moralisch bewertend: „Was Du getan hast, hat mich gestört – hat mir gefallen" statt „... war gut – war schlecht".	• Wehre Dich dagegen, Dir Verhaltensweisen vorschreiben zu lassen. Treffe die Entscheidung über Dein Verhalten selbst!

Fehler 2
Das Anforderungsprofil und die Eignung des „Kandidaten" werden im Vorfeld nicht professionell abgeglichen

Das Problem:
Während es für Unternehmer bei der Besetzung wichtiger Management-Funktionen inzwischen eine Selbstverständlichkeit ist, Jobprofile und Anforderungsprofile für die Stelle zu entwickeln und danach die Bewerber auszulesen, passiert genau dies bei der Besetzung der wichtigsten Stelle – der Nachfolge des Geschäftsführers – oft nicht. Beide Seiten versuchen unbewusst, einen möglicherweise auftauchenden Konflikt um die Befähigung und die vorhandenen Defizite zu umgehen, indem dieses Thema totgeschwiegen oder vernebelt wird. Diese Konfliktvermeidung hält dem Alltag natürlich nie stand und führt dazu, dass vorhandene Defizite der jungen Generation umso härter und ohne präventiv entwickelte Qualifizierungskonzepte im Unternehmen sichtbar werden.

Lösungsansätze:
1. Eine fiktive Stellenanzeige für den Nachfolger entwickeln und mit der jungen Generation besprechen.
2. Einen neutralen Personalberater beauftragen, ein Recruiting-Gespräch mit dem Nachfolger/der Nachfolgerin führen und auswerten lassen.
3. Die Zeugnisse, Referenzen und bisherigen Lebenserfahrungen des „Kandidaten" wertfrei analysieren und auf Defizite untersuchen (lassen).
4. Die eigenen Tätigkeiten, Limitationen, Schnittstellen als Unternehmer auflisten und mit der jungen Generation besprechen. Dabei auch die eigenen Schwachpunkte ehrlich ansprechen.
5. Die junge Generation auffordern, sich bewusst für den „Job" als Unternehmer zu bewerben, bei sich herauszufinden, was an dem Beruf reizt und fordert, wo die eigenen Defizite liegen, und einen Qualifizierungsplan in eigener Sache zu entwickeln. Das Thema „Nachfolge" und die damit verbundene Qualifizierung müssen aus dem Tabubereich herausgeholt und offen besprochen werden.
6. Wenn es in der Führung des Unternehmens einen zweiten Geschäftsführer gibt, der mit der jungen Generation zusammenarbeiten soll, muss dieser neutralere Partner in die Beurteilung der Befähigung des Kandidaten intensiv einbezogen werden.

Praxis-Tool „Führungs-Checklist"

Sinnvolles Werkzeug, um die eigene Einschätzung der Eignung als Führungskraft mit der Einschätzung anderer abzugleichen (Selbstbild kontra Fremdbild).

Führungswille Ich übernehme Führung.	☐ ☐ ☐ ☐ ☐ ☐	Ich bin eher passiv.
Führungsstil Ich kenne und pflege meinen Führungsstil.	☐ ☐ ☐ ☐ ☐ ☐	Ich bin mir über meinen eigenen Führungsstil unklar.
Feedback Ich bekomme/hole laufend Feedbacks von anderen.	☐ ☐ ☐ ☐ ☐ ☐	Ich weiß nicht so genau, wie andere über mich denken.
Beraterrolle Ich gebe Mitarbeitern ungern Hilfestellung.	☐ ☐ ☐ ☐ ☐ ☐	Ich dränge anderen gern Ratschläge auf.
Charisma Ich kann andere begeistern und mitreißen.	☐ ☐ ☐ ☐ ☐ ☐	Ich kann andere über meine Ausstrahlung nicht mitreißen.
Sensibilität Ich habe eine gute Antenne für andere Menschen.	☐ ☐ ☐ ☐ ☐ ☐	Ich tue mich schwer, mich in andere Menschen einzufühlen.
Zuhören Ich bin ein guter, aufmerksamer Zuhörer.	☐ ☐ ☐ ☐ ☐ ☐	Wirklich konzentriert zuhören fällt mir schwer.
Härte Ich kann auch hart und konsequent durchsetzen.	☐ ☐ ☐ ☐ ☐ ☐	Härte zeigen und vorleben fällt mir schwer.
Selbstorganisation Ich organisiere mich effizient und zielorientiert.	☐ ☐ ☐ ☐ ☐ ☐	Ich habe immer wieder Schwierigkeiten, mich perfekt zu organisieren.

Fehler 3
Die Spielregeln der Zusammenarbeit in der Übergangsphase sind nicht klar

Das Problem:
Meist tritt die alte Generation nicht schlagartig ab, wie dies leider bei überraschenden Todesfällen geschieht, sondern vereinbart eine Phase des Übergangs, in der alte und junge Generation gemeinsam im Unternehmen arbeiten. Diese Übergangsphase ist für die junge Generation von höchstem Wert und höchster Bedeutung, denn hier findet die eigentliche Übergabe der Geschäfte statt. Auch wird hier deutlich, wo die Unterschiede in den Auffassungen und Werten zwischen den Generationen liegen, welche Akzente „die Jungen" setzen und ob „die Alten" bereit und in der Lage zum Abgeben sind. Doch gerade in dieser so wichtigen Phase entstehen auch die größten Konflikte, prallen die verschiedenen Auffassungen von Management aufeinander. Dies wird so oder so passieren, hat aber immer dann die schlimmsten Auswirkungen, wenn die Spielregeln nicht klar sind.

Unklare Spielregeln schaffen Konflikte und Konfusion. Sie liegen oft als Zentnerlast auf den Beteiligten, die dadurch in ihren Management-Entscheidungen massiv blockiert werden – zum Schaden des gesamten Unternehmens.

Lösungsansätze:
1. Beide Generationen setzen sich vor dem Eintritt der „Jungen" ins Unternehmen zusammen und entwickeln ein gemeinsames Konzept, wie die Zusammenarbeit in der Übergangsphase organisiert wird. In diesem Kontext müssen folgende Fragen für die Nachfolger geklärt werden:
   - In welcher Funktion werden sie im Organigramm geführt?
   - Welche Aufgaben, Verantwortung, Kompetenzen haben sie?
   - Welche Mitarbeiter führen sie disziplinarisch?
   - Gibt es einen speziellen Einarbeitungsplan?
   - Gibt es einen „Einarbeitungspaten"?
   - Welche speziellen Projekte leiten sie?
   - Wie werden sie in übergreifende strategische Entscheidungsprojekte einbezogen, die noch bei der alten Generation liegen?
   - Ab wann und wie werden sie über alle sensiblen/vertraulichen Vorgänge in der Geschäftsführung informiert und erhalten dieselbe?
2. Gemeinsam werden Spielregeln eines „Eskalations-Managements" formuliert, die dann automatisch greifen, wenn es aus Sicht mindestens einer Seite zu Irritationen, Blockaden oder Konflikten kommt. Dabei sollte eine von beiden Seiten akzeptierte neutrale Instanz involviert sein.

Praxisbeispiel: Spielregeln Zusammenarbeit Vater/Sohn während der Übergangsphase

1. Aufgaben/Verantwortung/Kompetenzen

Der Sohn wird während der 1-jährigen Übergangsphase im Unternehmen beschäftigt als „Assistent der Geschäftsführung". Er hat während dieser Zeit keine disziplinarische Führung von Mitarbeitern und ist für die reibungslose Bearbeitung spezieller GF-Projekte verantwortlich. Der Sohn hat freien Zugriff auf das Geschäftsleitungs-Sekretariat und fachliches Weisungsrecht in allen Fragen seiner Projekte. Innerhalb seiner Projekte ist der Sohn Projektleiter mit voller Kompetenz und Verantwortung.

2. Information

Der Sohn hat freien Zugang zu sämtlichen GF-Informationen – auch zu vertraulichen Gesprächsprotokollen, Finanzdaten und Gesprächsprotokollen. Der Vater informiert den Sohn proaktiv und in völliger Offenheit über sämtliche laufenden GF-Aktivitäten, über die strategischen Planungen und Konzepte. Der Sohn gibt dem Vater ebenfalls proaktiv laufende Informationen über den Stand seiner Projekte und seiner Einarbeitung. Der Sohn hält alle sensiblen GF-Informationen streng vertraulich.

3. Entscheidungsfindung

Während der Übergangsphase wird der Sohn in alle zu fällenden GF-Entscheidungen einbezogen. Er hat in dieser Phase noch kein Stimmrecht, kann jedoch in letzter Konsequenz sein Veto einlegen, was die Entscheidung des Vaters auf Eis legt.

4. Eskalationsmanagement

Emotionale Konflikte: Derjenige, der mit dem Verhalten des anderen nicht zufrieden ist, geht sofort auf ihn zu und gibt offenes Feedback. Führt die dadurch entstehende Aussprache zu keinem Konsens, wird nach einigen Tagen ein neuer Versuch der Klärung gestartet. Besteht der Dissens dann immer noch und handelt es sich aus der Sicht mindestens eines Beteiligten um ein gewichtiges Thema, wird ein externer Coach mit der Mediation beauftragt

Sachliche Konflikte: Wenn es bei sachlich orientierten Meinungsunterschieden bezüglich anstehender strategischer Entscheidungen zum Dissens kommt und der Sohn sein Veto einlegt, führt dies automatisch zu einer Sondersitzung des Beirats, bei der die Argumente beider Seiten gehört und zu einem Konsens geführt werden.

Fehler 4
Das Timing für den Rückzug des alten Managements ist nicht glasklar

Das Problem:
Wenn die neue Generation in das Unternehmen kommt, sollte es eigentlich einen klar abgesprochenen Fahrplan für den Stabwechsel geben. Hierfür gibt es eine Vielzahl von Spielarten, die vom totalen Rückzug an einem Stichtag über eine definierte Übergangszeit bis zu Beirats- und Verwaltungsratsmodellen reicht. Leider bleibt in vielen Nachfolgeregelungen das Timing des endgültigen Rückzugs und der Abgabe der operativen Management-Verantwortung nebulös. Die Nachfolger kommen ins Unternehmen, werden in irgendeine Funktion befördert und verbleiben dort ohne klar vereinbarte Zeitperspektive in vielen Fällen Jahre, manchmal sogar Jahrzehnte. Dies ist natürlich von katastrophaler Wirkung im Unternehmen, denn die „Jungen" bleiben ewig die Hilfskräfte, während die „Alten" stolz vorführen, dass sie durchaus noch die Fäden in der Hand haben und mithalten können. Wenn sie dann – oft aus gesundheitlichen Gründen – nach langer Zeit doch ausscheiden, hinterlassen sie Nachfolger, die intern längst demontiert sind und keinerlei Schwung und Aufbruchsstimmung mehr erzeugen können.

Lösungsansätze:
1. Beide Seiten sollten offen über ihre Wünsche, Sorgen und Ängste, bezogen auf das heikle „Rückzugs-Thema", reden. Oft hängt die Bereitschaft zum Austritt bei der alten Generation mit dem Vertrauen in die Führungsfähigkeit der neuen Generation zusammen. In diesen Fällen muss klar ausgesprochen werden, an welchen konkreten Verhaltensweisen und Fähigkeiten „die Alten" erkennen, dass „die Jungen" reif für die Übernahme der Verantwortung sind.
2. Erbschafts- und steuerrechtliche Fragen des Rückzugs sind streng von den emotionalen Fragen und Sorgen zu trennen. Die Vermischung beider Themen, die leider ständig vorkommt, führt sonst zu den typischen, kaum mehr lösbaren „Knoten", bei denen scheinbare Sachzwänge zur Lösung emotionaler Probleme instrumentalisiert werden.
3. Bei der Definition der Rückzugsszenarien ist der Einfluss auf das operative Management streng vom gesellschaftsrechtlichen Einfluss zu trennen.

Checklist „Rückzugsplan"

- **Information**

  Presseinformation
  Info Betriebsrat
  Info Mitarbeiter
  Info Führungskräfte
  Info eigenes Sekretariat/Assistenz
  Info Partner des Unternehmens
  Info Öffentlichkeit

- **Rechtliche Themen**

  Eintrag als Geschäftsführer
  Gesellschaftsrechtliche Veränderungen
  Haftungsrechtliche Fragen
  Erbschaftsrechtliche Fragen
  Schenkungsrechtliche Fragen
  Steuerrechtliche Fragen

- **Übergabe**

  Dokumentation aller offenen Projekte
  Dokumentation aller bisherigen GF-Aufgaben
  Offene Einweihung in die sensiblen, ggf. geheimen Themen
  Offizielle Übergabe der Gesamtverantwortung an Nachfolger
  Übergabegespräche mit den bisher diszipl. unterstellten
  Mitarbeitern und dem Nachfolger

- **Inszenierung Ausstieg**

  Idee für Ausstiegs-Ritual
  Idee für symbolische Übergabe an Nachfolger

- **Vereinbarungen mit Nachfolger**

  Strategische Entscheidungen
  Anteilsübertragung
  Befugnisse nach Rückzug
  Coaching/Beratung der Nachfolger
  Stellung/Kompetenzen des Beirats (falls vorhanden)

- **Verabschiedung**

  Persönliche Verabschiedung von allen Mitarbeitern
  und externen Partnern

Fehler 5
Die alte Generation kann bei ihren Interventionen
nicht mit ihrer Rollenvielfalt umgehen

Das Problem:

In inhabergeführten Unternehmen ist die alte Generation oft in einer Vielzahl von Rollen gleichzeitig unterwegs: Unternehmer ... Vater ... Gesellschafter ... Gründer – jede dieser Rollen hat ihre eigenen Muster, ihre eigenen Gesetzmäßigkeiten. Je mehr Rollen man gleichzeitig genügen will, umso schwieriger wird die Sache, denn anstehende Entscheidungen können völlig unterschiedlich bewertet werden, je nachdem aus welcher Rollenperspektive man sie betrachtet. Der Unternehmer möchte möglicherweise „Gas geben", um eine Marktchance zu nutzen, der Inhaber fürchtet das damit zusammenhängende Risiko für das zu bindende Kapital, der Gründer sorgt sich, dass das neue Geschäft nichts mehr mit den Wurzeln zu tun hat, die das Unternehmen groß gemacht haben. Und der Vater spürt, dass diese Herausforderung für den Sohn beziehungsweise die Tochter viel zu früh kommt. Wie sollen Menschen in einem solchen Dilemma zu vernünftigen Entscheidungen kommen? Wie soll die junge Generation bei der Vielzahl von Sichtweisen und Anforderungen noch den Überblick über das Geschehen behalten? Oft entsteht so eine Verwirrung, die sowohl Nachfolger als auch Unternehmen massiv schädigt und nur noch von erfahrenen Coachs aufgelöst werden kann.

Lösungsansätze:

1. Die alte Generation muss sich selbst die verschiedenen Rollen und die daraus entstehenden Blickwinkel klar machen, mit denen sie agiert.
2. Es ist ungeheuer hilfreich für die Außenstehenden, wenn mit den Rollen bewusst und reflektiert umgegangen wird. Das wird zum Beispiel dadurch erreicht, dass bei wichtigen Interventionen deutlich geäußert wird, in welcher Rolle der Betreffende agiert („Als Vater wünsche ich mir ...", „Als Gesellschafter möchte ich sagen, dass ..." „Als Unternehmer wäre mir wichtig ...").
3. Die junge Generation sollte im Zweifelsfall genau nachfragen, in welcher Eigenschaft eine bestimmte Forderung oder Aussage getroffen wird.
4. Die Interessenkonflikte zwischen den Rollen sind normal und lassen sich viel besser lösen, wenn sich die Beteiligten ihrer bewusst werden.
5. Wenn zu viele Rollen eine sinnvolle Arbeit nicht mehr erlauben, muss eine „Entschlackung" stattfinden. Der Vater zieht sich zum Beispiel auf die Rolle des Gesellschafters zurück und kann dann viel klarer und schärfer Eingriffe in die Unternehmenspolitik vornehmen.

Praxis-Tool „Rollen-Drehbücher"

Viele Probleme in der Nachfolge-Regelung resultieren aus nicht erkannten und nicht gelösten Rollen-Konflikten, die der bisherige Inhaber in sich trägt. Der Umgang mit vielen verschiedenen Rollen und Kontexten will gelernt sein. Allein schon die nachfolgenden drei klassischen Rollen sind sehr gegenläufig. Wichtige Unternehmens-Entscheidungen sehen aus jeder „Brille" anders aus. Klare Prioritätensetzung und Rollentransparenz sind hier lebenswichtig!

Der Gründer

Typische Rollen-Merkmale	Mögliche Überstrapazierung
Macher	Egozentriker
Erfolgsmensch	Arroganz
Durchsetzungsstark	Schlechter Zuhörer
Krisenerfahren	Schlechter Delegierer
Praktiker	Eingefahren auf sein Schema
Herzblut zur Firma	Blind für Neuerungen
Innerlich abhängig von Firma	Workaholic

Der Gesellschafter

Typische Rollen-Merkmale	Mögliche Überstrapazierung
Ertragsorientiert	Ignoriert menschliche Themen
Strategisch denkend	Ignoriert Limitationen im Business
Distanz zum eigentlichen Business	Nur an Profit-Abschöpfung interessiert
Orientiert sich an Kennzahlen	Fixiert auf Quartalsergebnisse

Der Vater

Typische Rollen-Merkmale	Mögliche Überstrapazierung
Ausgeprägter Stolz auf Familie	Überfürsorglich
Betonung von Tradition	Überstreng
Baut auf Nachfolge aus Familie	Verschlossen
Stellt Familien-Logik über Management-Notwendigkeit	Blind für Kompetenz und Fehler der Kinder

Fehler 6
Unterschiedliche Wertauffassungen zwischen der alten und neuen Generation werden unterschätzt

Das Problem:

Es ist völlig normal und nachvollziehbar, dass die verschiedenen Generationen unterschiedliche persönliche Wertmaßstäbe in die Führung des Unternehmens mitbringen. Ein 70-jähriger Firmengründer sieht Management sicher aus einer anderen Perspektive als ein 30-jähriger MBA-Abgänger. Dabei geht es *nicht* um die Frage der Wahrheit, denn so komplexe Gebilde wie Unternehmen lassen sich aus vielen Blickwinkeln heraus betrachten und steuern. Kritisch wird es allerdings, wenn mehrere Wertesysteme parallel in einem vielleicht auch noch relativ kleinen Unternehmen gelebt werden oder wenn die junge Generation die bisher gelebten Werte der alten Generation in einem Handstreich beiseite fegen will. Oft werden die massiven Risiken solcher Kulturbrüche völlig unterschätzt und mit einem hohen Preis bezahlt: Abgänge wichtiger Mitarbeiter, Niedergang der Stimmung und Identifikation, Leistungseinbrüche sind die Folge.

Lösungsansätze:

1. Wertmaßstäbe und Kultur müssen zwischen den Generationen zum Thema gemacht werden. Dabei sollten „die Alten" den Prozess steuern, denn sie haben die bisherigen Werte geschaffen, die es (möglicherweise) zu verteidigen und zu erhalten gilt.
2. Wenn es im Unternehmen noch kein schriftlich definiertes Leitbild gibt, stellt der Generationenübergang eine hervorragende Chance dar, ein solches Leitbild gemeinsam mit ausgewählten Mitarbeitern zu entwickeln. Die Sichtweise der jungen Generation sollte dabei berücksichtigt werden!
3. Bei möglicherweise auftretenden Wertekonflikten hilft das Bild: „Wenn das Unternehmen sprechen könnte, was würde es dazu sagen …?"
4. Eine Erstarrung in alten Werten ist für das Unternehmen und die Mitarbeiter genauso schlimm wie die permanente Veränderung und Orientierungslosigkeit. Das Management hat folglich die richtige Balance aus Bewahren und Verändern zu finden.
5. Wenn im Rahmen der Nachfolgeregelung auch eine neue Unternehmensstrategie entwickelt wird, so ergibt sich daraus auch meist ein „Auftrag" an die Kulturveränderung im Unternehmen, der maßvoll berücksichtigt werden muss.

Praxis-Tool „Kultur-Spektrum"

Unternehmenskultur ist die Summe der gelebten Werte eines Unternehmens. Diese Werte werden durch die prägenden Menschen vermittelt, verändern sich also bei einer Nachfolge-Situation teilweise dramatisch. Um mögliche Kultur-Risiken abbilden und abschätzen zu können, hat sich dieses einfache Tool sehr bewährt. Die Kurven sollten in wechselseitiger Einschätzung zwischen altem und neuem Management entwickelt werden.

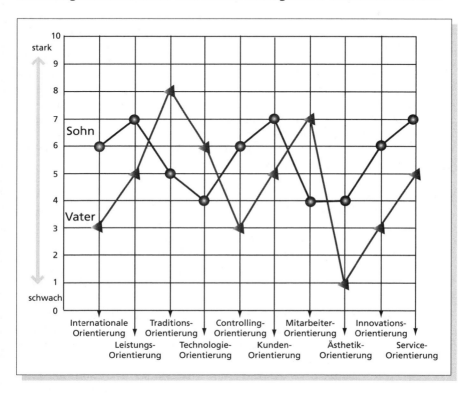

Fehler 7
Die wirklichen Konflikte werden vermieden und auf die Sachprobleme projiziert

Das Problem:
Jeder, der Nachfolgeprozesse in Unternehmen schon begleitet hat, weiß, wie zentral für den Erfolg das Konfliktverhalten der Beteiligten ist. Der scheinbar logische Weg, Konflikte zu erkennen, offen anzusprechen und mit allen direkt und indirekt Beteiligten zu lösen, wird leider oft nicht begangen. Gerade im Familienumfeld wird oft die Harmonie, der schöne Schein gewahrt. Verführerisch ist auch der Gedanke, dass „die Alten" ja irgendwann gehen werden, dass es sich ja vielleicht gar nicht lohne, in ihrer noch verbleibenden Zeit das Klima unnötig zu belasten etc., etc. Mit solchen irrigen Argumenten wird nichts anderes als bequeme Konfliktvermeidung betrieben – zum Schaden des Unternehmens und aller Beteiligten. Besonders dramatisch für das Unternehmen ist die Strategie, schwelende Konflikte verdeckt auszutragen, weil dadurch wichtige Entscheidungen verhindert und Sachthemen zur Geisel nicht sauber ausgetragener Konflikte gemacht werden.

Lösungsansätze:
1. Eigenes Konfliktverhalten reflektieren: Sind Sie eher der Kämpfer? Fliehen Sie gerne vor Konflikten? Nehmen Sie Konflikte gar nicht wahr, obwohl Ihre Umwelt schon angstvoll die Köpfe einzieht? Oder beherrschen Sie die Kunst der kooperativen Konfliktlösung, bei der möglichst keine Verlierer produziert, sondern eine für alle einigermaßen tragbare Konsenslösung gesucht wird? Holen Sie sich Feedback von anderen ein!
2. Nicht jeder Konflikt kann sofort gelöst werden, manchmal ist es durchaus hilfreich, ein paar Tage zu warten und die eigenen Emotionen zu prüfen. Doch hüten Sie sich vor dem Verschweigen vor allem größerer Verletzungen oder Missachtungen. Die „Punktekonten", auf denen Konfliktverdränger ihre emotionalen Wunden parken, sind verhängnisvoll, denn wenn diese Fässer irgendwann einmal aufgemacht werden, kommen so viele „Uralt-Themen" heraus, dass Lösungen mit den Beteiligten kaum mehr möglich sind.
3. Meist werden Konflikte nicht ausgetragen, weil die Beteiligten Angst vor den eigenen Emotionen haben, sich oft selbst nicht trauen, damit richtig umgehen zu können. Haben Sie den Mut, zu Ihren Gefühlen zu stehen! Sie werden dadurch glaubwürdiger, bekommen besseren Zugang zu den Menschen und bleiben innerlich gesund.

Praxis-Tool „Konflikt-Grid"

Das Konfliktverhalten von Menschen hängt sehr stark von ihrer persönlichen Prägung, ihren Lebensmustern und Lebenserfahrungen ab. So unterschiedlich das Konfliktverhalten in verschiedenen Situationen auch sein kann – letztlich finden sich bestimmte vorherrschende Muster immer wieder, wie nachfolgendes Schaubild verdeutlicht. Gerade in familiären Beziehungsthemen sind oft Vermeidung, Verdrängung und Flucht zu beobachten, weil sich die Familienmitglieder nicht selten scheuen, die echten Gefühle zu zeigen und zu beobachten...

Grundverhalten im Konflikt (Grid)

Kooperation bedeutet: Konflikte aussprechen und nach gemeinsamen Lösungen suchen, so dass alle Beteiligten gewinnen (+/+).

Konkurrenz heißt: Zwang anwenden und sich offen oder verdeckt unbedingt durchsetzen wollen, so dass der andere eine Niederlage erleidet (+/–).

Vermeiden heißt: sich zurückziehen und die Verantwortung abschieben, so dass am Ende keiner etwas davon hat (–/–).

Anpassung bedeutet: den anderen besänftigen und die Harmonie wieder herzustellen, auch auf eigene Kosten (–/+).

Kompromisse schließen bedeutet: einen Mittelweg finden, bei dem jeder gleichermaßen nachgibt (/).

Fehler 8
Es gibt keine transparente Kommunikation zwischen allen Beteiligten im Gesamtprozess

Das Problem:
Während des Nachfolgeprozesses wird oft die Wichtigkeit der offenen, transparenten Kommunikation unter den Beteiligten unterschätzt. Gerade weil es darum geht, den Abgleich zwischen unterschiedlichen Einschätzungen, Wertevorstellungen, Erfahrungswelten und Intentionen zu finden, ist es nicht akzeptabel, wenn zwischen beiden Seiten Funkstille herrscht. Während der Übergangsphase sollten sowohl die „Alten" wie auch die Nachfolger engste Kommunikation pflegen, am besten im selben Büro sitzen, um jedes Gespräch, jede Nuance mitzubekommen. Wenn dies nicht gelingt, wenn Abstimmungsprobleme sichtbar werden, wenn zu wichtigen Unternehmensfragen eine deutlich unterschiedliche Sprachregelung gepflegt wird, entsteht bei Mitarbeitern der typische Eindruck, dass die Führung ja selbst nicht weiß, was sie will. Und es ergibt sich die Chance für Intrigen und das gegeneinander Ausspielen der verschiedenen Parteien, auf die manche Zeitgenossen schon lange warten ...

Lösungsansätze:
1. Reden, reden, reden. Jede Gelegenheit zum Austausch von Informationen und (noch wichtiger!) unterschiedlichen Einschätzungen suchen.
2. Gemeinsam in einem Büro sitzen und ab dem Beginn der Übergangsphase alle Meetings gemeinsam besuchen.
3. Alle E-Mails über gemeinsamen Verteiler schleusen.
4. Störungsfreie Stunde am Tag, in der beide Seiten die aktuellen Themen und die eigene Einschätzung/Intention in Ruhe besprechen.
5. Gegenseitige Vertretungsregelung für Urlaube, Krankheit, Abwesenheit.
6. Gemeinsamer Auftritt bei allen repräsentativen Verpflichtungen.
7. Bewusstes Zuspitzen der eigenen Meinung und Gefühle, um Diskussionen mit der anderen Seite zu provozieren und Denkprozesse in Gang zu setzen.
8. Gegenseitiges Feedback über das Kommunikationsverhalten und mögliche Verbesserungen geben.

Praxis-Tool „Kommunikations-Ebenen"

Die meisten Kommunikations-Probleme entstehen, wenn Menschen auf unterschiedlichen Ebenen miteinander kommunizieren, ohne sich dessen bewusst zu sein. Emotionale Probleme werden z. B. oft auf der Sachebene ausgetragen, was dazu führt, dass wichtige Sachthemen nicht mehr neutral bearbeitet werden können, sondern als „Nebenkriegs-Schauplatz" missbraucht werden. Kommunizieren Menschen dagegen auf derselben Ebene, können alle aufkommenden Probleme wirklich sauber bearbeitet und gelöst werden.

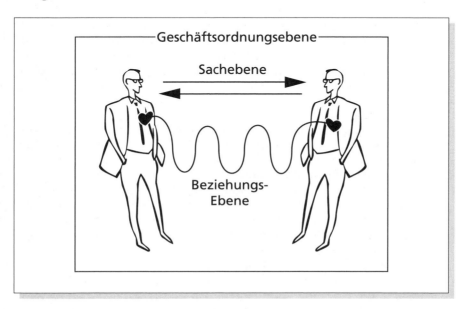

Fehler 9
Der Nachfolger/die Nachfolgerin hat keine eigene Lobby

Das Problem:
Die nächste Generation übernimmt die Geschäfte, startet mit vollem Elan und treibt viele Veränderungsprojekte voran. Vergessen wird aber oft, dass zu erfolgreichen Veränderungen im Zuge der Nachfolge eine tragfähige Lobby im Unternehmen gehört, eine „kritische Masse" an Schlüsselpersonen und Meinungsführern, die im offiziellen Organigramm oft nur zum Teil zu finden sind und zur „grauen Organisation" gehören. Ohne diese Lobby sind große Umgestaltungsprojekte zum Misserfolg verdammt, weil sie intern nicht getragen und unterstützt werden. Wer dann meint, zynisch oder autoritär auf die „Machtkarte" setzen zu können und die gewünschten Veränderungen einfach anzuordnen, wird irgendwann später, wenn die ersten Projekte gescheitert sind, wieder reuevoll den Dialog mit den Mitarbeitern suchen.

Lösungsansätze:
1. Das sollte der Nachfolger/die Nachfolgerin tun: Erstellen Sie eine „Macht-Karte" Ihres Unternehmens, zeichnen Sie alle für Sie wichtigen Personen ein, markieren Sie die Nähe, die diese Personen zu Ihnen haben, ihre Macht, ihren Einfluss. Machen Sie sich klar, wer Ihre Gegner und wer Ihre Unterstützer sind. Aus der Sprache dieser Karte ergibt sich automatisch die Aufgabe für die nächsten Monate. Gehen Sie offensiv und gezielt auf die Menschen zu, die Sie gerne als Lobby gewinnen wollen, beziehen Sie diese Mitarbeiter in Ihre Überlegungen ein, geben Sie ihnen das Gefühl, für Sie wichtig zu sein!
2. Das sollte die abgebende Generation tun: Beraten Sie die „Jungen", welche Menschen und Gruppierungen aus Ihrer Sicht wichtig sind, akzeptieren Sie aber auch Einschätzungsunterschiede der anderen Seite. Versuchen Sie aber nicht selbst, diese Menschen für Ihre Nachfolger zu gewinnen! Diese Arbeit kann nur von den „Jungen" selbst übernommen werden, sonst bleibt ewig der Makel des Protegierens.

Praxis-Tool „Lobby Landkarte"

Auch wenn Sie persönlich vielleicht nicht in Machtkategorien denken –
vermutlich tun es Ihre internen Neider und Feinde. Deshalb ist es gut für
jeden Nachfolger, sich seine eigene Situation wirklich klar zu machen und
gezielt an der eigenen Lobby zu arbeiten. Findet die Nachfolge innerhalb
der Familie statt, sollte die alte Generation der jungen Generation durch
Insider-Informationen über die „graue Kultur" gezielt helfen…

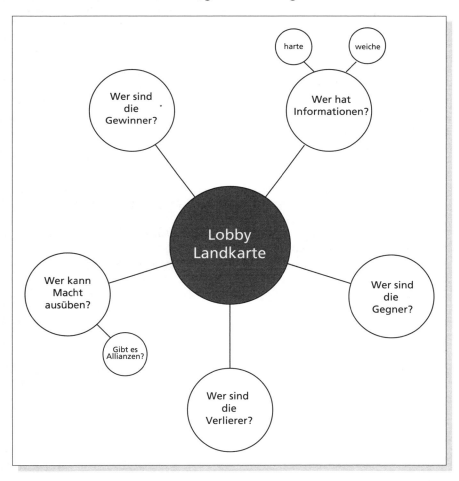

Fehler 10
Der Nachfolger beherzigt nicht die Regel der „ersten 100 Tage"

Das Problem:
Ab dem Tag, an dem der Nachfolger/die Nachfolgerin im Unternehmen zu wirken beginnt, tickt eine unsichtbare Uhr. Es gibt eine bestimmte, in ihrer Länge schwer bezifferbare Frist, innerhalb der die neue Führung ihre „Duftmarken" gesetzt haben, ihre Intentionen deutlich gemacht haben muss. Viele Praxiserfahrungen sprechen für die „100-Tage-Regel", innerhalb der die ersten entscheidenden Anstöße gemacht sein sollten. In vielen Nachfolge-Settings wird diese Regel völlig missachtet, die Nachfolger sind entweder viel zu lange auf „Hilfsposten" im Unternehmen beschäftigt, bis ihre Autorität für einen Neuanfang bereits verbraucht ist. Oder sie „nutzen" die 100 Tage nur für die Einarbeitung und halten sich mit eigenen Interventionen viel zu lange zurück. Hier das richtige Maß zu finden, wie lange Zuhören und Aufnehmen sinnvoll sind und wann die ersten eigenen Punkte zu setzen sind, macht den Erfolg der Nachfolge in dieser entscheidenden Phase aus.

Lösungsansätze:
1. Eigenes, individuell auf den Nachfolger und das Unternehmen zugeschnittenes 100-Tage-Konzept schriftlich entwickeln. Hierzu muss Klarheit herrschen über:
   - die sinnvolle Länge der passiven Einarbeitung,
   - die Form der geeigneten Einarbeitung,
   - die wichtigsten eigenen Markierungen, die der/die Nachfolger(in) setzen will,
   - die neuen, eigenen Werte, die inszeniert werden sollen,
   - die Inszenierung des „Tags null" (siehe nächstes Kapitel),
   - die Zielgruppen, die intern beachtet und angesprochen werden sollen,
   - die möglichen Gegner, die zu gewinnen sind.
2. Offene Aussprache mit „den Alten" über die Notwendigkeit, eigenes Profil zu gewinnen, und über den Beitrag, den diese dazu zu leisten haben.

Praxis-Tool „100 Tage Konzept"

Auch wenn vieles für den Nachfolger natürlich nicht planbar ist und situativ gelöst werden muss, lassen sich wichtige Schritte in den ersten 100 Tagen vorausschauend planen. Insgesamt sollte „der/die Neue" in diesen ersten 100 Tagen seine Duftmarke im gesamten Unternehmen deutlich gemacht und die ersten Führungs-Zeichen gesetzt haben. Das alte Management sollte den Nachfolger durch deutlich erkennbare Rückendeckung und Einbeziehung in alle Informationen tatkräftig unterstützen...

Beispielhaftes 100 Tage-Konzept für einen Nachfolger

Tag		
	0	Inszenierter Start Aufbau der eigenen Infrastruktur Kennenlernen der wichtigsten Key-Player
	10	Start Einarbeitungsprogramm Erste Kundenkontakte Identifikation des ersten eigenen Projekts
	20	Fortsetzung Einarbeitung Persönliche Beteiligung bei Schlüssel-Meetings Start für eigenes Projekt
	30	„Regierungserklärung" vor der gesamten Führung Erste eigene Konzepte für Veränderungen entstehen Erste Feedback-Runde mit alter Führung über Veränderungen
	40	Regelmäßige Projektmeetings mit eigenem Team Erste bewusste Führungs-Interventionen Erste bewusste Kultur-Interventionen
	50	Zweite Feedback-Runde mit alter Führung: Beschlüsse zu Veränderungs-Vorhaben Nachfolger verkündet erste Veränderungen
	60	Gesamtes Veränderungs-Paket wird entworfen Eigenes Projekt zeigt erste erkennbare Resultate
	70	Nachfolger stellt erste neue Mitarbeiter ein Nachfolger führt die ersten neuen Systeme ein
	80	Neue Lobby für Nachfolger schält sich heraus Erste große Konflikte werden sichtbar und ausgetragen
	90	Neuer Stil, neues Konzept des Nachfolgers wird für alle Mitarbeiter sichtbar
▼	100	Nachfolger hat die Führung komplett übernommen

Fehler 11
Der Nachfolger stolpert in die neue Aufgabe, anstatt seinen „Tag null" zu inszenieren

Das Problem:
Die Einführung der Nachfolger wird nicht ritualisiert und inszeniert, sondern der Neue/die Neuen „stolpern" sukzessive in die neue Aufgabe hinein. Bei dieser Vorgehensweise wird die Chance einer echten Zäsur verschenkt! Dabei gibt gerade die spannende, emotionale Inszenierung eines „Tags null" der nächsten Generation vielfältige Möglichkeiten, ihre eigenen Vorhaben deutlich zu machen. Voraussetzung dazu ist natürlich, dass solche eigenen Strategien zumindest in grobem Rahmen vorhanden sind. Klugerweise sollte der „Tag null" also nicht an den Beginn der Einarbeitung gelegt werden, sondern den Start des aktiven, gestaltenden Managements darstellen. Leider wird der hierfür erforderliche Reflexionsprozess, welche Werte/Strategien/Projekte etc. erhalten bleiben sollen und welche Veränderungen geplant sind, oft auf die lange Bank geschoben und nicht zugespitzt genug durchdacht und gelebt. Damit wird die Wirkung eines Neubeginns leichtfertig verschenkt. Die neue Generation sollte bei aller verständlichen Skepsis gegenüber öffentlichen, emotionalen Inszenierungen bedenken: Es gibt keine zweite Chance für einen gelungenen ersten Eindruck …

Lösungsansätze:
1. Intensive Vorbereitung des „Tags null", eigene Auseinandersetzung mit dem bisher gelebten Führungsstil, den eigenen neuen Akzenten, möglichen neuen Projekten und Strategien.
2. Ideensammlung für eine emotionale Inszenierung dieses Tags. Es muss nicht immer die sattsam bekannte Betriebsversammlung mit Reden aller Beteiligten sein. Je nach den Werten und Inhalten, die vermittelt werden sollen, findet sich immer auch eine tragfähige Metapher, die zum Aufhänger der gesamten Veranstaltung werden kann. Zum Beispiel: die gemeinsame Begehung einer großen Brücke mit einem Aufenthalt auf beiden Flussseiten und einem Reflektieren über das, was war, und das, was sein wird. Oder das gemeinsame Segeln auf hoher See und der öffentlich inszenierte Wechsel des Kapitäns. Oder eine gemeinsam besuchte „Ausstellung" in einer Kunstgalerie, in der anstelle von Kunstwerken Bilder aus der Geschichte des Unternehmens und der gedachten/geplanten Zukunft hängen … Wer den Mut zu einer solchen emotionalen Aktion hat, wird von den Mitarbeitern reich belohnt, die noch in Jahren darüber reden werden …

Praxis-Tool „Checklist Tag null"

Die Inszenierung eines solchen Ereignisses beeindruckt und begeistert dann die Menschen, wenn sie nicht konservativ mit abgenutzten Ritualen durchgeführt wird (Bekanntgabe auf einer Betriebsversammlung), sondern wenn für den Tag null und die spezifische Situation der Übergabe eine geeignete Metapher gefunden und umgesetzt wird. Diese Metapher wird für die Inszenierung der Dreh- und Angelpunkt, alle Projektaktivitäten sind darauf abgestimmt.

Beispielhafte Metaphern/Aktionsideen

Schiff/Kapitän
Seilschaft/Bergführer
Kunstausstellung
Brücke über Fluss (vorher/nacher)
Zugfahrt in Sonderzug mit Stationen (Zugführer ist der Nachfolger)
Sketch/Theaterstück
Rallye mit verschiedenen Stationen
Outdoor-Event (z. B. Floßbau)

Vorbereitung

Ideensammlung/Brainstorming
Metaphern-Entscheidung
Definition strategischer Ziele für den Tag null
Definition der unterschiedlichen Zielgruppen für die Inszenierung
Konstituierung einer geheimen Arbeitsgruppe
Einverständnis und Beteiligung des „alten Managements"

Planung

Festlegung der zentralen Metapher
Recherche der zentralen Location
Klärung, ob das Event mit eigenen Ressourcen oder externen Dienstleistern durchgeführt wird
Festlegung des Budgets
Terminierung
Erstellung des Projektplans

Realisierung

Entwicklung der Gesamt-Dramaturgie
Festlegung der Ausstattungs-Liste
Festlegung der Aktivitätenliste
Einweihung interner Beteiligter (top secret)
Einladung aller Zielgruppen zu dem definierten Termin

Fehler 12
Der Nachfolger hat kein eigenes „Prestigeprojekt" zum Start

Das Problem:
Wenn die junge Generation in das Unternehmen eintritt, ist deren persönliches Einwirken auf das Management für die Mitarbeiter oft lange nicht nachvollziehbar. Vor allem in der Übergangsphase, wenn „die Alten" noch an den Hebeln der Macht sitzen, fragen sich viele, was „der Neue" oder „die Neue" eigentlich macht. Scheinbar geht alles weiter wie bisher und so gerät die neue Generation schnell in die Gefahr, in ihrem Einwirken unterschätzt oder – schlimmer – gar nicht wahrgenommen zu werden, wenn es kein besonderes Projekt gibt, das für alle erkennbar von den „Jungen" verantwortet und vorangetrieben wird. Ein solches Projekt bietet die Chance, in einem geschützten Experimentierfeld schon sichtbar machen zu können, wie der neue Stil, wie das neue Management sein wird, wenn sich „die Alten" erst einmal komplett aus dem Unternehmen verabschiedet haben.

Lösungsansätze:
1. Alle vorhandenen aktuellen Entwicklungsprojekte im Unternehmen auflisten und auf Eignung als eigenes Startprojekt untersuchen. Dabei könnten sinnvolle Kriterien sein:
   - Ist das Projekt in genügender Weise strategisch relevant?
   - Ist das Projekt noch frisch genug, dass der eigene Einfluss möglich ist und erkennbar wird?
   - Passen die eigenen Kernkompetenzen zur Ausrichtung des Projekts?
   - Sind bei dem Projekt Mitarbeiter beteiligt, die als „Lobby" wichtig sind?
   - Eignet sich das Projekt dazu, eigene neue Akzente beispielhaft zu zeigen?
2. Lässt sich kein vorhandenes Projekt in diese Richtung „umbiegen", muss ein neues Projektthema gefunden und umgesetzt werden.
3. Mit „den Alten" muss vereinbart werden, dass sich diese aus der Führung des Projekts komplett heraushalten und mögliche Einflussnahme oder gar Korrekturen nur indirekt erfolgen.
4. Beim Projektstart beziehungsweise dem Projektneubeginn muss für alle Mitarbeiter im Unternehmen erkennbar werden, dass dies das Einstiegsprojekt für die Nachfolge ist.

Praxis-Tool „Veränderungs-Projekt"

Zur Planung und Koordination eines großangelegten Veränderungspro-
jekts hat sich das nachfolgende Projektchart bestens bewährt. Es zwingt
die Verantwortlichen, sich vor dem Start eines Projekts grundlegende Fragen zum Umfeld und der Interessenlage zu stellen. Die systemische Anlage
des Charts liefert kreative Denkanstöße und macht auf mögliche spätere
Schwierigkeiten aufmerksam...

Projektbezeichnung Veränderungsvorhaben	
Ausgangslage im Unternehmen	
Eigenes Projektziel	
Bedeutung und Konsequenzen für Sie persönlich	⊢————————————⊣ 0 %　　　　　　　　100 %
Bedeutung und Konsequenzen für die Mitarbeiter	⊢————————————⊣ 0 %　　　　　　　　100 %
Bedeutung und Konsequenzen für die Inhaber	⊢————————————⊣ 0 %　　　　　　　　100 %
Positive Ressourcen (Aktivposten)	
Limitierende Rahmenbedingungen	
Die **erfolgreiche Umsetzung** der Veränderung würde ich **erkennen an...**	
Wer hat das größte Problem, wenn Sie erfolgreich sind...	

Fehler 13
Der Nachfolger demonstriert zu viel Abhängigkeit
von „den Alten"

Das Problem:
Wenn der eigene Sohn oder die eigene Tochter das Unternehmen übernimmt, besteht die große Gefahr, dass aus falsch verstandenem Respekt vor der Aufbauleistung der alten Generation zu viel Abhängigkeit gezeigt wird. Dies ist dann unproblematisch, wenn die Mitarbeiter auch bisher schon zufrieden waren und das Unternehmen gesund ist – wenn also die neue Generation eher auf Kontinuität setzen kann. Verhängnisvoll ist dieselbe „Schonhaltung" gegenüber den „Alten" aber, wenn die Mitarbeiter nach Veränderung rufen und das Unternehmen in Problemen steckt. Dann wird die neue Management-Generation zum Hoffnungsträger, auf den alle Wünsche und Erwartungen projiziert werden. Dies birgt große Risiken für einen fairen Generationenübergang, denn natürlich treibt die Eigendynamik der Entwicklung leicht einen Keil zwischen die beiden Seiten ...

Lösungsansätze:
1. Schonungslose schriftliche Analyse der Ist-Situation durch die neue Generation (am besten aus dem Blickwinkel eines neutralen Beraters).
2. Einbeziehung der wichtigsten Meinungs- und Interessengruppen in diesen Prozess.
3. Offene, sachorientierte Diskussion der Erkenntnisse mit „den Alten" ohne Schuldvorwürfe. Wenn Rechtfertigung und Aggression aufkommen, möglicherweise einen neutralen Coach hinzuziehen. Am Ende sollte die Erlaubnis für die notwendigen Veränderungen ausgesprochen und von beiden Generationen gemeinsam verkündet werden.
4. Wenn die „alte Generation" völlig mauert, ist der Konflikt zu suchen und auszutragen. Den „Alten" muss klar gemacht werden, dass sie die Nachfolge sabotieren, wenn sie den „Jungen" bei den notwendigen Veränderungen Steine in den Weg legen. Die Politik des „nach uns" stößt dort an die Grenzen, wo sofort gehandelt werden muss. Hier zurückzuweichen und die Probleme auszusitzen ist absolut verhängnisvoll und gefährdet das gesamte Unternehmen.
5. Die direkte Konfrontation mit der „alten Generation" vor den Mitarbeitern ist unbedingt zu vermeiden, sonst werden den „Alten" Verletzungen zugefügt, die dauerhaften Schaden anrichten und möglicherweise irgendwann heimgezahlt werden.

Praxis-Tool „Drama-Dreieck"

Gerade bei innerfamiliärer Nachfolge sind die verschiedenen „Parteien" oft schicksalhaft miteinander verstrickt, ohne sich dessen bewusst zu sein. In solchen Fällen läuft keine sachorientierte Arbeit ab, sondern ein entnervendes „Spiel" um Liebe, Macht, Freiraum, Anerkennung... also ein höchst emotionaler Prozess, der in der Führung eines Unternehmens eigentlich nichts zu suchen hat. Das „Drama-Dreieck" zeigt die Verstrickung von Menschen in drei verschiedenen Positionen, die sich alle dadurch auszeichnen, dass es keine Gewinner, sondern letztlich nur Verlierer gibt. Das Besondere an dieser Konstellation ist, dass sich die jeweiligen Positionen innerhalb kürzester Zeit verändern können. Aus dem Verfolger wird plötzlich das Opfer, aus dem Retter der Verfolger. Innerhalb dieses emotionalen Systems gibt es keinen sicheren Platz, die einzige Rettung ist, dass alle Beteiligten das „Verlierer-Spiel" durchschauen und überwinden...

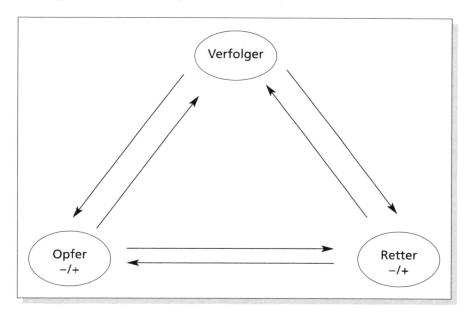

Fehler 14
Der Nachfolger geht zu schnell/zu radikal vor

Das Problem:
Das andere Extrem im Vergleich zum letzten Kapitel ist ein zu hohes Tempo oder eine zu hohe Dosis der Veränderung, die von den Nachfolgern angeschlagen wird. Es ist eine der ewig ungelöst bleibenden Fragen im Management: Wie viel Revolution, wie viel Veränderung verträgt ein Unternehmen? Manchmal jedenfalls mehr, als sich ängstliche Naturen beziehungsweise beleidigte Gründer eingestehen. Doch je höher die Dosis wird, je mehr das Unternehmen und die darin arbeitenden Menschen an ihre Grenzen getrieben werden, umso größer wird die Verantwortung des Managements, mit höchster Sensibilität auf Frühwarnsignale der Überforderung zu achten. Wenn nun junge Nachfolger diese Reife und Erfahrung noch nicht haben und den „Motor" zynisch und ignorant überdrehen, kann größter Schaden entstehen. Am Schluss braucht es oft nur noch einen letzten kleinen Anstoß, vielleicht ein weiteres Projekt, das nochmals Ressourcen bindet, um einen Zusammenbruch auf breiter Front hervorzurufen, von dem die Manager dann „völlig überrascht" werden ...

Lösungsansätze:
1. Entwickeln Sie ihr eigenes Sensorium für Frühwarnsignale des Unternehmens. Solche Parameter können zum Beispiel sein: Mitarbeiterfluktuation, Bereitschaft zu Überstunden, Beteiligung an Social Events, Gespräche in der Cafeteria, Graffitis auf der Toilette, Kleidung der Schlüsselpersonen, Krankheitsquote etc., etc.
2. Bauen Sie sich ein internes Beziehungsnetzwerk zu Mitarbeitern an der Basis auf, pflegen Sie diese Kontakte und hören Sie aufmerksam zu.
3. Pflegen Sie offene Kontakte zum Betriebsrat.
4. Holen Sie sich offenes Feedback (und keine Streicheleinheiten) von den High Potentials.
5. Beziehen Sie die Ehefrauen Ihrer Schlüsselpersonen offensiv in Ihre Motivationsbemühungen mit ein.

Praxis-Tool „Flow Modell"

Die für das jeweilige Unternehmen richtige Dosis an Veränderung, Tempo, Kulturwandel zu finden ist für Nachfolger oft die schwierigste aller Aufgaben. Meist merkt man erst Wochen/Monate nach einer Intervention, ob man richtig dosiert oder möglicherweise überzogen bzw. unterfordert hat. Das Flow Modell des Bergsteigers und Management-Philosophen Csikszentmihalyi macht auf anschauliche Weise deutlich, dass Menschen und Organisationen in einem sensiblen, sehr subjektiven Kanal zwischen Unter- und Überforderung zu steuern sind. In dieser „Flow Zone" fließt die Energie, entsteht Leistung mit Leichtigkeit...

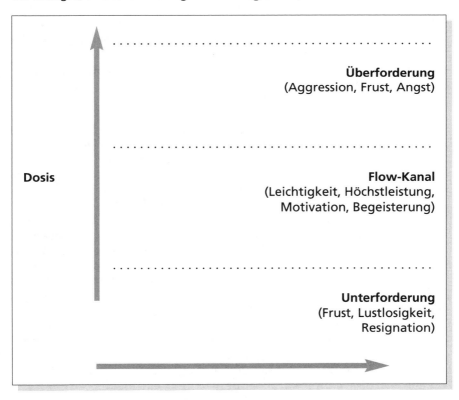

Fehler 15
Das alte Management lässt nicht los/vertraut nicht

Das Problem:
Nicht selten wird eine Nachfolge überschattet, erschwert, manchmal sogar unmöglich gemacht von dem plötzlich auftauchenden Drang des alten Managements, wider besseres Wissen und gemachte Absprachen in die Arbeit der Nachfolger einzugreifen. Dieser Reflex ist menschlich verständlich – Abschied nehmen von Macht und Einfluss ist schwer, vor allem wenn die Nachfolger mit Traditionen brechen und große Veränderungen umsetzen. Dennoch, diese Handlungsweise ist für das Unternehmen und die neue Generation verhängnisvoll, denn sie untergräbt die Autorität der Nachfolger und verhindert die notwendige Neuausrichtung. Noch schwieriger ist die Situation, wenn es nicht um das „Loslassen" bei anstehenden Veränderungen geht, sondern um das Vertrauen zwischen den Generationen. Hier hilft nur die tabulose Offenlegung der Probleme, sonst droht der kalte Dauerkrieg ...

Lösungsansätze:
1. Versuch der Öffnung durch die junge Generation: Bitten Sie die „Alten" zu einem grundlegenden Gespräch. Geben Sie Feedback: „Du wirkst auf mich ... das bewirkt in mir ... ich wünsche mir ..." Zeigen Sie die Folgen für das Unternehmen und die eigene Arbeit auf. Gehen Sie deutlich und zugespitzt in den Konflikt.
2. Wenn die oben genannte Vorgehensweise nicht greift oder von der alten Generation nicht akzeptiert wird, keinesfalls resignieren oder zum Zyniker werden. Stattdessen sollten Sie die Eskalationsspirale weiterdrehen: Machen Sie Ihr eigenes Weiterarbeiten von der Bereitschaft der „Alten" zu einem moderierten Konfliktgespräch abhängig. Hier sollte ein erfahrener, neutraler Coach eingreifen und den Prozess steuern.
3. Vertrauen entsteht auch durch offene Kommunikation – in beide Richtungen. Für die junge Generation heißt das: keine „hidden agenda"! Alle geplanten Veränderungen sind feinstens mit den „Alten" abzustimmen. Besteht zum Beispiel das Vorhaben, Schlüsselpersonen zu entlassen, die mit der alten Generation eng zusammengearbeitet haben, ist dies feinfühlig anzusprechen und einzuleiten. Der gut gemeinte Ansatz, die „Alten" nicht zu sehr zu belasten, erweist sich meist als Fehler. Besser ist es, die Missstände offen anzusprechen und gemeinsam Lösungen zu entwickeln.

Praxis-Tool „Gordon Modell"

Immer dann, wenn es zu eigenartigen „Missverständnissen" zwischen Menschen kommt, wenn emotional gefärbte Unklarheiten auftauchen, ist die simple Frage „Wer hat eigentlich das Problem?" wirklich hilfreich. Das Gordon Modell geht dieser scheinbar banalen Fragestellung nach und liefert Basis-Strategien für beide möglichen Auflösungen (ICH bzw. DER ANDERE) mit. Dieses Modell ist zur eigenen Reflexion und zur Auflösung von Kommunikationsknoten unglaublich hilfreich...

Wer hat eigentlich gerade das Problem?

Der andere
hat das Problem

Problemfreie Zone

Ich selbst habe das Problem

Problemlösung

Beratungstechniken:

- aktives Zuhören
- beraten
- motivieren
- loben
- Feedback geben
- eher „passiv"

Selbstbehauptungstechniken:

- Ich-Botschaft
- konfrontieren
- Feedback holen
- Eigenverantwortung übernehmen

Wenn der andere das Problem hat:

- Sie sind Hörer.
- Sie beraten.
- Sie wollen dem anderen helfen.
- Sie sind Resonanzboden.
- Sie erleichtern dem anderen, eine eigene Lösung zu finden.
- Sie können sich damit begnügen, die Lösung des anderen zu akzeptieren; sie müssen nicht zufrieden mit ihr sein.
- Sie sind in erster Linie an den Bedürfnissen des anderen interessiert.
- Sie sind passiver.

Wenn Sie das Problem haben:

- Sie sind Sender.
- Sie beeinflussen.
- Sie wollen sich selbst helfen.
- Sie wollen Resonanz haben.
- Sie haben das Bedürfnis, selbst eine Lösung zu finden.
- Die Lösung muss Sie befriedigen.
- Sie sind in erster Linie an Ihren eigenen Bedürfnissen interessiert.
- Sie sind bestimmend.

Fehler 16
Der Nachfolger hat keine klare Vision für sich und für das Unternehmen

Das Problem:
Die Nachfolger versuchen, ohne klare eigene Vision in das Geschäft einzusteigen und dieses im Sinne der alten Generation einfach weiterzuführen. Wer keine klaren eigenen Vorstellungen hat, kann andere aber nicht begeistern – das stellt sich dann schnell heraus und die Mitarbeiter wenden sich enttäuscht ab. Der Versuch, eine „Kopie" der vielleicht erfolgreichen „Alten" zu werden, mag für unsichere Nachfolger auf den ersten Eindruck bequem wirken, denn man hat eine Blaupause, an die man sich halten kann. Letztlich ist eine solche Strategie aber zum Scheitern verurteilt, denn sie negiert die eigene Persönlichkeit und entwickelt deshalb keinerlei Kraft und Ausstrahlung. Kontinuität mag sinnvoll sein, entbindet die „Jungen" aber nicht von der Entwicklung eigener Konzepte und der Ausprägung eines eigenen Stils!

Lösungsansätze:
1. Vision für das Unternehmen entwickeln: Wo soll das Unternehmen in fünf Jahren stehen? Welche Produkte/Dienstleistungen werden angeboten? Wie soll die Differenzierung zum Wettbewerb sein? Welches Business-Modell wird realisiert? Welche Mitarbeiter werden dafür benötigt?
2. Eigene Vision entwickeln: Wie wird meine eigene Position/Arbeit in diesem Unternehmen in fünf Jahren aussehen? Wer wird das Unternehmen neben mir führen? Welche Qualifikationen werde ich selbst benötigen, um das Unternehmen zum Erfolg zu führen? Wie werde ich die Work-Life-Balance einstellen?
3. Von den Visionen die erfolgversprechenden strategischen Konzepte ableiten wie zum Beispiel: Fusionen, strategische Partnerschaften, Börsengang, Verbleib im Familienbesitz, Investorensuche etc.
4. Vision und Strategie gemeinsam mit den Mitarbeitern herunterbrechen in Ziele und Maßnahmen. Jeder Bereichsleiter sollte in eigener Regie formulieren, was die Vision/Strategie für seinen Bereich bedeutet und welchen Beitrag er leisten kann/muss. Auch sollten die dazu notwendigen Ressourcen beschrieben und mögliche Risiken definiert werden.
5. Business-Plan und Umsetzungsplan für die nächsten ein bis zwei Jahre entwickeln.

Praxis-Tool „Strategischer Kreislauf"

Nicht wenige Manager glauben, ihr Unternehmen ohne eigene Vision aber mit viel betriebswirtschaftlichem bzw. technischem Sachverstand erfolgreich führen zu können. Dies ist jedoch ein Irrtum – vor allem für Nachfolger. Ohne visionäre Ausrichtung fehlt dem unternehmerischen Handeln der Sinn, das Feuer, die Legitimation. Geld verdienen sollte nicht Ziel, sondern Ergebnis unternehmerischer Arbeit sein! In diesem Kontext ist die permanente Arbeit an der eigenen Vision der zentrale Motor für alle Prozesse im Unternehmen, für abzuleitende Strategien und den ganzen Umsetzungsprozess in Ziele und Maßnahmen…

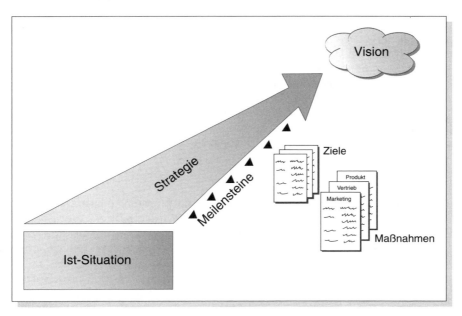

237

Fehler 17
Die „graue Organisation" wird missachtet oder nicht erkannt

Das Problem:
Wer über wenig Erfahrung im Management verfügt, glaubt noch an die offiziellen Organigramme und überbewertet damit eine formale Organisation, die eher der Idealisierung der Geschäftsführung und der Verpflichtung zu definierten Standards als der Realität entspringt. Die Wahrheit ist: Kein Unternehmen funktioniert wirklich nach diesen Regeln! Vielmehr ist es eher eine „graue Organisation", die den Gang der Dinge beeinflusst, die festlegt, wer wen wann informiert, wer bewusst übergangen wird, wer in welchen Fragen die Macht hat und wie er sie nutzt. Diese graue Organisation ist nirgends schriftlich definiert, wird von „Multiplikatoren" mündlich an Neue weitergegeben und bestimmt zu einem großen Teil die Geschehnisse im Unternehmen. Symbole und Rituale sind das Trägermedium dieses geheimnisvollen Mechanismus und so kann eine informelle Runde an der Espressomaschine eine größere Bedeutung für die interne Willensbildung haben als Dutzende offizielle Meetings. Nachfolger, die keine Sensibilität für diese informellen Prozesse haben, laufen oft Jahre der internen Anerkennung hinterher und leiden massiv darunter, dass ihre gut durchdachten Strategien und Konzepte einfach nicht akzeptiert werden.

Lösungsansätze:
1. Entwickeln Sie ein Gefühl für die Mechanismen der Firmenkultur in Ihrem Unternehmen. Welche informellen Kanäle gibt es? Wer sind die Geschichtenerzähler? Welche Personen sind in Wahrheit bestimmend, welche sind Außenseiter? Wer sind die Feinde? Wer hat geheime Macht? Welche Werte gelten? An welchen informellen Orten fallen Entscheidungen? Welche Geschichten transportieren die Kulturwerte?
2. Gewinnen Sie Einfluss, indem Sie die graue Kultur nicht negieren, sondern nutzen. Suchen Sie die Nähe zu den Keyplayern, nutzen Sie Rituale und Symbole, um Ihre eigenen Intentionen durchzusetzen.
3. Wenn Sie sich gefestigt und stark fühlen: Drücken Sie der Kultur Ihren eigenen Stempel auf. Schaffen Sie sich Ihre eigene Lobby, entwickeln Sie eigene Codes (Beispiel: Alle tragen ihre Uhr am linken Arm), schaffen Sie „success stories" die weiterberichtet werden können.

Praxis-Tool „Management-Regeln für den Umgang mit der Firmenkultur"

1. *Jedes* Unternehmen hat eine Kultur.

2. Die Firmenkultur ist die Summe der gelebten Werte eines Unternehmens.

3. Jedes Unternehmen ist ein Organismus mit der Fähigkeit der Selbstorganisation, Mutation und der Abstoßung von „Fremdkörpern" (allergische Reaktion).

4. Die Kultur ist die „graue" Organisation eines Unternehmens.

5. Die spezifische Unternehmenskultur entsteht durch das Zusammenspiel von Werten, Symbolen, Ritualen und den Kultur-Multiplikatoren.

6. Das persönliche Lebens-Drehbuch des Chefs/der Führung bestimmt in hohem Maße die Kultur des gesamten Unternehmens.

7. Jede Nachfolge-Regelung muss als massiver Eingriff in die Kultur verstanden werden.

8. Da der Nachfolger mit hoher Wahrscheinlichkeit ein anderes Wertesystem als sein Vorgänger hat, wird jede wichtige Intervention von ihm zu Kulturveränderungen führen.

9. Kulturveränderungen lösen in der Organisation natürliche, vorhersehbare Abwehr-Reaktionen (Widerstand, Ausgrenzung, Zusammenschluss gegen das Fremde etc.) aus.

10. Kulturveränderungen sind niemals kurzfristig, sondern nur im Rahmen langfristiger strategischer Konzepte möglich.

11. Diese Beharrungskräfte werden meist unterschätzt bzw. negiert, was nicht selten zum Scheitern großer Veränderungsprojekte führt.

12. Ein kulturbewusstes Management sucht eine sinnvolle Balance zwischen „Bewahren" und „Verändern" und respektiert die Gesetze der gewachsenen Kultur.

13. Wenn strategische Situationen einen massiven, schnellen Eingriff in die gewachsene Kultur notwendig machen, muss das Management mit Desorientierung, Widerstand und Leistungsabfall rechnen.

14. Im Fall eines solchen Kultur-Schocks sollte das Management in die Offensive gehen, die „Krise" ausrufen und alle bestehenden Kultur-Regeln und Leitbilder öffentlich und deutlich außer Kraft setzen. Auf diese Weise werden die Grundwerte „geparkt" und nicht durch die Interventionen dauerhaft beschädigt.

Fehler 18
Die mittlere Führungsebene wird nicht wertgeschätzt und eingebunden

Das Problem:
Es ist völlig irrig zu glauben, ein Wechsel in der Geschäftsführung beziehungsweise bei den Inhabern könnte im Unternehmen (quasi im Alleingang) bereits die notwendigen Veränderungen bewirken. Der Schlüssel für den Erfolg von Veränderungsprojekten liegt stattdessen – alle Berater können davon ein Lied singen – in der mittleren Ebene. Und die bleibt beim Wechsel an der Spitze zumindest am Anfang unverändert. Wenn Nachfolger diese Tatsache ignorieren und die nächste Führungsebene nicht für ihre Pläne und Ideen gewinnen, ist alles verloren. So viel Kontakt zur Basis kann kein Geschäftsführer haben, dass er die Negativauswirkungen ausgleichen kann, die eine blockierende mittlere Ebene anrichten kann. Jede Arroganz der Macht wird hier bitter bestraft.

Lösungsansätze:
Für die neue Generation:
1. Kümmern Sie sich schon in der Einarbeitung intensiv um den Kontakt zu den mittleren Führungskräften, fragen Sie nach deren Sorgen und Wünschen, nach vorhandenen (vielleicht schon Jahre in der Schublade liegenden) Plänen, nach eigenen Visionen. Eine gute, öffnende Frage für solche grundlegenden Gespräche ist: „Was muss hier im Unternehmen passieren, damit Sie einen größeren Beitrag leisten können?"
2. Wenn Sie die Stimmung an der Basis recherchiert und Ihre eigenen Zielvorstellungen entwickelt haben: Halten Sie eine „Regierungserklärung" vor der mittleren Ebene, in der Sie Ihre Geschäftsstrategie, Management-Politik und Führungslogik der nächsten Jahre vorstellen. Weichen Sie Diskussionen darüber nicht aus, seien Sie flexibel im „Wie", bleiben Sie hart im Grundsatz Ihrer Vorhaben.
3. Gegner und Kritiker sollten Sie wertschätzen und ernst nehmen, solange sie mit fairen Karten spielen. Totalblockierer und Intriganten sollten Sie so schnell wie möglich entfernen, auch wenn es Geld kostet.

Für die „alte" Generation:
1. Sorgen Sie mit dafür, dass Schlüsselpersonen, die Jahre oder Jahrzehnte mit Ihnen gearbeitet haben, Vertrauen in die Nachfolger entwickeln. Dies hängt stärker von Ihren eigenen Signalen ab, als Sie vielleicht glauben.
2. Akzeptieren Sie, wenn die „Jungen" andere Mitarbeiter an ihre Seite holen, die Sie selbst nicht präferiert hätten.

Praxis-Tool: „Alte und neue Hierarchie-Pyramide"

Das „alte" Management-Denken basiert auf der klassischen hierarchischen Ordnung, in der der Chef bzw. Unternehmensleitung ganz oben und die Mitarbeiter ganz unten angeordnet sind. Dazwischen liegt die mittlere Ebene in der klassischen „Sandwich-Position". Sie muss die Intentionen und Ideen des/der Chefs nach unten weitergeben und durchsetzen. Dieses Denkmodell baut auf der problematischen These auf, dass Intelligenz und Fähigkeiten nach „unten" immer geringer werden. Logischerweise wird in dieser Organisation dagegen Wissen und Macht nach oben immer ausgeprägter.

Diesem konservativen, ganz auf die Exzellenz der obersten Führung bauenden Modell soll die „neue Pyramide" entgegengestellt werden, bei der sich die oberste Führung stark zurücknimmt und die Mitarbeiter ganz oben in der Hierarchie stehen – alles nur, um die Kunden möglichst optimal zu bedienen, die quasi als oberste Machtinstanz in die Kultur-Hierarchie des Unternehmens aufgenommen werden. Die Chefs als Regisseure, die Mitarbeiter als Stars, die Kunden als höchste Instanz... ein ziemlich anderer Management-Ansatz...

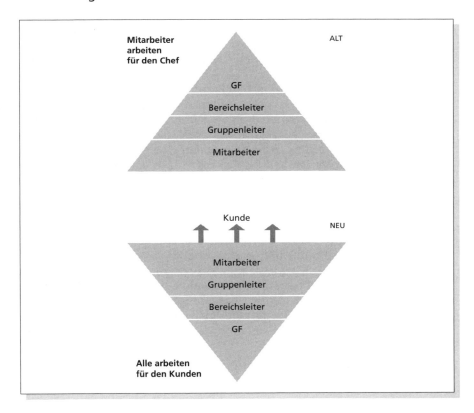

Fehler 19
Probleme in der Nachfolge werden „bilateral" gesehen und nicht systemisch betrachtet

Das Problem:
Wenn es im Zuge einer Nachfolge zu größeren, vielleicht sogar dramatischen Problemen im Unternehmen und in der Familie kommt, wird die Komplexität der Situation meistens nicht gesehen und auf ein bilaterales Thema der Hauptakteure reduziert. Auch wenn die systemische Betrachtung solcher Prozesse inzwischen anerkannt und die daraus entstehenden Interventionen nachweislich erfolgreich sind, so wendet nur ein Bruchteil der Manager und (leider) auch der Berater diese Methodik an. Stattdessen wird mit den klassischen Werkzeugen aus der viel zu kurz greifenden „Problem-Lösungs-Kiste" gearbeitet, bis nichts mehr geht. Auch körperliche Symptome, die in diesem Zusammenhang bei Beteiligten (oder auch scheinbar Unbeteiligten wie zum Beispiel der Mutter oder bei Geschwistern) auftreten, werden lange völlig isoliert gesehen und von Ärzten behandelt, bis irgendwann jemand die Frage nach dem Gesamtzusammenhang, nach Symptom und Ursache stellt ...

Lösungsansätze:
1. Wenn Störungen im Zuge der Nachfolge auftreten, die grundsätzlicher Natur sind und nicht mit einfachen Maßnahmen zu beheben sind, helfen folgende Fragen:
   - Welche direkt und indirekt Beteiligten gibt es?
   - Handelt es sich bei den Auswirkungen um Symptome? Wenn ja, was ist das zugrunde liegende Problem? Wenn das (scheinbare) Problem gelöst ist – wer hat ein neues Problem?
   - Wofür ist es gut, dass es dieses Problem gibt?
   - Wenn das Unternehmen als Ganzes zu uns sprechen könnte, was würde es sagen, empfinden, befürchten?
2. Die systemische Betrachtung führt zu ungewöhnlichen Einsichten und Interventionen, die oft an Tabus stoßen und auf schärfsten Widerstand treffen. Dies ist völlig normal und vorhersehbar.
3. Die Hinzuziehung eines kompetenten neutralen Coachs oder Beobachters ist für den systemischen Ansatz unabdingbar, nur ein Außenstehender kann ein System wirklich objektiv betrachten.
4. Bei hoher Komplexität der Situation (viele Beteiligte sind schicksalhaft in die Situation verstrickt) spricht eine Organisationsaufstellung oft die klarste Sprache. Achten Sie darauf, einen wirklich erfahrenen, seriösen Coach dafür zu gewinnen, es gibt viele schwarze Schafe in diesem Markt.

Praxis-Tool „Klassisches/Systemisches Management"

Nur langsam verbreitet sich in Management-Etagen die Erkenntnis, dass mit dem klassischen „Maschinenmodell", das auf ein isoliert betrachtetes Problem eine isoliert entwickelte Lösung setzt, immer weniger Themen nachhaltig bearbeitet werden können. Der systemische Ansatz ist völlig anders, er betrachtet ein auftretendes Management-Problem aus einer beobachtenden Distanz, hinterfragt den Gesamtzusammenhang und setzt auf indirekte Interventionen, die das System nachhaltig verändern...

	Klassisches Management	Systemisches Management
Wann	• Zeit drängt • Gefahr im Verzug • Problem eher einfach gelagert • Rahmenbedingungen klar • Gesamtumfeld überschaubar	• Zeit verfügbar • Nachhaltige Intervention notwendig • Hoher Komplexitätsgrad • Rahmenbedingungen unscharf • Viele Beteiligte verworren einbezogen
Wie	• Schnelle Maßnahme • Isolierte Problemsicht • Erkanntes Problem wird fokussiert • Sofort messbares Ergebnis wird angepeilt • Mögliche Komplexität wird negiert • Direkte Führungstechniken werden eingesetzt • Indirekt Betroffene werden ignoriert	• Problem wird möglicherweise nur als Symptom gesehen • Gesamtsystem und Komplexität werden beachtet und anerkannt • Intervention zielt auf Systemveränderung und nicht auf Problemverbesserung • Indirekte Führungstechniken wie Fragetechnik, Coaching, etc. stehen im Vordergrund • Lange Zeitphase bis zum Erfolg wird toleriert
	→ **zielorientiert**	→ **prozessorientiert**

Fehler 20
Berater und Coachs werden erst dann hinzugezogen,
wenn das Scheitern der Nachfolge bereits absehbar ist

Das Problem:

Nachfolgeprozesse werden von vielen Beteiligten als beratungsfreie Tabu-
zone gesehen und lieber in Eigenregie vorangetrieben beziehungsweise
„repariert". Vor allem bei familiärer Nachfolge ist die Hemmschwelle,
externe Spezialisten einzubinden, extrem hoch. In vielen Fällen ist die Tendenz hoch, die Konflikte herunterzuspielen und diejenigen anzugreifen,
die die Finger in die Wunde legen. Am ehesten noch landen die auftretenden Probleme beim Firmenanwalt oder Steuerberater, bei Beratern also,
die sowieso bereits in die sachlichen Themenbereiche der Nachfolge involviert sind. Die wiederum sind mit den auftauchenden menschlichen und
emotionalen Fragen meist überfordert und haben nicht die Fachkenntnis,
diese Prozesse zu begleiten und Konflikte zu moderieren. Erst ganz am
Ende, wenn das Scheitern der Nachfolge bereits deutlich wird, ist der Leidensdruck groß genug, einen Coach oder Therapeuten zu engagieren.
Dann ist aber meist bereits so viel Porzellan zerschlagen, dass die Hilfe
nicht mehr greifen kann.

Lösungsansätze:

1. Idealfall: proaktive Begleitung der Nachfolge durch einen externen Coach von Anfang an. Der Coach moderiert und initiiert alle notwendigen Gespräche zwischen den Generationen und hilft, dass nachhaltige
Regelungen entstehen und alle emotionalen Themen beleuchtet werden.
2. Wenn Sie es allein versucht haben und die ersten Probleme auftauchen: Sich keinesfalls den fachorientierten Firmenberatern anver-
trauen, sondern externe Moderatoren oder Coachs einschalten. Fragen
Sie Freunde, Partner, Bekannte nach einer persönlichen Empfehlung,
denn eine solche Moderation ist absolute Vertrauenssache.
3. Wenn beide Generationen nicht mehr miteinander reden: Dann muss
eine Seite die Initiative ergreifen und eine Öffnung der Diskussion er-
zwingen. Auch hier helfen externe Spezialisten. Möglicherweise sind
weiter entfernte Familienmitglieder im Vorfeld eines externen Coachings die Türöffner.
4. Grundregel: Takten Sie die Übertragung von Gesellschaftsanteilen auf
jeden Fall nach der Einsetzung als Führungskraft ein, so dass eine Bewährungszeit im Unternehmen gegeben ist und notfalls beide Seiten
noch zurückkönnen.

Nützliche Adressen, die Ihnen weiterhelfen:

BDU Bund deutscher Unternehmensberater
Zittelmannstr. 22
D 53113 Bonn
info@bdu.de

Deutscher Bundesverband Coaching e. V.
Lyoner Str. 15
D 60528 Frankfurt
www.dbvc.de

Trainer / Coaches web-Plattform
www.trainer.de

Berufsverband deutscher Psychologen
Glinkastr. 5
10117 Berlin
www.bdp-verband.de

Der Autor dieses Buchs:
Gerhard Nagel
NCM Nagel Change Management
Lindenallee 21
D 82061 Neuried
E-Mail: gerhard.nagel@ncm-nagel.de

Der Management-Roman-Zyklus von Gerhard Nagel

Wagnis Führung
365 Tage aus dem Leben eines Change Managers

Die Rivalen
Ein Business-Roman über Führung und Management

Chefsache Unternehmensnachfolge
Ein Vater, ein Sohn und die fast gelungene Vernichtung
eines Unternehmens

Der Autor

Gerhard Nagel

Jahrgang 1954, Betriebswirt, war Führungskraft im Bereich Marketing in der Industrie und Kundenberater einer führenden europäischen Werbeagentur. Seit 1981 ist er selbstständiger Unternehmensberater mit den Schwerpunkten Unternehmensstrategie, Führung und Teamentwicklung.

Gerhard Nagel coacht und trainiert Manager und Führungskräfte in ihrer persönlichen Entwicklung und Führungsfähigkeit und ist ein gefragter Redner und Moderator im In- und Ausland. Er publizierte eine Fülle von Fachbeiträgen und mehrere Fachbücher. Mit seinem ebenfalls im Hanser Verlag erschienenen Buch „Wagnis Führung" gelang dem Autor der Sprung in die Top 10 der deutschen Wirtschaftsliteratur. Er lebt mit seiner Familie in Neuried bei München.

Kontakt über E-Mail: gerhard.nagel@ncm-nagel.de

art matters

➤ **Treppe, 1990**, ist Teil einer umfangreichen, während eines Zeitraumes von acht Jahren entstandenen fotografischen Dokumentation der schweizerischen Industriearchitektur von Ferit Kuyas. Die monumentalen Bauten waren zwischen 50 und 170 Jahre alt. In stillgelegten Turbinenhallen, leeren Fabrikgebäuden und verlassenen Lagerhäusern war Kuyas mit archäologischem Spürsinn auf der Suche nach Relikten einer vergangenen Industrie-Zivilisation und rückte sie noch ein letztes Mal ins rechte Licht. Heute existieren viele der fotografierten Interieurs und Objekte nicht mehr. Seine reduzierte, sachliche Inszenierung von Raum und Licht verleiht den Sujets eine gültige, die Zeit überdauernde Form.

➤ **Ferit Kuyas**, geb. 1955, arbeitet seit 1988 als Architekturfotograf in vielen Teilen der Welt und ist heute einer der renommiertesten Industriefotografen Europas. Distanzierte Beobachtung und ein starker Sinn für die Poesie der Objekte prägen seine Arbeit. Sein gekonnter Gebrauch des natürlichen Lichts unterstützt die Konzentration auf das Wesentliche.

➤ **art matters** entwickelt Kommunikationskonzepte.
In unserer Arbeit verbinden wir unsere Erfahrung als Unternehmensberater mit unserem Wissen um die Potenziale in der zeitgenössischen Kunst und Kultur.

art matters GmbH
Ismaninger Straße 51
81675 München
089 - 41 90 29 99
mail@artmatters.de
www.artmatters.de